産業保健スタッフ必携

職場における身体活動・運動指導の進め方

江口泰正　中田由夫　編著

大修館書店

まえがき

　身体活動・運動が人々の健康にとって様々な利益をもたらすことに異論を唱える人はほとんどいないであろう。世界的に見ても，身体活動・運動は人々の生活に欠かせないものとして多くの国で推奨されている。ところが，わが国において，身体活動・運動を推奨すべき対象として最も人口比率の高い労働者に対する取り組みは，これまで決して十分とは言えない状況が続いてきた。この世代への対策が何故，後手に回ってきたのだろうか。あらためて国を挙げての対策を考えていくべき時代なのではないだろうか。個人的には，そういった思いが強まるばかりであった。

　そのような中，近年「健康経営」※というキーワードが登場し，広く注目されるようになってきた。健康経営は，労働者の健康管理を経営課題として捉え，企業や団体が積極的に関与して推進することで，健康の保持増進や生産性の向上，ひいては経営の安定・発展を目指すという考え方である。この健康経営への取り組みの中では，労働者の身体活動・運動の推進による健康の保持増進や体力の向上が重要な方略の1つとして位置づけられていると言っても過言ではない。労働者への身体活動・運動の推進は，その需要がますます高まってきている。（※「健康経営」はNPO法人健康経営研究会の登録商標）

　しかしながら，職場における身体活動・運動に関する指導は，この分野の専門家ではない産業医や保健師が行っていることが多く，身体活動・運動の重要性は理解していても，具体的な指導法についての理解が十分とは言えず，時に適切な指導がされていない場合も見受けられた。一方で，運動の専門家は労働安全衛生のシステムについては専門ではないことが多い。これらの溝を埋めることが必要であったが，それは簡単なようで実際には十分に行われてこなかった。そして，本書の発刊前の状況として以下のような課題が見受けられた。

①労働者の身体活動・運動に特化した書籍はこれまでなかったこと。
②労働者のメタボリックシンドローム対策だけにとどまらず，メンタルヘルス対策，転倒予防やワークアビリティ等に至るまで，労働者の体力の視点からアプローチする重要性が増してきていたこと。
③労働安全衛生法等，身体活動・運動指導に係る法的根拠や運動指導時に知っておくべき法的事項にまで触れた専門書がこれまでほとんどなかったこと。
④これらについて産業保健スタッフ（産業医，産業保健師，産業看護師，安全衛生管理者等）や運動の専門家が実践に役立てられる専門書が渇望されていたこと。

　このような状況を看過するわけにはいかない。では，誰がその任に当たるべきなのか。産業衛生，労働者のヘルスプロモーションに深く関わり，しかも健康教育，そして身体活動・運動の専門家，その最も近い位置に立っている1人は自分なのかもしれない。そういう思いが強くなり，本書を企画するに至った。

そのような折，もう1人の編者である中田先生との親交が深まっていく中で，労働者の身体活動・運動に特化した書籍を制作できないかということで意気投合したのが2016年の夏のことであった。また，執筆者として，わが国の身体活動・運動分野の研究においてトップを走っていらっしゃる素晴らしい先生方にご理解とご協力をいただけたことも，力強い後押しとなった。さらに，大修館書店の笠倉氏のサポートを得ることで，この企画が実現する運びとなり，それから約1年半の時を経て，本書の完成に至ったことは感慨深い限りである。不肖私が編者の1人となっているが，まったくの力不足であり，調整役でしかないことは私自身が一番理解している。しかしながら，多くの方々のお力添えのお陰で，編者自身もワクワクとするような充実した内容になっていることは自信をもって紹介したい。

　さて，本書は第1章から第3章で，職場におけるヘルスプロモーションの基本，その施策と身体活動・運動との関連，また労働安全衛生システムについて，第4章から第9章で，身体活動・運動や体力と健康との関連を示した理論，科学的根拠や評価法について，第10章から第12章では身体活動・運動を実践，継続するための行動科学的なアプローチ法や健康格差の縮小に向けた戦略について，第13章で身体活動・運動の実践に当たる場合に押さえておくべきリスク管理について，そして第14章から第16章では実践編として，職場等で実際に展開しているグッドプラクティス，職場で使える手軽な体操，便利なツール・アイテム等について，とてもわかりやすく，また納得できるように解説している。それぞれの章の執筆者は，産業医や産業保健師，安全衛生管理者，そして身体活動・運動に関する著名な研究者や大学教員，機器開発者，指導者，そして弁護士に至るまで蒼々たるメンバーからなっており，それだけでも質の高さを容易に想像できる。

　本書は，職場の産業保健スタッフや身体活動・運動の指導者，またこれらを目指す学生，さらには，大学・専門学校等の教員にとっても役立つ，内容の濃い構成となっている。また，理論の紹介だけではなく実際の現場での取り組みを紹介し，実践で役立てていただくことを志向した書籍でもある。本書を機に，職場における健康の保持増進活動がさらに推進され，また健康経営にも結びついていくことを心から願い，巻頭言とさせていただきたい。

　なお末筆となったが，本書の制作に当たり大変お忙しい中，玉稿を賜りました各執筆者の皆様に厚く御礼申し上げる。また，法的確認事項の回答に関しては，鳥飼総合法律事務所弁護士の小島健一先生にも貴重なアドバイスを頂戴した。多くの方々のご尽力により本書が完成に至った。ここに心より感謝申し上げる。

2017年11月　執筆者を代表して
産業医科大学　産業保健学部　人間情報科学
江口泰正

職場における身体活動・運動指導の進め方

目次

まえがき ……………………………………………………………………………………… iii

第1章 職場におけるヘルスプロモーション　1

1　はじめに ……………………………………………………………………………… 2
2　ヘルスプロモーションとは ………………………………………………………… 3
3　わが国の職場における健康づくり施策の展開 …………………………………… 5
4　職場におけるヘルスプロモーションと身体活動・運動 ………………………… 7

第2章 健康増進と身体活動・運動に関する施策　13

1　健康づくりにおける身体活動・運動の意義 ……………………………………… 14
2　わが国の健康づくり施策における身体活動・運動の取り組み ………………… 14
3　健康づくりのための身体活動基準2013と
　　健康づくりのための身体活動指針（アクティブガイド）……………………… 16
4　スポーツ庁の健康スポーツ施策 …………………………………………………… 22

第3章 労働安全衛生システムと健康経営　25

1　職域での身体活動・運動への取り組みの変遷 …………………………………… 26
2　職域での身体活動・運動に関わる経営資源 ……………………………………… 30
3　職場における労働者の身体活動・運動の企画立案，実施とその評価
　　および健康経営 ……………………………………………………………………… 33

BOX 1　「健康経営」の実例紹介：SCSK株式会社 ……………………………………… 38

第4章 体力と健康　41

1　労働者の体力 ………………………………………………………………………… 42
2　全身持久力と健康アウトカム ……………………………………………………… 45
3　全身持久力以外の体力と健康アウトカム ………………………………………… 51

BOX 2　信頼性の高いエビデンスとは何か ……………………………………………… 55

第5章　身体活動・運動の評価法　　57

1. 身体活動とその関連用語 …… 58
2. 身体活動の単位と内訳 …… 59
3. 身体活動の主な測定評価法 …… 61
4. 運動中のエネルギー消費量の測定法 …… 65
5. 座位行動とその関連用語 …… 66

第6章　低・中強度の身体活動・運動と健康　　69

1. はじめに …… 70
2. 身体活動と死亡率 …… 70
3. 身体活動量と生活習慣病 …… 75
4. まとめ …… 79

第7章　高強度の身体活動・運動と健康　　81

1. はじめに …… 82
2. 高強度運動に関わる最近の研究 …… 83
3. 高強度運動の$\dot{V}O_{2max}$への効果 …… 85
4. 高強度運動が血液検査数値や体重に及ぼす影響 …… 88
5. まとめ …… 89

第8章　身体活動・運動とメンタルヘルス　　91

1. はじめに …… 92
2. 観察研究からの知見 …… 93
3. 介入研究からの知見 …… 95
4. 座位行動とメンタルヘルス …… 98
5. まとめ …… 100

第9章　座位行動と健康　103

1　はじめに　104
2　労働者における座りすぎの実態　104
3　労働者における座りすぎの健康影響および労働影響　106
4　労働者における座りすぎ対策の現状　108

第10章　身体活動・運動の継続に向けた個人への行動科学的アプローチ　113

1　はじめに　114
2　身体活動・運動の推進に向けた行動科学的アプローチ法　114
3　行動科学的アプローチの実際　117

第11章　身体活動・運動を継続するための環境づくり（ポピュレーション・アプローチ）　123

1　はじめに　124
2　ハイリスク・アプローチとポピュレーション・アプローチ　124
3　身体活動を支援する環境づくり　125
4　座位行動を減少させる職場環境づくり　129
5　今後の課題　131

第12章　健康格差を見据えたヘルスプロモーション戦略　135

1　はじめに　136
2　健康格差の観点はなぜ重要なのか　137
3　健康の社会的決定要因とヘルスプロモーション　139
4　健康に無関心な人を「動かす」仕組みとは　142
5　まとめ　146

第13章 身体活動・運動のリスク管理　149

1　身体活動・運動に伴うリスクとその管理 …………………………………… 150
2　メディカルチェック …………………………………………………………… 157

BOX 3　職場における運動指導時の事故等に関して
知っておきたい法的事項 …………………………………………………… 160

第14章 企業における具体的な取り組み　163

1　ブラザー工業株式会社の取り組み ……………………………………………… 164
2　伊藤忠テクノソリューションズ株式会社の取り組み ………………………… 169
3　三井化学株式会社袖ケ浦センターの取り組み ………………………………… 174

第15章 肩こり・腰痛予防，転倒予防を目的とした職場での身体活動・運動　181

1　肩こりと腰痛の予防運動 ………………………………………………………… 182
2　転倒予防運動 ……………………………………………………………………… 187

BOX 4　「運動の取り組み」を組織として実践するためには？ ……………………… 194

第16章 様々なツール・アイテムを活用した身体活動・運動　197

1　職場におけるフィットネス動画配信サービス活用の
　利点とポイント …………………………………………………………………… 198
2　「運動支援システム JOYBEAT」の活用 ……………………………………… 202
3　様々なタイプの歩数計・活動量計の活用 ……………………………………… 205

付録資料・付録動画 …………………………………………………………………… 212
あとがき ………………………………………………………………………………… 213
さくいん ………………………………………………………………………………… 214
編者紹介・執筆者紹介 ………………………………………………………………… 217

第1章

職場における
ヘルスプロモーション

- ヘルスプロモーションとは何か
- ヘルスプロモーションは健康の先に何を求めているのか
- 身体活動・運動は労働者に何をもたらすのか

1 はじめに

1-1 健康の保持増進とヘルスプロモーション

　わが国において，ヘルスプロモーションは健康の保持増進（もしくは健康増進）と解釈されているが，両者がもつイメージについては若干の差異を感じる。健康の保持増進に関する取り組みは，どちらかというと疾病の予防・改善という視点，または医学的パラダイムの中の取り組みに重点が置かれているように思われる。一方，後に触れるようにWHO（世界保健機関）が定義する「ヘルスプロモーション」では[1]，ライフスタイルの改善といった個人の健康づくりのスキルは，ヘルスプロモーションの一部に過ぎない。それよりも社会制度や環境整備，さらには人権尊重などの視点からの展開も必要であることが強調されている。そこで本章では，健康の保持増進とヘルスプロモーションとを分けて述べることがあることをご了承いただきたい。

1-2 健康とは

　そもそも健康とは何か。最もよく知られた定義は，WHOによる「Health is a state of complete physical, mental and social well-being and not merely the absence of disease or infirmity：完全な肉体的，精神的及び社会的福祉の状態であり，単に疾病又は病弱の存在しないことではない」[2]であろう。しかしながら，完全なる身体，完全なる精神，完全なる社会性，これらすべてに合致するような「完璧な」人が果たしているのだろうか。人は常に何かしら「完全」とは言えない部分をもっているものである。高齢者ともなれば，疾病や虚弱な身体をもたない方が珍しい。この定義では，世の中「不健康」な人ばかりとなってしまわないだろうか。理想像としては十分に理解できるが，定義とすると少々厳しいようにも思われる[3]。

　一方，健康とは，「環境に適応し，かつその人の能力が十分に発揮できるような状態」という考え方も存在する[4]。この定義に従えば，疾病や虚弱体質等があっても，生きていくためにまた自己実現のために，もっている能力が十分発揮できればよいことになる。たとえ手足が不自由であっても，不治の病をもっていたとしても，「健康である」と言える人が少なからずいることになる[5]。また，日本健康教育学会では，学会によるヘルスプロモーションの解釈とともに，次のような説明をしている。「たとえば糖尿病という『病い』があったとしても，その人はまだ多くの『健康』を体に宿しています。その持てる健康を使って，仕事をすることも日々の暮らしを楽しむことも可能です。言い換えれば，病気はなくならなくとも，今持っている健康を十分にいかしきって，よりよく生きることもまた重要であると，ヘルスプロモーションは示唆しているのです」[6]。

　以上は一例であるが，このように医療，保健・福祉に関わる専門家は，つい医学的パラダイムのみによって健康を語ってしまいがちだが，最終的にはそれも人々の人生を豊かにする手段や資源に過ぎないという立場で考えていくべきである。

2 ヘルスプロモーションとは

2-1 ヘルスプロモーションの定義

　ヘルスプロモーションとは，WHO が 1986 年のオタワ憲章において提唱した新しい健康観に基づく 21 世紀の健康戦略で，「人々が自らの健康をコントロールし，改善することができるようにするプロセス」と定義された[1]。その後，バンコク憲章（2005 年）で健康を決定する社会的要因が考慮されて，「人々が自らの健康とその決定要因をコントロールし，改善することができるようにするプロセス」と修正された[1]。

　オタワ憲章では，ヘルスプロモーションのための 3 つの過程が示されている。それは，「Advocate」「Enable」「Mediate」である。日本語では，それぞれ順に「唱道」「能力付与」「調停」と訳されていることが多いが，ここではわかりやすく以下のように表現したい。

- アドボケート：声をあげて提案，要望，代弁すること
- イネーブル：できるようにしていくこと
- メディエート：橋渡しをして調整していくこと

　バンコク憲章では，これら 3 つの過程も一部修正されて，「Advocate」「Invest」「Build capacity」「Regulate and legislate」「Partner and build alliances」の 5 つとなった。この中身についても意訳し，以下のように説明したい。

- アドボカシー（唱道）：人権や連帯を基本とした提案，要望，代弁
- 投資：持続的な政策や活動，社会基盤への投資
- 能力向上：政策開発，リーダーシップ，研究，ヘルスリテラシーなどの能力向上
- 規制と法整備：安全対策，機会均等など，人々の幸福を下支えする法の整備
- 共働と連携：継続的活動に向けた様々な組織，団体などとのつながりづくり

　ヘルスプロモーションは，個人の健康づくりのスキルを向上させるだけではなく，公共政策や地域活動の強化などの環境整備を重要視している。さらには，その活動を実現していくためのアドボカシーまでもが求められている。また，オタワ憲章では，「健康は日常生活の資源の一つと見なされるものであり，生きる目的ではない」とも明言されており，「ヘルスプロモーションは健康分野の固有の領分というだけではなく，健康的なライフスタイルを越えて幸福へと向かうものである」と結んでいる。

　つまり，個人のライフスタイルとともに，それに影響を与える大きな要因である社会環境にも働きかけながら，人々がもっている能力を発揮できるようにしていくことが大切であり，その最終目的は人々の自己実現や念願成就（realize aspirations）にある 図1-1（次頁）。

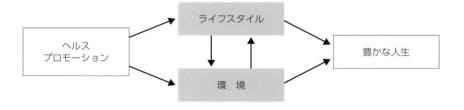

図1-1 ヘルスプロモーションとは (文献7より)

2-2 ヘルスプロモーションと健康教育

　ヘルスプロモーションの概念である「人々が自らの健康とその決定要因をコントロールし，改善することができるようにするプロセス」という意味からすると，健康教育はまさにそのプロセスへの支援活動そのものと言える。つまり，健康教育とは「人々が自らの健康とその決定要因をコントロールし，改善することができるように支援すること」と捉えることもでき，両者は深い関係にある。

　ヘルスプロモーションを狭義の「健康の保持増進」という捉え方で活動してきた人々にとっては，今後着眼点を変えていくべき時期に直面しているのかもしれない。人々が豊かな人生に近づくことができるように，「自らの健康とその決定要因をコントロールし，改善することができる能力」とも言える「ヘルスリテラシー」（コラム1-1参照）を向上させる支援を「健康教育」は推進し，これに加えて社会環境の整備や体制づくりも推進する（イネーブル）。さらには，これらに関わる組織を動かすために，声をあげて提案・要望する（アドボカシー）。環境やシステムといったそれぞれ違う状況に合わせて，うまく回っていくように橋渡しをして調整（メディエート）していくことが，ヘルスプロモーションであり，これを支援していくことが健康教育なのである。

column1-1　ヘルスリテラシーとは

　Nutbeam は，ヘルスプロモーションのアウトカム（結果，成果）の1つとして「ヘルスリテラシー」を挙げている[8]。「ヘルスリテラシーとは，良好な健康状態の維持，増進のために必要となる情報にアクセスし，理解し，活用する個人の意欲や能力を決定づける認知と社会的スキルを表している」[8]。

　リテラシー（literacy）の直訳は，「読み書き能力」であるため，欧米と違って識字率の高い日本においては，ヘルスリテラシーが重要な課題とは捉えられてこなかった経緯がある。しかしながら，WHO のヘルスプロモーション用語集[9]や，アメリカにおける健康政策の指標であるヘルシーピープル 2010[10] において，ヘルスリテラシーという言葉が紹介されてから，単に健康に関する読み書き能力だけを示す概念ではないことが広く理解されるようになってきた[11]。

　中山ら[12] は「健康を決める力」という表現を用いており，ヘルスリテラシーについて「健康情報を入手し，理解し，評価し，活用するための知識，意欲，能力であり，それによって，日常生活におけるヘルスケア，疾病予防，ヘルスプロモーションについて判断したり意思決定をしたりして，生涯を通じて生活の質を維持・向上させることができるもの」と定義している。また同時に，「リテラシー」については，「自己実現のために，自分が持っている潜在的な能力を十分に生かせるように情報を得て適切に意思決定ができる能力で，これは人間の尊厳を表すもの」とも示している。

3　わが国の職場における健康づくり施策の展開

3-1　健康日本 21 と健康増進法

　わが国におけるヘルスプロモーションに関する施策としては，「健康日本 21」が挙げられよう。健康日本 21 は，健康づくりや疾病予防を積極的に推進するための施策として，2000 年に開始された[13]。また，これを支える根拠として，2002 年には健康増進法[14] が制定された。2013 年には，時代の変化に合わせて内容がブラッシュアップされ，健康日本 21（第二次）[15] へ移行され，同時に，健康増進法も一部改正された。健康増進法では，「国民は生涯にわたって健康の増進に努めなければならない」と明記されており，さらに「国，地方自治体，健康保険者，医療機関などに協力義務を課す」と示されている。したがって，健康の増進は国民の義務として取り組むべき内容となっており，国を挙げてこれを支えなければならないということである。

3-2　職場における健康づくり施策とヘルスプロモーション

　職場における健康づくりの施策として，トータル・ヘルスプロモーション・プラン（total health promotion plan：THP）が展開されている[16,17]。これは，健康増進法の制定以前の 1988 年の労働安全衛生法の改正によって導入された，総合的な「心とからだの健康づくり運動」のことである。厚生労働省が策定した「事業場における労働者の健康保持増進のための指針」に沿って，研修を修了した産業医が健康測定を行い，その結果に基づき，運

動指導，保健指導，メンタルヘルスケア，栄養指導等をTHPのスタッフが行うことになっている。しかしながら，THPは制度自体が企業の努力義務であるため，中小の事業所等での実施が非常に少なく，大企業においても次第に実施するところが少なくなってきている。残念なことに，現在ではTHPの制度の認知度が低くなり，新たな変換点にきている。

3-3　特定健康診査・特定保健指導

職場における健康づくり活動に関する施策としては，高齢者の医療の確保に関する法律に基づいて「医療保険者」（医療保険を運営している側の団体）の義務として行われる，特定健康診査・特定保健指導（いわゆる「メタボ健診」）もある。メタボ健診は，40～74歳の公的医療保険加入者全員を対象とした制度である[18]。この健診の結果で所見を指摘された者を対象として保健指導が実施されるが，その一環としてライフスタイルの改善指導も行われる。メタボ健診の実施自体は義務であるが，保健指導の対象者とはなりにくい若年層や所見のない人々へのアプローチをどうするのか，また保健指導の対象者に対してもその後のサポートがなかなか進まない，保健指導しても結果が伴わない，といった課題に多くの保険者が直面しているようである。

3-4　健康経営

近年，大企業を中心に広がり，最近では中小の企業へも広がりつつある「健康経営」[注1]の取り組み（経済産業省も推奨）がある[19]。このコンセプトはまさにヘルスプロモーションの定義と共通する点が多く，個人だけではなく企業における経営の方向性そのものを変えることができると考えられている（第3章参照）。労働者が職場で生きがいを感じながら働くことができ，その結果個々の生産性が向上すれば，企業の収益が安定化し，ひいては労働者の賃金が上昇し，労働者がさらに豊かな人生への投資ができるようになる，という好循環を目指すもので，今後の拡大が期待される。

WHOは，workplace health promotion（職場におけるヘルスプロモーション）は優先課題の1つであるとしている。そして，その活動がもたらす利益として以下のようなものを挙げている（一部抜粋）[20]。

- 労働者の士気向上
- 中途退職者の低減
- アブセンティーイズム[注2]の低減
- 生産性の向上
- 自尊心（self-esteem）の向上
- ストレスの低減
- 仕事満足感の向上
- 幸福感の改善

これらはまさに健康経営の理念につながるものであり，職場の今後のあり方に関する重要な課題である。

4 職場におけるヘルスプロモーションと身体活動・運動

4-1 身体活動・運動が果たすヘルスプロモーション

　本書は，職場における労働者の健康，さらにはQOL（quality of life）をサポートするための身体活動・運動の推進を目的としている。前節までに述べてきた健康の定義やヘルスプロモーションの理念をベースに，身体活動・運動をいかに活用していくかが重要である。

　まえがきでも述べたように，身体活動・運動の継続が健康にとって様々な利益をもたらすことは，世界の常識と言っても過言ではない。身体活動・運動に関する様々なエビデンス（科学的根拠）を提供し続けている，アメリカスポーツ医学会（American College of Sports Medicine：ACSM）の「運動処方ガイドライン第10版」でも，その効果について詳しく記述されている[21]。その一部を紹介すると，図1-2 のようなものが挙げられる。特に図中の★印は，中～高レベルで信頼できる量反応関係（dose response：量が多いほど効果が高い）が明らかなものである。

　わが国においても，健康日本21をはじめとして，特に循環器疾患や代謝系疾患の予防効果を中心に，身体活動・運動の推奨がなされてきた[22]。近年では，これらの予防効果以外についてもエビデンスが集積され，活用場面が広がってきている。

　一方，これまで地域における高齢者への疾病予防としての対策は進んできたが，仕事に追われる労働者への対策は，残念ながら十分には浸透してこなかったように思われる。高齢者は相対的に可処分時間が多く，また健康への関心も高いため対策が浸透しやすいが，労働者に関しては，疾病をもっていても受診しない人も多く，様々な施策の浸透が進みにくい現状にある。とはいえ，全人口に占める割合は労働者が最も多く[23]，この膨大な対象

図1-2　現在わかっている身体活動・運動の効果（抜粋）　　　　　　　　　（文献21より作成）

者への健康保持増進対策は当然重要性が高い。もちろん，子どもや学生，若年者への健康教育も重要であり，こちらへの対策も求められるが，まず約6,500万人の労働者（就業者）をターゲットにすることは喫緊の課題であると言える。

4-2　職場における課題と身体活動・運動

　身体活動・運動によるアウトカムを職場で活かせる主な場面として，図1-3[7]のようなものがあると考える。まず命を守ることは重要であり，その命を縮める可能性が高い疾病の予防・改善は最優先課題であろう。その代表的なものとして循環器疾患があり，その誘因ともなるメタボリックシンドロームの予防・改善に身体活動・運動は活用できる。また，職場におけるメンタルヘルス対策も喫緊の課題であるが，このような場面でもその対処や予防に身体活動・運動は活用できる。

　一方，健康の定義を「能力が十分に発揮できる状態」と捉えると，単に長生きなのではなく元気な状態でいられる期間である「健康寿命」の延伸が重要となる。「健康寿命の延伸」は，健康日本21でも重要な位置づけがなされている[13]。さらに，労働者にとっては働くために求められる広義の体力（労働体力[7]）の確保は，欠かすことができない要素の1つである。社会の超高齢化に伴って，高齢になっても長く働くことができる「労働寿命の延伸」[7]は，近未来のために重要な課題となってくる。年金支給開始時期の延長に伴う無収入期間への穴埋めや，働くこと自体による生きがいの創造によって，QOLの向上につなげることができるように，「ワークアビリティ：work ability」[24]としての体力維持・向上が求められてくると考えられる。これは，肉体労働が中心の労働者だけではなく，デスクワークが多い労働者においても当てはまる[25]。さらには，最近増加傾向にある職場における転倒を予防する効果も期待でき，コミュニケーション，活力や志気向上の手段としても

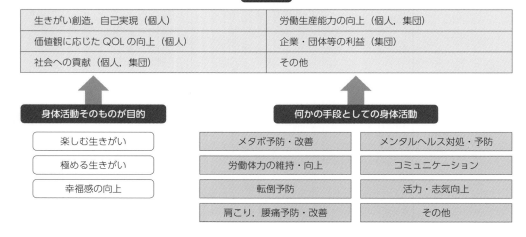

図1-3　職場における身体活動・運動の効果活用例　　　　　　　　　　　　　　　　（文献7より）

活用できる。健康経営にとって，身体活動・運動は欠かせない存在となるであろう。

他方，本来「スポーツ」とは活動そのものを楽しむことが目的であり，その実施自体が生きがいにもなるし，幸福感を感じることができる人も多い。手段としての「運動」と，目的としての「スポーツ」，双方をうまく使い分けながら活用していくことが求められる。

以上のような様々なアウトカムの最終ゴールとして，労働者の生きがい創造，労働生産性の向上，社会への貢献や企業の利益等が挙げられる。身体活動・運動は，様々なアウトカムへの貢献が期待できるが，これらの効果を期待するのであれば，それぞれの目的に応じた適切な方法，もしくは推奨される方法がある。その方法には，身体活動・運動の「強度」「時間」「頻度」「様式」（Frequency, Intensity, Time and Type of exercise：FITT）があり[21]，それぞれどのように組み合わせるかを考慮することが望まれる。このうち最も重要なのは安全性に関わる「強度」であり，実施者を危険にさらさないように細心の注意を払いながらプログラムを作成する必要がある。反面，強度にこだわり過ぎると，実施者の興味ややる気を削いでしまったり，低い強度ばかりで効率が上がらなかったりするため，そのバランスを考えながら進めていくことも重要である。

column1-2　健康リスクの解消からヘルスプロモーションへ

アメリカの臨床心理学者 Herzberg は，人間には，苦痛や不満などマイナスの要因を回避しようとする欲求（衛生要因）と，喜びや満足などのプラスの要因を求める欲求（動機づけ要因）があるが，不満足をいくら回避しても満足感を増加させることは少ないという「二要因理論」を，職場における様々な要因を例に調査した結果として紹介している 図1-4 [26]。

健康リスクの改善ばかりにとらわれていると，いつまでも不満は消えない可能性があり，たとえ解消されても次の不安要素をつい探し続けてしまい，満足感が得られない。それならば，健康リスクの改善努力は続けるとしても，それと同時に何か別のプラスの要素，楽しくなる要素を取り入れていくことで満足感が得られ，次の健康行動につながっていくのではないだろうか。

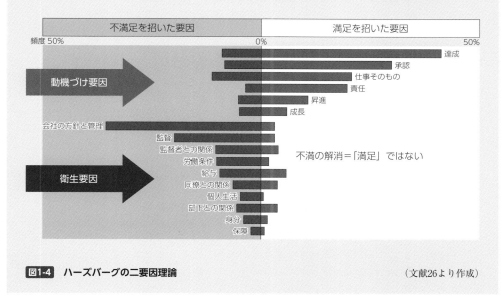

図1-4　ハーズバーグの二要因理論　　　　　　　　　　　　　　　　　（文献26より作成）

4-3　組織や社会を動かすアドボカシー

　前述したように，WHOのヘルスプロモーションではアドボカシーの重要性が示されている[1]。アドボカシーとは，「声をあげて提案，要望，代弁すること」である。1人だったり，少ない人数だったり，弱い立場だったりすると容易には取り組めないような課題，もしくは社会の仕組みが変わらないと実現できないような課題については，より多くの人々の協力を仰いで声をあげて提案，要望する，またはこれに代わる人に代弁してもらわないと実現しないことが多い。

　このような場合は，ロビー活動や政治的な活動が有力な手段となる。近年，わが国においても経済格差や健康格差が課題となってきており，これに合わせた対策の必要性も増してきているため，皆で声をあげていくことが重要である。企業や団体の中には，まだまだ健康対策が行きわたっていなかったり，環境が整っていなかったりするところも少なくはなく，皆で声をあげていくアドボカシーが必要である。アドボカシーは，決して国や自治体だけを対象としているのではなく，身近な周囲への声かけであっても立派なアドボカシーである。

（江口泰正）

注1：「健康経営」は，NPO法人健康経営研究会の登録商標。
注2：アブセンティーイズム：欠勤や遅刻早退など，業務に就けない状態が続くこと。

参考文献

1. WHO. Milestones in Health Promotion: Statements from Global Conferences: WHO, 2009. http://www.who.int/healthpromotion/Milestones_Health_Promotion_05022010.pdf（accessed: 2016.12.30）
2. 厚生省大臣官房厚生科学課．WHO憲章における「健康」の定義の改正案について．1999．http://www1.mhlw.go.jp/houdou/1103/h0319-1_6.html（accessed: 2015.9.2）
3. 江口泰正．ナースのための健康スポーツ学－看護教育における新しい体育－．看護教育．1997; 38: 573-604.
4. 池上晴夫．運動処方．朝倉書店，1982.
5. 福田洋，江口泰正(編著)．ヘルスリテラシー：健康教育の新しいキーワード．大修館書店，2016.
6. 日本健康教育学会．日本健康教育学会が考えるヘルスプロモーションとは：日本健康教育学会ホームページ．http://nkkg.eiyo.ac.jp/hehp.html（accessed: 2017.1.30）
7. 江口泰正．職場における運動・身体活動の推進とヘルスプロモーション．健康開発．2017; 21: 71-80.
8. Nutbeam D. Health literacy as a public health goal: a challenge for contemporary health education and communication strategies into the 21st century. *Health Promot Int*. 2000; 15: 259-67.
9. Nutbeam D. Health promotion glossary. *Health Promot Int*. 1998; 13(4): 349-64.
10. U.S. Department of Health and Human Services. Healthy people 2010, Objectives for Improving Health, Health Communication: 2000. http://www.healthypeople.gov/2010/Document/pdf/Volume1/11HealthCom.pdf（accessed: 2012.6.6）
11. 江口泰正，福田洋．ヘルスリテラシーと健康教育．健康開発．2012; 17: 76-82.
12. 中山和弘，田口良子．ヘルスリテラシー　健康を決める力：http://www.healthliteracy.jp/kenkou/post_20.html（accessed: 2017.1.30）
13. 厚生労働省．21世紀における国民健康づくり運動(健康日本21)の推進について．2000．http://www.kenkounippon21.gr.jp/kenkounippon21/about/tsuuchibun/115.html（accessed: 2017.1.30）
14. 総務省．健康増進法．http://law.e-gov.go.jp/htmldata/H14/H14HO103.html（accessed: 2017.1.30）

15. 厚生労働省．厚生科学審議会地域保健健康増進栄養部会　次期国民健康づくり運動プラン策定専門委員会．健康日本21（第二次）の推進に関する参考資料．2012. http://www.mhlw.go.jp/bunya/kenkou/dl/kenkounippon21_02.pdf（accessed: 2013.4.2）
16. 中央労働災害防止協会（編）．労働衛生のしおり　平成28年度．中央労働災害防止協会，2016.
17. 中央労働災害防止協会．THPとは：http://www.jisha.or.jp/health/thp/（accessed: 2016.11.30）
18. 厚生労働省健康局．標準的な健診・保健指導　プログラム【改訂版】．2013. http://www.mhlw.go.jp/seisakunitsuite/bunya/kenkou_iryou/kenkou/seikatsu/dl/hoken-program1.pdf（accessed: 2016.12.30）
19. 経済産業省商務情報政策局ヘルスケア産業課．企業の「健康経営」ガイドブック～連携・協働による健康づくりのススメ～（改訂 第1版）．2016. http://www.meti.go.jp/policy/mono_info_service/healthcare/kenkokeiei-guidebook2804.pdf（accessed: 2016.12.30）
20. WHO. Workplace health promotion. http://who.int/occupational_health/topics/workplace/en/（accessed: 2017.1.31）
21. American College of Sports Medicine. ACSM's Guidelines for Exercise Testing and Prescription; Tenth Edition: Wolters Kluwer, 2017.
22. 厚生労働省．運動基準・運動指針の改定に関する検討会．健康づくりのための身体活動基準2013．2013. http://www.mhlw.go.jp/stf/houdou/2r9852000002xple-att/2r9852000002xpqt.pdf（accessed: 2015.1.9）
23. 総務省統計局．労働力調査（基本集計）平成28年（2016年）12月分結果の概要．2017. http://www.stat.go.jp/data/roudou/sokuhou/tsuki/pdf/201612.pdf（accessed: 2017.1.31）
24. Tuomi K, et al. Work Ability Index. Finnish Institute of Occupational Health, 1998.
25. 江口泰正，他．労働形態別にみた自覚的ワークアビリティと体力との関係．健康開発．2011; 15: 52-8.
26. Herzberg F. One More Time: How Do You Motivate Employees?. *Harvard Business Review*. 1968; 46: 53-62.

第2章

健康増進と身体活動・運動に関する施策

キーポイント

・職場における身体活動・運動の推進を後押しする施策は

・健康づくりのための身体活動基準2013とは

・身体活動・運動を1日10分プラスするだけでどのような効果が期待できるのか

1 健康づくりにおける身体活動・運動の意義

　身体活動とは，安静にしている状態よりも多くのエネルギーを消費するすべての動きを指す。それは，日常生活における労働，家事，通勤・通学などの「生活活動」と，スポーツや，体力の維持・向上や健康増進のためのフィットネスのような目的をもって余暇時間に実施される「運動」の2つに分けられる。

　身体活動を増やすことで，循環器疾患・糖尿病・がんといった生活習慣病の発症，およびこれらを原因として死亡に至るリスク[1~8]や，加齢に伴う生活機能低下（ロコモティブシンドローム[9,10]および認知症[11]等）を来すリスク（以下，「生活習慣病等および生活機能低下のリスク」）を下げることができる。健康寿命の延伸を目指すわが国において，総合的な健康増進効果が期待される身体活動・運動を推奨する重要性は高い。

2 わが国の健康づくり施策における身体活動・運動の取り組み

2-1 これまでに行われた健康づくり施策

　わが国の健康増進に関わる取り組みとして，厚生労働省（旧厚生省）による「国民健康づくり対策」が，1978年から数次にわたって展開されてきた。1978年から始まった「第一次国民健康づくり対策」と，1988年からの「第二次国民健康づくり対策（アクティブ80ヘルスプラン）」，および2000年から始まった「第三次国民健康づくり対策（21世紀における国民健康づくり運動［健康日本21］）」である。

　また，旧労働省を中心とし，働く人々の健康の保持増進に資するため，1988年からトータル・ヘルスプロモーション・プラン（total health promotion plan：THP）を呼称として，働く人の心とからだの健康づくりが推進されてきた。

　2012年7月には，第四次の国民健康づくり対策として「21世紀における第二次国民健康づくり運動（健康日本21［第二次］）」が告示された[12]。健康日本21（第二次）は，ライフステージに応じて，健やかで心豊かに生活できる活力ある社会を実現し，その結果として社会保障制度が持続可能なものとなるよう，2013年度から2022年度までの期間で取り組まれる[13]。

　2011年度に行われた健康日本21の最終評価[14]によると，身体活動・運動分野における最大の懸念は，歩数の減少であると指摘されている。歩数は，移動を伴う身体活動の客観的な指標である。健康日本21の策定時には，10年間に歩数を約1,000歩増加させることを目標としていた。しかし，1997年と2009年の比較において，1日の歩数の平均値が約1,000歩も減少した（男性：8,202歩→7,243歩，女性：7,282歩→6,431歩）。一方，「1回30分・週2回の運動を1年以上継続している者」と定義されている運動習慣者の割合は，1997年と2009年の比較において微増していた（男性：28.6％→32.2％，女性：24.6％→27.0％）。しかし，性・年代別に見てみると，男女とも60歳以上の運動習慣者は増加して

いる一方，60歳未満では増加しておらず，特に女性では減少が見られた。

　2010年から2014年の直近5年に目を移してみると，歩数における減少傾向は和らいでいる（男性：7,129歩 → 7,043歩，女性：6,125歩 → 6,015歩）。一方，直近5年間の65歳未満の運動習慣者の割合は，2009年までの微増から減少傾向に転じている（男性：26.3% → 24.6%，女性：22.9% → 19.8%）[15]。このように，過去の国民の身体活動・運動の状況は，芳しい状況に向かっているとは考えにくい。

2-2　健康日本21（第二次）における身体活動・運動分野の目標

　これらを踏まえ，健康日本21（第二次）では，「歩数の増加」や「運動習慣者の割合の増加」の目標をこれまでと同様に定めた。さらに，身体活動や運動習慣は，個人の意識や動機づけだけでなく，身体活動の増加に対する人々の協調行動の活発化を形成するための生活環境や社会支援が関係することから，新たに「住民が運動しやすいまちづくり・環境整備に取り組む自治体数の増加」を指標とした。具体的には，住民の身体活動・運動の向上に関連する施設や公共交通機関等のインフラ整備，具体的な数値目標を伴った明確な施策実施，身体活動・運動参加を促進する財政措置，学校での体育授業以外の教育施策，身体活動を促すマスメディア・キャンペーンなどの実施が挙げられる。

　個人の身体活動・運動習慣の目標と社会の環境整備の目標がともに達成され，壮年期死亡や高齢者の社会生活機能低下の予防，ひいては健康寿命の延伸，健康格差の縮小などにつながることが期待される 図2-1 [13]。

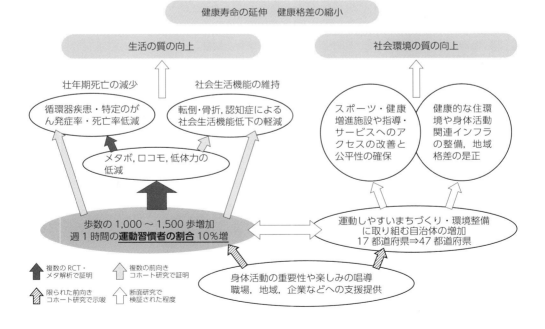

図2-1　健康日本21（第二次）における身体活動・運動分野の目標設定の考え方

「歩数の増加」に関しては，10年間で1,000～1,500歩の歩数増加を目指している。「運動習慣者の割合の増加」に関しては，「1回30分・週2回以上の運動を1年以上継続している者」を運動習慣者と定義し，この割合を約10％増加させることを目指している。「住民が運動しやすいまちづくり・環境整備に取り組む自治体数の増加」は，すでに取り組んでいる17都道府県を現状値とし，目標値は全47都道府県としている 表2-1 。

身体活動・運動に関連するその他の目標として，「ロコモティブシンドローム（運動器症候群）を認知している国民の割合の増加（80％）」「足腰に痛みのある高齢者の割合の1割減」等を挙げており，これらの目標を達成することを通じて，健康寿命の延伸に寄与することを目指している。

3 健康づくりのための身体活動基準2013と健康づくりのための身体活動指針（アクティブガイド）

3-1 健康づくりのための身体活動基準2013

❶策定の方向性とポイント

2013年3月18日に，「健康づくりのための身体活動基準2013」[16]と「健康づくりのための身体活動指針（アクティブガイド）」[17]が発表された。

「健康づくりのための運動基準2006」[18]と「健康づくりのための運動指針2006（エクササイズガイド2006）」[19]が発表されて約7年が経過し，多くのエビデンス（科学的根拠）が蓄積したこと，さらに2013年4月から始まる健康日本21（第二次）における，身体活動・運動分野の目標達成を推進するためのツールが必要となったことなどを受け，「健康づく

表2-1 健康日本21（第二次）における身体活動・運動分野の現状と目標

目標項目	日常生活における歩数の増加
現状	20～64歳：男性7,841歩，女性6,883歩 65歳以上：男性5,628歩，女性4,585歩（2010年）
目標	20～64歳：男性9,000歩，女性8,500歩 65歳以上：男性7,000歩，女性6,000歩（2022年度）
データソース	厚生労働省「国民健康・栄養調査」

目標項目	運動習慣者の割合の増加
現状	20～64歳：男性26.3％，女性22.9％，総数24.3％ 65歳以上：男性47.6％，女性37.6％，総数41.9％（2010年）
目標	20～64歳：男性36％，女性33％，総数34％ 65歳以上：男性58％，女性48％，総数52％（2022年度）
データソース	厚生労働省「国民健康・栄養調査」

目標項目	住民が運動しやすいまちづくり・環境整備に取り組む自治体数の増加
現状	17都道府県（2012年）
目標	47都道府県（2022年度）
データソース	厚生労働省健康局がん対策・健康増進課による把握

りのための運動基準・運動指針の改定ならびに普及・啓発のための研究」および，厚生労働省の「運動基準・運動指針の改定に関する検討会」での審議に基づき，改定・策定作業が進められた．

身体活動基準とアクティブガイドは，運動基準・運動指針2006で指摘された課題を踏まえ，①65歳以上の高齢者の基準値を策定すること，②生活習慣病等の予防だけでなく，運動器症候群・うつ・認知症の予防も視野に入れた基準値の策定を目指すこと，③全身持久力以外の体力の基準値を策定すること，④より多くの人が取り組める基準値や考え方を取り入れること，⑤表現を易しく，理解しやすいものにすること，の5つの方針に基づいて改定・策定作業が進められた．

❷基準値策定の方法

国が定める基準やガイドラインに明示される基準値は，エビデンスに基づいて決定されなければならない．その具体的方法として，身体活動と健康に関する大規模前向き観察研究（コホート研究）を系統的に調べる「システマティック・レビュー」と，各研究から得られたデータを統合して統計処理する「メタ解析」が用いられた．

これらの作業は，①文献検索，文献精読，採択，②データ抽出，統計処理，③専門家ら（レビューボード）による審査や，学会における意見交換・討論，④厚生労働省の検討会における議論とオーソライズ，というプロセスから成る．基準値策定の考え方や詳細な方法は，身体活動基準2013の本文，および報告書に詳述されている[16]．

❸個人の健康づくりのための基準値と考え方

将来予想される早世，生活習慣病等への罹患，生活機能の低下のリスクを減少させるために，個人にとって達成することが望ましい身体活動・運動量と体力の基準，および考え方は表2-2の通りである．

表2-2 健康づくりのための身体活動基準2013に示された基準値と考え方の一覧

基準値

- **18～64歳の身体活動（生活活動・運動）の基準**
  強度が3メッツ以上の身体活動を23メッツ・時/週行う．具体的には，歩行またはそれと同等以上の強度の身体活動を毎日60分以上行う．1日60分の身体活動は，歩数では8,000歩程度に相当する．

- **18～64歳の運動の基準**
  強度が3メッツ以上の運動を4メッツ・時/週行う．具体的には，息が弾み汗をかく程度の運動を毎週60分行う．

- **65歳以上の身体活動（生活活動・運動）の基準**
  強度を問わず，身体活動を10メッツ・時/週行う．具体的には，横になったままや座ったままにならなければどんな動きでもよいので，身体活動を毎日40分行う．

- **性・年代別の体力：全身持久力の基準**
  男性 18～39歳：11.0メッツ，40～59歳：10.0メッツ，60～69歳：9.0メッツ
  女性 18～39歳： 9.5メッツ，40～59歳： 8.5メッツ，60～69歳：7.5メッツ

考え方

- **全年齢層における身体活動（生活活動・運動）の考え方**
  現在の身体活動量を，少しでも増やす．例えば，今より毎日10分ずつ，歩数では約1,000歩多く歩くようにする．

- **全年齢層における運動の考え方**
  運動習慣をもつようにする．具体的には，30分以上の運動を週2日以上行う．

これらいくつかの基準や考え方は，一貫性高く矛盾なく国民に伝えられ，活用されなければならない。そのために重要なのは，よりエビデンスレベルが高いことに加え，わが国の身体活動の現状を考慮して策定される必要がある。図2-2 に，基準値策定の考え方の要点を示した[20]。「国民健康・栄養調査」によれば，わが国の国民の歩数は男女合わせて 7,000 歩（1 日約 50 分の中高強度身体活動）程度である[21]。国民の疾病リスクを減らして，健康寿命を延伸するためには，これまでよりも身体活動の量を増やさなければならないことを，これまでのエビデンスは明確に示している。

　それでは，国民はどの程度なら身体活動を増やすことができるのであろうか？「平成22年度国民健康・栄養調査」において，1 日当たり歩数を「あと 1,000 歩増やすこと」（すなわち 10 分ほど余分に歩くこと）についてどう思うか，という質問に対し「意識的に歩こうと心がければ増やせると思う」と答えた者は，全体の 60.8% であった。また，健康日本 21（第二次）では，歩数を 1,000 歩程度増やすことを目標にしている。

　これらの事実（ファクト）に基づき，身体活動量の基準値を定めると「1 日 60 分，約 8,000 歩」となる。このように，身体活動基準 2013 の基準値は，国民の実状やこれまで厚生労働省が長年進めてきた「国民健康・栄養調査」や健康づくり施策と齟齬なく策定されている点が重要である。

❹ 身体活動基準 2013 の対象者

　運動基準 2006 では，70 歳以上の高齢者の基準は示していなかった。しかし，健康日本 21（第二次）が「ライフステージに応じた」健康づくりを重視し，高齢者の健康に関する目標設定を行っていることなどを踏まえ，新基準では高齢者に関する身体活動の基準を初めて策定することになった。新しい高齢者のための基準は，表2-2（前頁）の通りである。

　18 歳未満に関しては，身体活動・運動が生活習慣病等や社会生活機能低下に至るリスクを低減する効果について十分なエビデンスがないため，現段階では定量的な基準を設定

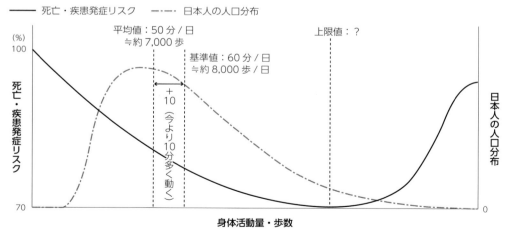

多くの疫学研究の成果だけでなく，わが国における身体活動増加の実現可能性や，これまでの健康づくり施策との整合性を考慮し，綿密に策定されている

図2-2　健康づくりのための身体活動基準2013策定のコンセプト

しなかった。しかしながら，子どもから高齢者まで，家族がともに身体活動・運動を楽しみながら取り組むことで，健康的な生活習慣を効果的に形成することが期待できる。そのためのツールとして，文部科学省が策定した「幼児期運動指針」[22]，日本体育協会が策定した「アクティブチャイルド60min」[23]などがある。これらは，楽しくのびのびとからだを動かす遊びを中心とすること，また散歩や手伝いなど生活の中での様々な動きを含めること，身体活動の合計が毎日60分以上になるようにすることを推奨している。

❺ 生活習慣病の重症化予防と身体活動基準

　糖尿病，高血圧症，脂質異常症等の疾患をすでに有している者でも，身体活動・運動の増加によって，これらの疾患が改善の方向へ向かうと同時に，虚血性心疾患，脳梗塞，一部のがんなどの発症を予防できることが示唆されている。

　日本糖尿病学会，日本高血圧学会，日本動脈硬化学会は，それぞれの治療ガイドラインにおいて運動療法を推奨している。学会によって表現は若干異なるが，概ね1日30〜60分の中強度有酸素運動を週3日以上（6メッツ・時/週以上）実施することが，各疾患の治療・改善に望ましいとしている。

　さらに，栄養・食生活の管理も合わせて行うことが重要であり，これらの疾患をすでに有する者が安全に運動を実施するためには，かかりつけ医や健康運動指導士（コラム2-1参照）などと相談する必要があることが明記されている。

column2-1　健康運動指導士，ヘルスケア・トレーナー

　健康運動指導士とは，保健医療関係者と連携しつつ，安全で効果的な運動を実施するための運動プログラム作成および実践指導計画の調整等の役割を担う者である。また，ヘルスケア・トレーナーとは，産業医と協力して，運動プログラムの作成や指導を行う者である。地域・職域における健康づくりのための身体活動・運動指導の専門家としての活躍が期待されている。
　一方で，他の医療資格者と異なり，これらの資格が国家資格でないことから，その活動に多くの制限があることが課題として挙げられる。

❻ 身体活動・運動を安全に取り組むための留意事項

　適切でない身体活動・運動の実施は，様々な傷害の発生や疾患の発症等の事故の原因となり，そうした事故を予防するための配慮が必要である。安全配慮のポイントとして，①身体活動・運動に適した服装や靴の選択，②身体活動・運動前後の準備・整理運動の実施方法の指導，③身体活動・運動の内容（種類や種目）や強度の選択，④正しいフォームの指導，⑤足腰に痛み等がある場合の配慮，⑥身体活動・運動中の対象者の様子や体調の変化への配慮，⑦救命処置技能やAEDの使用法の習得など救急時のための準備，が挙げられている。

❼ 身体活動・運動を普及啓発するための考え方

　健康日本21の最終評価において，運動習慣者の割合が増加しなかったことについて，運動の重要性は理解しているが長期にわたる定期的な運動に結びついていないこと，行動に移せない人々に対するアプローチ，具体的には環境（地理的・インフラ的・社会経済的）

や地域・職場における社会支援の不足が指摘された。

環境の整備を考える上でまず重要なのは，地域における取り組みである。健康日本21（第二次）では，「住民が運動しやすいまちづくり・環境整備に取り組む自治体数の増加」を目標として掲げている。

企業で働く労働者にとって，職場は多くの時間を過ごす場であり，日常生活における社会環境として大きな位置を占める。職域においては，労働安全衛生マネジメントシステムや健康経営の取り組み等を活用し，各企業における自主的な身体活動・運動を増やす取り組みが重要である。例えば，自家用車よりも公共交通機関や自転車，徒歩による通勤を推奨すること，立ったまま事務作業ができるハイテーブルの設置等が考えられる。

❽今後の課題

今後，子どもの身体活動の基準値や，高齢者の運動量の基準値，身体活動不足や座位行動時間の基準値，全身持久力以外の体力（筋力や柔軟性等）の基準値について，エビデンスをもって設定できるよう，コホート研究や大規模介入研究を推進していく必要がある。また，成果の評価をより客観的に行うために，体力や身体活動・運動量を客観的で簡便に測定する方法や指標の開発が必要である。さらには，身体活動・運動習慣者の割合を増加させるアプローチ法の開発も望まれる。

身体活動基準2013とアクティブガイドは，今後の研究成果の蓄積の状況や，健康日本21（第二次）の中間評価などを踏まえて，5年後を目途に見直すことが望ましいとされている。よりよいものにするために，一層のエビデンスとファクトの蓄積が重要である。

3-2　健康づくりのための身体活動指針（アクティブガイド）

❶アクティブガイドの特徴とメインメッセージ

2006年に発表された「エクササイズガイド2006」は，46頁にわたり白黒印刷された文書であり，一般国民向けを意図しながら，その用途に耐える体裁とは言い難かった[19]。そこで新しい指針は，A4サイズ表裏1枚にまとめられた。すべての内容を読み終えるのに10分程度あれば十分な分量である。読みやすいようにカラーで作成され，イラスト等がふんだんに盛り込まれている 図2-3 。

アクティブガイドでは，「＋10（プラステン）」をメインメッセージに紙面を構成している。「今より10分多くからだを動かす」ことを，「＋10」という言葉とロゴで表現している。筆者らが実施したメタ解析では，「＋10」によって死亡のリスクを2.8％，生活習慣病発症を3.6％，がん発症を3.2％，ロコモ・認知症の発症を8.8％，低下させることが可能であることを示唆している[20,24]。減量効果として，体重70kgの肥満者が4メッツの歩行を「＋10」した場合，「（4−1）メッツ×1/6時間×70kg＝35kcal」余分にエネルギーを消費する（減じた1メッツは安静時代謝分）。こ

図2-3　新しいアクティブガイド

れを毎日続けたとすると，1年365日で12,775 kcal蓄積するので，7,000 kcal/kgの脂肪組織を約1.9 kg/年減らす効果が期待できる。

❷身体活動チェック

アクティブガイドは，身体活動を増やし運動習慣を確立するための気づきの工夫や，情報提供ツールとしての要素を強調したツールである。身体活動の状況は個人差が大きいため，すべての個人に同じアクションを提案しても実効性に限界がある。そこで，身体活動の状況をチェックし，その結果に基づき個人に合ったアクションを端的に提案することが重要である。

アクティブガイドでは，チェック表で身体活動の状況を4段階に分類している。このチェックは，特定健診・保健指導の標準的な質問票に基づき作成されている。3つの質問の組み合わせにより，身体活動量を感度よく評価することが可能であることが，先行研究で示唆されている[25]。極めて簡単なチェックであるが，相応の妥当性をもって活用可能である。

❸チェックに基づくアクションの提案

身体活動チェックに基づいて把握された身体活動の状況で，4つのアクションを提案している。

① 1段階の人には「気づく！」をメッセージに挙げ，1日の生活の中でからだを動かす機会や環境に気づき，考えることを提案している。実際にからだを動かすことではなく，その前段階の身体活動に対する認知や思慮についての提案をしている身体活動ガイドラインは稀である。

② 2段階は最も多くの人，全体の半分程度が該当する段階で，この段階の人にはアクティブガイドのメインメッセージである「＋10」を「始める！」ことを勧めている。「＋10」の10分は，まとまった活動である必要はなく，細切れの活動でも合計10分増やせばよい。このような根拠から，始めることが比較的容易な敷居の低い行動である「＋10」を「始める！」という形で勧めている。

③ 3段階は身体活動基準で示された身体活動量の基準値を達成している人が多く含まれる。この段階の人には，青壮年者は1日60分，高齢者は1日40分の基準をしっかりと「達成する！」ことを推奨している。

④ 4段階の人は最も身体活動が高い集団であり，すでに基準を超えた好ましい身体活動・運動習慣を維持している人たちである。この段階の人に対しては，「つながる！」というメッセージを示し，「一人でも多くの家族や仲間と＋10を共有しましょう」「一緒に行うと，楽しさや喜びが一層増します」と，周囲を巻き込む役割を果たすことを勧めている。身体活動の多寡には，周囲の環境や支援の有無が関係している。4段階の人には，環境づくり支援提供の担い手としての役割が期待されている。

❹安全のために

アクティブガイドは，健康な人だけでなく，生活習慣病等の罹患者，その予備群で特定保健指導の該当者，また65歳以上の高齢者をも対象としている。すなわち，身体活動・運動の増加に伴い，足腰の痛みや心血管系の事故などを起こす可能性が高い人にも「＋10」を推奨している。アクティブガイドには，安全面についての必要最小限の注意喚起が

記載されている。事故防止のポイントとして，①からだを動かす時間や強度は少しずつ増やしていく，②体調の悪い時は無理しない，③病気や痛みのある場合は医師や健康運動指導士などに相談を，の3点を挙げている。

❺アクティブガイドの普及・啓発

身体活動基準やアクティブガイドは，運動基準・運動指針 2006 の認知度が低かったことを踏まえ，可能な限り国民に周知できるように取り組んでいる。低予算で普及・啓発する手立てとして活用できるのが，Facebook や Twitter といったソーシャルネットワーキングサービス（social networking service：SNS）である。「健康づくりのための身体活動基準 2013・アクティブガイド」の Facebook ページを開設し，内容の説明や一般向けのわかりやすい情報などを発信している。また，厚生労働省は，スマートライフプロジェクトという活動を通じて，「＋10」の普及・啓発を行っている。他の健康施策と連動し，国民の身体活動増加・運動習慣の確立が期待されている。

> **column2-2　体育・身体活動・スポーツに関する国際憲章**
>
> ユネスコ（国際連合教育科学文化機関）による同憲章は 1978 年の採択，1991 年の小改定を経て，2015 年に全面改定されたものである。名称には，従来には含まれなかった「身体活動」の語が含まれ，憲章の範囲が広がった。また，多様性（ダイバーシティ），包括性（インクルージョン），高潔性（インテグリティ）等，現代の一般社会に存在する課題を視野に入れながら，体育・身体活動・スポーツにおける安全・安心な環境の概念を，より幅広い人権的観点から捉えるものとなっている。当面の体育・身体活動・スポーツが目指すべき国際的な基準が明示されており，今後のわが国の身体活動・運動・スポーツ施策を推進する上で有用と考えられる。

4　スポーツ庁の健康スポーツ施策

2015 年 10 月 1 日，文部科学省の外局としてスポーツ庁が設置された。スポーツの振興その他のスポーツに関する施策の総合的な推進を図る（文部科学省設置法第 15 条）ことが，その目的である。2011 年に制定されたスポーツ基本法の第 2 条第 4 項には，「スポーツは，スポーツを行う者の心身の健康の保持増進及び安全の確保が図られるよう推進されなければならない」と記されている[26]。スポーツ庁内においては，健康スポーツ課が中心となり，スポーツ参画人口の拡大，運動・スポーツの習慣化促進などの事業を所掌している。

スポーツ基本法の規定に基づき，2012 年 3 月に策定されたスポーツ基本計画では，健康で活力に満ちた長寿社会を目指し，ライフステージに応じたスポーツ活動の推進などが，取り組むべき施策として挙げられている。これらの施策の達成度の指標として，「成人の週 1 回以上のスポーツ実施率が 3 人に 2 人（65％ 程度），週 3 回以上のスポーツ実施率が 3 人に 1 人（30％ 程度）」という目標を掲げ，取り組みが続けられている。

スポーツ実施率の動向は，2012 年度までは「体力・スポーツに関する世論調査」，2015 年度からは「東京オリンピック・パラリンピックに関する世論調査」で把握されてきた。

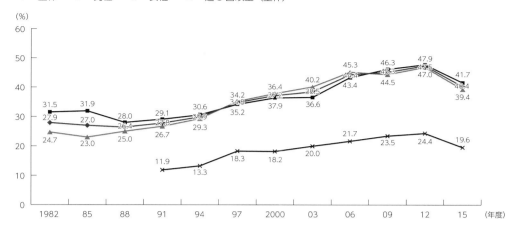

図2-4 成人の週1回以上運動・スポーツを行う者の割合の推移　　　　　　　　　　（文献27より）

　成人全体のスポーツ実施率（週1回以上）は，1985年頃から順調に上昇してきたが，2015年度の調査において，2012年度のデータから7.1ポイント低下した（図2-4）[27]。スポーツ実施率の増加は重要な政策課題であるため，今後も週1回以上のスポーツ実施率65%を目指すが，スポーツの多様な価値を鑑み，「観るスポーツ」や「支えるスポーツ」を通して，幅広くスポーツに参画する者を増やしていく取り組みが必要である。

　今後，スポーツ庁，厚生労働省などの省庁だけでなく，多くの関係者の協力と連携により，国民のスポーツ参画を一層促す施策が積極的に進められることが期待される。

（宮地元彦）

参考文献

1. Dahabreh IJ, Paulus JK. Association of episodic physical and sexual activity with triggering of acute cardiac events: systematic review and meta-analysis. *JAMA*. 2011; 305: 1225-33.
2. Je Y, et al. Association between physical activity and mortality in colorectal cancer: a meta-analysis of prospective cohort studies. *Int J cancer*. 2013; 133: 1905-13.
3. Li J, Siegrist J. Physical activity and risk of cardiovascular disease: a meta-analysis of prospective cohort studies. *Int J Environ Res Public Health*. 2012; 9: 391-407.
4. O'Rorke MA, et al. Can physical activity modulate pancreatic cancer risk? a systematic review and meta-analysis. *Int J cancer*. 2010; 126: 2957-68.
5. Oguma Y, Shinoda-Tagawa T. Physical activity decreases cardiovascular disease risk in women: review and meta-analysis. *Am J Prev Med*. 2004; 26: 407-18.
6. Sattelmair J, et al. Dose response between physical activity and risk of coronary heart disease: a meta-analysis. *Circulation*. 2011; 124: 789-95.
7. Zheng H, et al. Quantifying the dose-response of walking in reducing coronary heart disease risk: meta-analysis. *Eur J Epidemiol*. 2009; 24: 181-92.
8. Zhong S, et al. Association between physical activity and mortality in breast cancer: a meta-analysis of cohort studies. *Eur J Epidemiol*. 2014; 29: 391-404.
9. Feskanich D, et al. Walking and leisure-time activity and risk of hip fracture in postmenopausal women.

JAMA. 2002; 288: 2300-06.
10. Gregg EW, et al. Physical activity and osteoporotic fracture risk in older women. Study of Osteoporotic Fractures Research Group. *Ann Intern Med*. 1998; 129: 81-8.
11. Blondell SJ, et al. Does physical activity prevent cognitive decline and dementia?: A systematic review and meta-analysis of longitudinal studies. *BMC Public Health*. 2014; 14: 510.
12. 厚生労働省．21世紀における国民健康づくり運動(健康日本21)の推進について．2000．
13. 厚生労働省．国民の健康の増進の総合的な推進を図るための基本的な方針：健康日本21(第二次)．2012．
14. 厚生労働省健康日本21評価作業チーム．「健康日本21」最終評価．2011．
15. 厚生労働省．健康日本21(第二次)分析評価事業．2016；http://www.mhlw.go.jp/seisakunitsuite/bunya/kenkou_iryou/kenkou/kenkounippon21/kenkounippon21/data05.html#c02．(accessed: 2017.5.25)
16. 厚生労働省運動基準・運動指針改定に関する検討会．健康づくりのための身体活動基準2013．2013．
17. 厚生労働省運動基準・運動指針改定に関する検討会．健康づくりのための身体活動指針(アクティブガイド)．2013．
18. 厚生労働省運動所要量策定ワーキンググループ．健康づくりのための運動基準2006．2006．
19. 厚生労働省運動指針小委員会．健康づくりのための運動指針2006：エクササイズガイド2006．2006．
20. Miyachi M, et al. "+10 min of Physical Activity per Day": Japan Is Looking for Efficient but Feasible Recommendations for Its Population. *J Nutr Sci Vitaminol*. 2015; 61: S7-9.
21. Murakami H, et al. Translating from 23METs-h/wk as physical activity reference value for Japanese to daily step counts. *Jpn J Phys Fitness Sports Med*. 2012; 61: 183-91.
22. 文部科学省幼児期運動指針策定委員会．幼児期運動指針．2012．
23. 竹中晃二．アクティブチャイルド60min．サンライフ企画, 2010．
24. Murakami H, et al. "Add 10 min for your health": the new Japanese recommendation for physical activity based on dose-response analysis. *J Am Coll Cardiol*. 2015; 65: 1153-4.
25. 川上諒子，宮地元彦．特定健診・保健指導の標準的な質問票を用いた身体活動評価の妥当性．日本公衆衛生雑誌．2010; 57: 891-9.
26. 文部科学省．スポーツ基本法．2011．http://www.mext.go.jp/a_menu/sports/kihonhou/．(accessed: 2017.5.25)
27. 文部科学省．スポーツ実施率．2016；http://www.mext.go.jp/a_menu/sports/jisshi/1294610.htm．(accessed: 2017.2.15)

第3章

労働安全衛生システムと健康経営

キーポイント

- 職場で身体活動・運動を推進する法的根拠は
- 職場で身体活動・運動を推進するための資源はどのように確保すべきか
- 健康経営と身体活動・運動との関係は

1 職域での身体活動・運動への取り組みの変遷

1-1　事業者（企業）の取り組み

❶労働安全衛生における課題の変遷

　労働安全衛生における課題は，時代の変遷とともに移り変わる。1916年に施行された工場法は，工場労働者の保護を目的とし，過酷な労働現場における職業病の予防に主眼が置かれていた。戦後の1947年に労働基準法が施行され，安全と衛生に関する記載が加えられた。そして1972年には安全と衛生の箇所が抽出され，労働安全衛生法として施行された。この頃から，職業病への対策とともに，作業要因に加えて個人の生活習慣や個体要因が関連する作業関連疾患への対策も重要視されるようになった。これは，糖尿病，脂質異常症，高血圧等の生活習慣病が社会的課題として注目されるようになったことにも起因する。

　作業関連疾患への関心の高まりとともに，労働者の高年齢化が加わり，国として中高年労働者の健康の保持増進に対応する必要性が高まった。そこで，1978年から中高年労働者の健康づくり運動である「シルバー・ヘルスプラン（silver health plan：SHP）」が提唱されるようになった。基本的な考え方は，「企業内における中高年労働者の健康づくりは，個々の労働者が健康的な生活習慣を確立することにより，健康の保持増進を図り，さらには労働適応能力の向上を図る」というものである。

❷労働安全衛生法における規定

　SHPは35歳以上が対象となっていたが，健康の保持増進は若年層から継続的に実施することが必要となる。そのため，健康の保持増進の取り組みを強化するための法的整備が進められた。それまで，労働安全衛生法では，体育活動等についての便宜供与等への措置が定められていた。

労働安全衛生法

（体育活動等についての便宜供与等）

第70条　事業者は，（中略）労働者の健康の保持増進を図るため，体育活動，レクリエーションその他の活動についての便宜を供与する等必要な措置を講ずるように努めなければならない。

　事業者が，事業活動を通じて労働者の健康の保持増進を図ることが望ましいために規定されたものである。「その他の活動」には，職場体操，栄養改善が含まれている。これは，労働者の健康の保持増進を図ることによって，積極的に労働災害防止の目的達成も期待できることから，事業者の努力義務として定められた。ただし，事業者は事業の運営に支障を及ぼさない範囲内で措置を構ずれば足りると解釈されている。

　本条に加えて，労働者の健康の保持増進を図るために必要な措置を継続的かつ計画的に講ずるように努めることが規定されている。

> **労働安全衛生法**
>
> （健康教育等）
>
> **第69条** 事業者は，労働者に対する健康教育及び健康相談その他労働者の健康の保持増進を図るため必要な措置を継続的かつ計画的に講ずるように努めなければならない．
>
> 2　労働者は，前項の事業者が講ずる措置を利用して，その健康の保持増進に努めるものとする．

「継続的かつ計画的」とあるのは，健康が長い間の積み重ねによってつくられるものであることから，労働者の職業生涯を通じた健康づくりを進めることが必要であるとの解釈に基づいている．「労働者の健康の保持増進を図るため必要な措置」とは，具体的にどのようなものか．労働者自らが行う健康の保持増進のための活動に対する援助，勤務条件面での配慮等が含まれると解釈されている．つまり，第69条第1項，および第70条により，事業者（企業）は，ウォーキングや各種健康プログラムを積極的に立案し，その参加を促すよう，働き方も考慮に入れて身体活動の向上に努めることが推奨されている．ただし，このような取り組みは事業者の努力だけでは完結しない．労働者自身の自発的・自立的参加が不可欠であり，第69条第2項で労働者に参加を促す文言が入れられている．

このように，事業者（企業）と労働者とがともに協力して健康に向けて努力することが必要であり，両者の衛生に関する協議の場（衛生委員会）においても，健康の保持増進のための取り組みの実施計画の作成について審議することが定められている（労働安全衛生規則第22条第1項8号）．

では，具体的にどのような取り組みを行えばよいのか．労働安全衛生法第70条の2に基づき，指針[1]が示されている．

> **労働安全衛生法**
>
> **第70条の2**　厚生労働大臣は，第69条第1項の事業者が講ずべき健康の保持増進のための措置に関して，その適切かつ有効な実施を図るため必要な指針を公表するものとする．
>
> 2　厚生労働大臣は，前項の指針に従い，事業者又はその団体に対し，必要な指導等を行うことができる．

指針では，生活習慣病等の身体的健康のみではなく，仕事に関して強い不安やストレスを感じている労働者の割合が高いことも勘案し，精神的健康も対象としている．具体的な措置の内容は，健康測定（運動負荷試験，運動機能検査等）とその結果に基づく運動指導，メンタルヘルスケア，栄養指導，保健指導等の実施である．この取り組みは，心身両面の総合的な健康を対象とすることから，「トータル・ヘルスプロモーション・プラン（total health promotion plan：THP）」と呼ばれている．まず，健康測定で問診，生活状況調査，診察および医学的検査を行い，必要に応じて運動機能検査を実施する．運動機能検査では，エルゴメータを利用して最大酸素摂取量を測定する取り組みが行われてきた．これらの結果を産業医が評価し，運動指導等の健康指導を行うための指導票を作成する．

これら健康の保持増進の取り組みが，どの程度実施されているのか．「平成19年労働者

健康状況調査（事業所調査）」[2]では，45.2%の事業所が取り組んでいると回答した 図3-1 。

しかし，事業所規模（従業員数）別で見ると，小規模事業所では取り組みを行っているところが少ないことがわかる。具体的な取り組み内容では，THPを実施しているのはわずか5%に過ぎず，健康相談，職場体操，職場外フィットネスクラブ利用，職場内スポーツ大会の順となっている 図3-2 。

このような健康の保持増進の取り組みが行われていないとしても，労働者の身体活動の推進がまったく行われていないというわけではない。産業医や保健師等の産業保健スタッフは，定期健康診断実施後の措置のための面接・面談において，具体的な運動指導を実施することが多い。また，軽症うつに対する治療として運動が推奨されているように，メンタルヘルス対策として，セルフケアの教育で運動指導を行ったり，ストレスチェック後の面接・面談で運動習慣について指導したりすることもある。

1-2　健康保険組合の取り組み

職域において，労働者の健康に対する取り組みを行う主体は，事業者（企業）の他に，健康保険組合が存在する。日本の公的医療保険制度は，75歳未満では主に国民健康保険，全国健康保険協会管掌健康保険，組合管掌健康保険，共済組合から構成されている。大企業は健康保険組合を設立していることが多く，約3,000万人の加入者をカバーしている。一方で，中小企業の多くは単独で健康保険組合を設立することが難しく，全国健康保険協会に約3,500万人が加入している[3]。

健康保険組合の主な役割は，医療費の給付，および保健事業の実施である。

> **健康保険法**
> **第150条**　保険者は，高齢者の医療の確保に関する法律第20条の規定による特定健康診査及び同法第24条の規定による特定保健指導を行うものとするほか，特定健康診査等以外の事業であって，健康教育，健康相談及び健康診査並びに健康管理及び疾病の予防に係る被保険者及びその被扶養者の自助努力についての支援その他の被保険者等の健康の保持増進のために必要な事業を行うように努めなければならない。

本条文に記載されているように，2008年に高齢者の医療の確保に関する法律が制定され，特定健康診査・特定保健指導が始まった。40歳以上を対象とした，いわゆる「メタボ健診」である。この保健指導の中では，労働者に対して身体活動に関する指導も行われる。

特定健診の効果については様々な見解があるが，「メタボ」という言葉が広く国民に浸透したこと，また健診データの電子化・標準化が進んだことは間違いない。特にデータの電子化・標準化は，レセプトの電子化と相まって，データの活用方法が検討された。つまり，健診およびレセプトのデータを分析することで，効果的・効率的な保健事業の計画を立案することが推奨されたのである。この取り組みは「データヘルス計画」と呼ばれ，保険者の法的義務として整備され，具体的な方法は「データヘルス計画作成の手引き」[4]にまとめられている。

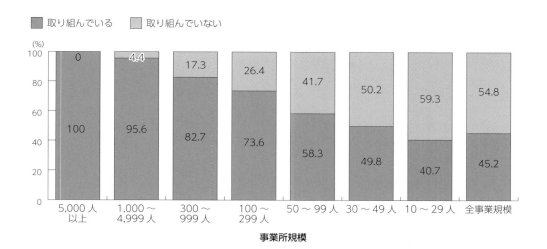

図3-1 健康の保持増進に取り組んでいる事業所の割合 （文献2より）

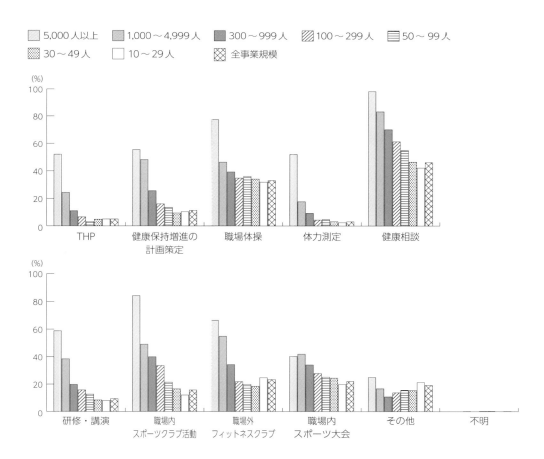

図3-2 事業所規模別に見た健康の保持増進の取り組み内容 （文献2より）

第3章 労働安全衛生システムと健康経営 | 29

> **column3-1** コラボヘルスとは

前述した「データヘルス計画作成の手引き」の中で，健康保険組合が健康施策を立案，実施する場合は，企業（事業主）と連携・協働して実施することが重要であることが明記されており，「コラボヘルスの推進」と言われている。お互いが話し合いを行うことが求められるが，その際には，企業と健康保険組合では組織の目的，課題，目標，サービス提供範囲（健康保険組合は家族［被扶養者］もサービス提供範囲である）に関する事実を，お互いが十分に理解した上で議論を進めるべきである。

企業（事業者）と健保組合の違い

企業（事業者）		健保組合
・生産・経済活動 ・労働者に対する健康配慮義務の履行	組織の目的	・医療費給付 ・被保険者・被扶養者に対する保健事業
・労働者の高齢化 ・メンタルヘルス不調者の増加	課題	・健保財政の悪化
・作業関連疾患の予防 ・生産性の維持・向上	目標	・医療費の適正化 ・疾病予防

2 職域での身体活動・運動に関わる経営資源

職域での身体活動・運動に関わる資源について，一般的に経営資源として分類されている，ヒト，モノ，カネ，情報の視点から詳述する。

2-1 ヒト

事業者（企業）で身体活動・運動の取り組みに関わる資源の1つは「ヒト」，つまり産業保健スタッフである。産業保健スタッフには，産業医，保健師・看護師，衛生管理者等が含まれる。

❶産業医，保健師・看護師

産業医は，常時使用する労働者が50人以上の事業場では選任することが法令で義務づけられており（労働安全衛生規則第13条），1,000人以上（一定の有害業務は500人以上）の事業場では，専属の産業医を選任する必要がある。産業医の職務も法令で明記されており，「健康教育，健康相談その他労働者の健康の保持増進を図るための措置に関すること」も職務の1つである（労働安全衛生規則第14条第1項7号）。

一方，保健師・看護師は，法令により選任が義務づけられてはいないが，事業場において労働者数が数百人を超える場合には1人の看護職を雇用し，衛生・健康管理の業務に従

事させている場合が多い。

およそのイメージを図示する 図3-3 。企業が嘱託の産業医，保健師・看護師と契約する際，独立開業している専門職と契約する場合と，企業外労働衛生機関と契約してそこから専門職が派遣される場合がある。

❷衛生管理者

衛生管理者は，常時使用する労働者が 50 人以上の事業場では，選任することが法令で義務づけられており（労働安全衛生規則第 7 条），労働者数や有害業務の有無，業種等により選任の人数，専任の要件や資格が異なる。多くは，衛生管理に関して一定の経験がある者が衛生管理者試験に合格することで資格を得ることができる。産業医同様，「労働衛生教育，健康相談その他労働者の健康の保持増進に必要な事項」が，衛生管理者の職務の 1 つとなっている（労働安全衛生規則第 11 条）。

❸その他

前述した THP の取り組みの中では，産業医が発行した健康指導の指導票に基づいて実行可能な運動プログラムを作成し，指導を行う運動指導担当者（ヘルスケア・トレーナー）が存在する。また，運動実践の指導の援助を行う運動実践担当者（ヘルスケア・リーダー）も存在する。それぞれ，スタッフ養成専門研修（前者が 117 時間，後者が 26 時間のカリキュラム）を修了した者が従事することができる。事業所内にこれらのスタッフがいない場合は，労働者健康保持増進サービス機関・指導機関に委託することになる。

その他に，健康運動指導士，健康運動実践指導者がいる。前者は，保健医療関係者と連携しつつ，安全で効果的な運動を実施するための運動プログラム作成，および実践指導計画の調整等の役割を担う。後者は，運動プログラムに基づいた実践指導の役割を担う。しかし，企業や健康保険組合に所属する者は非常に少なく，職域でこれらの者を活用する場合は，外部の専門家として活用することが多い（詳細は，公益財団法人健康・体力づくり事業財団 HP [5] 参照）。

健康保険組合には，法的に選任が義務づけられている医療専門職はいない。健康保険組合では，顧問として医師を選任し，また保健師を常駐させている場合があるが，医療専門

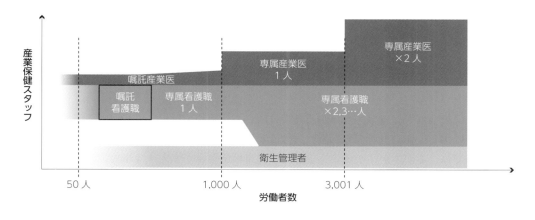

図3-3　労働者数別産業保健スタッフ

職の人員は各組合により異なる。全国健康保険協会では，都道府県に支部を設けており，専属の保健師が活動していることが多い。

2-2 モノ

労働者の身体活動・運動に関する「モノ」について，企業によってはトレーニングルーム，体育館等の施設を保有し，労働者に利用を促している場合もあるが，一部の大企業を除き非常に稀な事例である。外部の健康増進施設を利用することが多く，健康保険組合がその利用のための費用補助をしている場合がある。

厚生労働省では，国民の健康づくりを推進する上で適切な内容の施設を認定し，その普及を図っている。具体的には次の3類型の施設である。

- 運動型健康増進施設：健康増進のための有酸素運動を安全かつ適切に行うことのできる施設（詳細は，公益財団法人日本健康スポーツ連盟HP[6]参照）
- 温泉利用型健康増進施設：健康増進のための温泉利用および運動を安全かつ適切に行うことのできる施設（運動施設・温泉利用施設。詳細は，一般財団法人日本健康開発財団HP[7]参照）
- 温泉利用プログラム型健康増進施設：温泉利用を中心とした健康増進のための温泉利用プログラムを有し，安全かつ適切に行うことのできる施設（温泉利用施設。詳細は，一般財団法人日本健康開発財団HP[7]参照）

2-3 カネ

労働者の身体活動・運動の取り組みにかかる「カネ（費用）」は，企業または健康保険組合が負担することが一般的である。いずれも必要性の高い取り組みには予算がつくが，限られた予算の中で施策に優先順位をつけ，実施すべき施策を取捨選択することとなる。

少額の費用であれば問題となることは少ないが，一定額以上の費用は予算を予め確保していないと使えないことが多い。したがって，施策を立案する場合には，現状で確保されている健康施策のための予算額，その中で自由に使える予算額について調べておくとよい。予め予算を確保する必要がある場合には，一定の準備期間を設け，意思決定者に施策の必要性を説明するなど，しっかりと準備することが重要である。企業において健康管理の予算は，健康管理部門，人事・総務部門，安全衛生部門についていることが多い。

健康保険組合は，保健事業自体が組織の目的であるため，健康施策に対する予算が企業に比べて確保しやすいと考えられる。このことは，健康保険組合が健康施策を主導する場合には当てはまるが，企業が施策を主導し，健康保険組合が協力する場面では当てはまらない。全国健康保険協会では，都道府県単位でも多くの中小企業が加入しており，一部の企業のみを対象とした取り組みに財政支出する必要性を示せない限り，支出は難しい。また，健康保険組合でも子会社を含め複数の企業が属していることが多く，同様の問題が存在する。

以上より，実施の必要性の高い健康施策について，予算の確保を十分な準備期間をもって行うこと，企業，健康保険組合，またはその両者のいずれが費用負担するかについて，その妥当性も合わせ十分に検討することが重要である。

2-4　情報

労働者の身体活動・運動に関する「情報」は，健康管理部門もあまり多くは把握していない。THPを実施している事業所では，健康測定（運動負荷試験，運動機能検査等）の結果が得られる。また，健康診断の際に問診票で生活習慣を聴取することが多いが，問診票の内容は，健診を実施する企業や企業外労働衛生機関により様々ある。ただし，2008年に特定健康診査が始まり，厚生労働省が発行する「標準的な健診・保健指導プログラム（改訂版）」で，標準的な質問票が提案されている。その中で身体活動に関する質問は，以下の3問である。

「1回30分以上の軽く汗をかく運動を週2日以上，1年以上実施」　はい／いいえ
「日常生活において歩行又は同等の身体活動を1日1時間以上実施」　はい／いいえ
「ほぼ同じ年齢の同性と比較して歩く速度が速い」　速い／ふつう／遅い

また，生活習慣の改善の意思に関する質問は1問入っているが，運動と食生活とを一緒に質問しているため，運動の改善意思のみを把握することはできない。

「運動や食生活等の生活習慣を改善してみようと思いますか」　改善するつもりはない／改善するつもりである（概ね6ヵ月以内）／近いうちに（概ね1ヵ月以内）改善するつもりであり，少しずつ始めている／既に改善に取り組んでいる（6ヵ月未満）／既に改善に取り組んでいる（6ヵ月以上）

　これらの情報は，情報量としては限られているものの，標準的な形式で収集されているため，集団の状態を把握するためには有用である（p.64参照）。
　一方で，身体活動・運動に関する情報ではないが，施策立案のために貴重な情報なのが，労働者の業務内容，勤務形態，通勤手段・時間等である。業務がどの程度の強度，身体活動量であるかにより，推奨すべき身体活動・運動の内容が異なってくる。また，常昼勤務と交代勤務の場合では，運動する時間帯も異なる。電車通勤であれば，「一駅手前で降車して歩いてみてはどうですか」など，その人の生活に合った改善提案を具体的に行うことができる。

3　職場における労働者の身体活動・運動の企画立案，実施とその評価および健康経営

　職域で効果的・効率的に身体活動・運動に関する施策を立案，実施するためには，意思

決定者である経営者等の関心事を理解し，PDCA（Plan-Do-Check-Act）を回す仕組みを構築することが大切である。

3-1 経営者等の関心事

　企業において企画を実行するためには，意思決定者である経営者の理解を得ることが必要不可欠である。企業の事業目的達成のために必要かつ有益な施策であると判断されなければ，どのような企画も実行に移すことはできない。労働者の身体活動・運動については，法令により具体的な取り組みが実施義務として明記されていないため，経営者から施策の必要性の理解を得ることはなおさら重要である。

　経営者の関心事として，まず法令遵守がある。法令に違反することは，事業継続にとって経営上の大きなリスクとなる。

　2点目が，リスクマネジメントの観点である。経営に関わるリスクには様々あるが，その1つの例が安全リスクである。すべての災害類型の中で最も多いのが「転倒災害」で，転倒防止対策には，段差をなくす等ハード面の対策とともに，労働者の身体機能を高める取り組みも必要となる。労働者の身体活動への取り組みが，転倒防止につながることが理解されれば，その活動は必然的に事業活動に組み込まれる。

　3点目が，人的資源管理の観点である。労働災害ではなく私傷病であったとしても，労働者が病気により休業することは，企業の労働損失に直結する。不幸にして在職者死亡が発生した場合，労働力の損失以上に上司，同僚や関係者の感情的ダメージは甚大となる。そのような不幸なことは，是が非でも回避したいと考える経営者が大半であろう。

　近年では，出勤している労働者の健康問題により，休業はしていないが労働遂行能力が低下している状態が注目されており，「プレゼンティーイズム（presenteeism）」と呼ばれている[8]。筆者らが実施した調査（一般労働者，男女38,145人）における有訴率では，首の不調や肩こり，腰痛等の筋骨格系障害が上位を占めている 表3-1。労働遂行能力を考慮したプレゼンティーイズムによる損失では，首の不調や肩こりが1位，腰痛が4位，眼の不調が5位と，上位を占めている。これらは，器質的疾患がある場合に治療を行うことはもちろんである一方，身体活動・運動を継続的に行うことにより症状が軽減することも十分に考えられる症状群である。つまり，身体活動・運動を行うことによってプレゼンティーイズムによる損失を予防することができ，労働遂行能力の向上につながることが期待できる。

表3-1　有訴率とプレゼンティーイズムによる損失の上位5症状

	有訴率	プレゼンティーイズム損失
1位	首の不調や肩こり	首の不調や肩こり
2位	眼の不調	精神の不調
3位	全身倦怠感	全身倦怠感
4位	腰痛	腰痛
5位	胃腸障害	眼の不調

以上の視点はリスクや損失の低減であったが，職場の活性化や一体感の醸成というポジティブな側面も重要である。図3-4は，労働者に対する健康の保持増進の取り組みによる効果を事業者に尋ねたものである[2]。大企業，中小企業とも，「職場の活性化」が最も多い回答となっている。特に中小企業では，職場の活性化や一体感が高まれば，職務満足度が高まり，サービス品質の高まりや離職率の低下が期待でき，経営上にとってもプラスの効果が期待できる。

3-2　労働者の身体活動・運動のPDCA

　なぜ健康施策（労働者の身体活動・運動）を行うのか，目的を明確にし，それに合わせて計画を立案する。職域の中でPDCAをうまく回すために重要なことを列挙する。

❶評価指標の設定

　計画立案時に，評価指標を設定する。疾病の発症や死亡など，長期間追跡して初めて検証できる指標のみでなく，企画の参加率や知識の定着度，行動変容の程度等，比較的短期間で検証できるプロセス指標も合わせて設定する。また，設定した評価指標を達成することが施策の目的達成につながっているか，検証する。

❷質の確保

　施策の実施に携わる専門職に教育を実施するなど，サービスの質が確保できるよう留意する。多くの専門職が関わる場合には，サービスの標準化，文書化を行う。外部専門機関を利用する際にも，その機関を選定する際にサービスの質について十分に検討する。

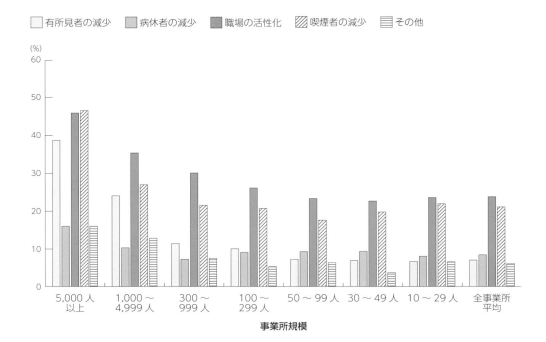

図3-4　健康の保持増進の取り組みによる効果　　　　　　　　　　　　　　　（文献2より）

❸経営層，労働組合等との綿密なコミュニケーション

　企画の段階から，企画の意思決定者（経営層）やサービス対象となる労働者（労働組合等）と密にコミュニケーションをとり，意見をもらいつつ企画を改善する。このことにより，両者の主体的な関わりを高めることを促す。具体的には，企画を（安全）衛生委員会で説明し，意見をもらうことが考えられる。

❹年間目標・年間計画との連携

　企業や事業所では，各部門の年間目標，年間計画，また複数年度の中期経営計画を立案していることが多い。健康施策を立案する際には，これらとの関連がわかるよう留意するとともに，可能であれば事業所の目標・計画，中期経営計画に組み込むことができれば，施策の実効性，継続性が高まる。

3-3　健康経営

　「健康経営」という言葉が広まっている。経済産業省は，「従業員等の健康管理を経営的な視点で考え，戦略的に実践すること」と定義している。1980年代にロバート・ローゼン氏（アメリカの経営心理学者）が「健康な従業員こそが収益性の高い会社をつくる」という思想を提唱した[9]。これは「ヘルシー・カンパニー」と呼ばれ，「健康経営」の概念の基盤となっている。

　日本では，高齢化の進展に伴い，人口に占める高齢者の割合が増加の一途をたどっている。また，医療費をはじめとする社会保障費が右肩上がりに増加している。そうした状況において，労働生産性を維持し，健康寿命を延伸して国の活力を向上させるために，働く人の健康に着目し，いきいきと生産的な働き方を目指す「健康経営」に注目が集まっている。ただ，健康への取り組みによる効果が出るまでには長い時間が必要であり，取り組みの直後から成果が出るものではない。そのため，企業が労働者の健康施策に積極的に取り組むこと自体が評価される社会的枠組みが必要である。

　2014年度から経済産業省と東京証券取引所が共同して，上場企業を対象として健康経営の取り組みが優れた企業を選定し，評価する仕組みである「健康経営銘柄」がつくられた。健康経営銘柄は，上場企業のみが対象であり，また各業種の中でトップの1社だけが選定されるため，実際は大企業しか挙がってこないが，2016年度から健康経営優良法人認定制度が始まり，徐々に裾野が広がってきている。

　東京商工会議所では，「健康経営アドバイザー」という資格をつくり，健康経営の必要性を伝え，具体的な進め方を推進する者を養成している。健康経営銘柄や健康経営優良法人のような銘柄・認定を取得した結果，投資家を含めて社会から評価されることに対して，経営者の関心も高まりつつある。

　職域で労働者の身体活動・運動に関する取り組みを推進する際には，労働者の健康を保持増進する視点とともに，企業の活力向上や一体感，労働生産性の向上等の視点も合わせもち，労働者と企業とが協力して健康の向上に取り組めるよう心がけることも重要である。

（永田智久）

参考文献

1. 厚生労働省. 事業場における労働者の健康保持増進のための指針(昭和63年9月1日　健康保持増進のための指針公示第1号). 1988.
2. 厚生労働省. 平成19年労働者健康状況調査. 2009.
3. 厚生労働省. 平成25年版厚生労働白書. 2013.
4. 厚生労働省保険局, 健康保険組合連合会. データヘルス計画作成の手引き. 2014. http://www.mhlw.go.jp/file/06-Seisakujouhou-12400000-Hokenkyoku/0000069358.pdf（accessed: 2017.5.25）
5. 公益財団法人健康・体力づくり事業財団HP: http://www.health-net.or.jp/shikaku/index.html（accessed: 2017.5.25）
6. 公益財団法人日本健康スポーツ連盟HP: http://www.kenspo.or.jp/（accessed: 2017.5.25）
7. 一般財団法人日本健康開発財団HP: http://www.jph-ri.or.jp/（accessed: 2017.5.25）
8. 山下未来, 荒木田美香子. Presenteeismの概念分析及び本邦における活用可能性. 産業衛生学雑誌, 2006; 48: 201-13.
9. ロバート・H・ローゼン. ヘルシーカンパニー：人的資源の活用とストレス管理. 産能大学出版部, 1994.

BOX 1
「健康経営」の実例紹介：SCSK 株式会社

1 SCSK 株式会社における健康経営の取り組み

　SCSK 株式会社は，情報システムの構築，保守・運用，BPO（Business Process Outsourcing）まで，IT に関するあらゆるサービスを提供しているグローバル IT サービスカンパニーである。「夢ある未来を，共に創る」を経営理念とし，これを実現する約束の 1 つに「人を大切にします」を掲げ，「働きやすい，やりがいのある会社」を目指して様々な取り組みを進めている。これらの取り組みの大前提は「社員の健康」で，健康こそが社員 1 人ひとりやその家族の幸せ，そして当社の事業発展の礎である旨を「健康経営の理念」として就業規則にも謳っている。

2 「働きやすい，やりがいのある会社」の実現に向けて

　当社では，過重労働の抑制による健康障害の防止を第一に取り組むべき課題として設定し，2013 年から心身ともに健康的な職場環境を実現するための働き方改革運動「スマートワーク・チャレンジ（以下，スマチャレ）」を開始した。2015 年からは，さらに長期を見据えた総合的健康増進施策「健康わくわくマイレージ（以下，わくわくマイル）」を開始した。

　スマチャレは，「残業時間の継続的低減」と「有給休暇の取得奨励」を目的とした施策であり，具体的には平均残業時間 20 時間／月以下，年次有給休暇取得 20 日（100%）を目標に掲げた。本施策を導入するに当たって，役員層から業績悪化を懸念する声が少なくなかったが，経営トップの「たとえ一時的に業績が下がったとしても，必ず将来の発展につながる」という確固たる信念の下，理解を促し推進した結果，平均残業時間は減少，有給休暇取得率は上昇し，業績も増収増益を続けている 図1。また，月平均残業時間の減少とともにメンタルヘルス不調による休職者数が減少し，働き方改革が心の健康にもよい影響を与えていることが示唆された。

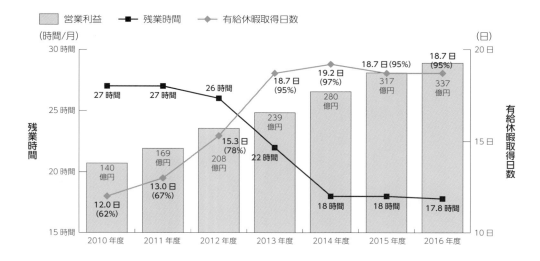

図1　働き方改革（残業削減，有休取得，営業利益）

わくわくマイルは，健康増進に資する5つの行動習慣の実践と健康診断結果に応じてマイルを付与し，年間を通して獲得したマイルが一定基準を達成した場合にインセンティブを支給することで，社員1人ひとりの行動改善と健康意識の向上を促す制度である。個人の取り組み結果に加えて，所属組織で達成した場合にも追加インセンティブを支給している。また，一般社員については加点評価としてインセンティブを支給するが，役員については役員の健康は経営リスクそのものとの考えから，「どきどきマイル」と称し自身の健康管理や組織ぐるみの活動推進を怠るとペナルティを課すという仕掛けも並行して施している 図2。

3 行動習慣へのアプローチ

　行動習慣として「食事・栄養」分野は朝食摂取，「運動」はウォーキング，「歯」は歯磨き，「アルコール」は休肝日，「タバコ」は禁煙の行動5項目を定めた。この中でも「運動」の効果は多くのエビデンスがあり，生活習慣病の予防に大きく寄与することから，マイルのウエイトを最も高く設定している。老若男女問わず原則全社員を対象とする施策のため，一定のわかりやすい基準として「歩数」を指標としているが，中強度の運動については消費カロリーから計算し，歩数への変換を認めるなどの工夫をしている。

　また，健康に意識が低い人にも関心をもってもらうため，個人だけでは取り組みが続かないことも想定し，組織単位での取り組みも評価している。基本行動の5つ以外にも，ボーナスイベントとして定期的な歯科健診の受診や就寝2時間前までの食事推奨，受動喫煙防止への取り組みなども実施している。

　会社が本気で取り組んでいるという姿勢を見せるため，就業規則に健康経営の理念を明文化した以外にも，組織ごとの取り組み状況を毎月集計して役員会で進捗を報告し，これに対する経営トップのコメント，メッセージを社員が閲覧できるイントラネットに掲載したり，健康経営推進

健康わくわくマイレージ （2015年4月開始）

【目的】60歳代以降も健康的に働き続けられるよう，よい行動習慣の定着化，健康診断結果の良化を図る

行動習慣（毎日）
① 食：朝食
② 運動：ウォーキング
③ 歯：歯磨き
④ アルコール：休肝日
⑤ タバコ：禁煙

健康診断結果（年1回）
① 肥満（BMI）
② 血中脂質（中性脂肪，LDL，HDL）
③ 糖代謝（空腹時血糖，HbA1c）
④ 肝機能（γ-GTP，GOT，GPT）
⑤ 血圧（収縮期，拡張期）

↓

1年間獲得したポイントに応じて，インセンティブを支給
（個人インセンティブと組織インセンティブの2階建て）

「どきどきマイル」：役員は自身の健康管理や組織ぐるみの活動推進を怠るとペナルティ

図2　健康わくわくマイレージ　（通称：わくわくマイル）

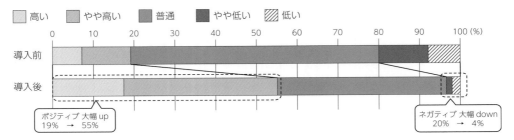

図3 健康への意識，行動習慣の変化（健康に関するアンケートより）

最高責任者からの毎月2回のメッセージを発信したり，社内報での特集を行うなど，多様なアプローチで健康の重要性を訴え続けている。

4 実績と進捗

当社で2014年より毎年行っている全社員を対象とした「健康に関するアンケート」の結果では，「わくわくマイル」の導入前後で，健康に対して高い意識をもつ社員が前年の19%から55%へと大きく増加した。ウォーキングや朝食摂取，休肝日の実施率や歯科健診受診率が向上し，喫煙率も20%を下回っている 図3。2016年度には，さらに行動習慣の実践率が向上し，付与されたポイントの全社平均がインセンティブの支給基準でもある75%に達し，ほとんどの社員が健康を意識して行動するという，当初目標とした水準に到達している。

5 課題と今後の取り組み

就労環境の整備や過重労働対策については，一定の成果が出たと言ってよいだろう。一方，健康増進に関する施策については，健康に対する意識の改善が見られ，徐々に行動に取り組むようにはなってきているものの，健康診断の結果に反映されるには中長期的に取り組みを継続していく必要がある。生活習慣病の原因となる行動特性は生活に密着しているからこそ特別視できず，無意識化しやすい傾向があることから，取り組みが長続きするような仕掛けを継続的に打ち出していくことが課題となる。例えば，健康増進イベントを実施したり，ウォーキングを推奨したりしつつ，現在一部のスポーツしか認めていない歩数変換の対象となるスポーツの範囲拡大を図ったりすることを検討している。スポーツのみならず，日常的な身体活動でも十分な効果が得られるものは歩数変換を認めることで，個々の生活スタイルに合わせた活動を行ってもらえるよう検討していきたい。また，デスクワークが多い社員のために座位時間の減少を促すことや，厚生労働省も推奨している「＋10から始めよう！」などのエッセンスも取り入れていきたいと考えている。

（海野賀央）

第4章

体力と健康

キーポイント

・体力は健康と関係があるのか
・どのような体力要素を向上させると健康になるのか

1 労働者の体力

　近年の物流手段や交通手段の変化，あるいは新しい技術の開発や導入は，労働者の労働環境や生活環境を著しく変化させ，体力を低下させている。アメリカスポーツ医学会は，体力（主に全身持久力）や身体活動と高血圧や2型糖尿病などの非感染性疾患の罹患や寿命との関連を調査した研究を整理し，体力が高い人，あるいは身体活動が多い人ほど非感染性疾患の罹患率や死亡率が低いと報告している（p.7，図1-2参照）[1]。

　体力の低下は，早世や入院治療が必要な労働者を増加させ，労働損失の原因になったり，非感染性疾患を増加させて労働生産性を低下させる可能性がある。また，労働災害の発生や腰痛等の業務に直接関連した疾患（作業関連疾患）の一因となっている可能性がある。これらのことから，産業保健活動として労働者の体力向上を支援することは，労働者の健康の保持増進，さらには労働災害の防止に貢献すると考えられる。

1-1 健康関連体力

　体力には，研究者によって様々な定義が存在する。日本におけるスポーツ科学の先駆者である猪飼道夫は，体力を広義に捉えつつ 図4-1 [2]，「体力の定義は人により，時代によって異なる」と述べている。現代において一般的に体力は，猪飼が分類した身体的要素の「行動体力」，特に「機能」であると狭義に捉えられる傾向にある。そして，この「機能」は，運動能力に関係する機能と健康に関係する機能に分類することができる。

　アメリカにおける「身体活動の奨励」に関する声明において，常に中心的な役割を果たしているPateは，体力を「運動能力に関係する体力要素」と「健康に関係する体力要素」

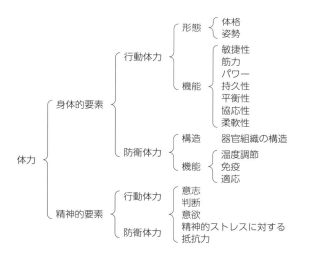

図4-1　体力の概念　　　　　　　　　　（文献2より）

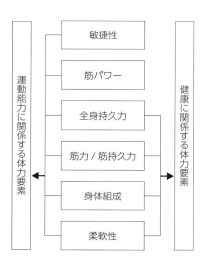

図4-2　運動能力および健康に関係する体力要素
　　　　　　　　　　　　　　　　（文献3より）

に分類している 図4-2 [3]。そして,「全身持久力」「筋力／筋持久力」「身体組成」「柔軟性」が健康と関連する体力であるとする一方,「敏捷性」や「筋パワー」については運動能力にのみ関係する体力要素と考えて,健康関連体力には含めていない。

1-2 労働者に必要な体力要素

厚生労働省が示している「事業場における労働者の健康保持増進のための指針（THP指針）」では,健康測定において実施する運動機能検査の項目として,「全身持久性」「筋力」「柔軟性」「敏捷性」「平衡性」「筋持久性」を挙げている [4]。Pateの分類とは異なり,敏捷性や平衡性を含めているが,これは,労働災害の防止が重要な課題である労働安全衛生法に基づいて策定されたことが影響していると考えられる。敏捷性や平衡性の維持・向上が労働災害の防止に有益であるという研究結果はほとんど見当たらないが,墜落や転落は重大災害につながる可能性のある災害であり,その予防のためには,自分の体重を支えたり保持したりする筋力に加え,平衡性が重要な体力要素になる可能性がある。また,職種によっては,敏捷性が労働災害の防止に役立つ可能性も考えられる。そのため,THP指針に従って健康測定を実施する場合は,運動機能検査の項目すべてを測定し,測定結果を労働者にフィードバックすることが望ましい。しかしながら,事業所の都合ですべての項目の測定が困難な場合は,当該事業所の労働者の健康状況や労働災害の状況・労働災害発生の可能性を考慮して測定項目を選択することが重要であると考えられる。

中央労働災害防止協会は,5年間にわたる約4万人の運動機能検査実施者の測定結果を整理して,「5段階評価表」を発表している [5]。この5段階評価表を見ると,成人後の体力は,いずれの体力要素についても加齢に伴って低下する傾向にあるが,体力要素や性別によってその傾向は異なる。「筋力（握力）」は,男女とも緩やかに低下していく傾向にあり,「筋持久力（上体おこし）」は,男性では25歳頃から,女性では30歳頃から急激に低下している。「柔軟性（座位体前屈）」は,男性は緩やかに低下する傾向にあるが,女性は加齢の影響をほとんど受けていない。「平衡性（閉眼片足立ち）」や「敏捷性（全身反応時間）」は,男女とも30歳頃から加齢とともに低下していく傾向にある。

加齢とともに低下する傾向にある多くの体力要素についても,身体活動を実施することで,その低下を予防したり回復したりできることが知られており,産業保健活動として労働者の体力向上を支援することが,労働者の健康の保持増進,さらには労働災害の防止のために重要である。

1-3 身体活動と体力の関連

ベッド安静とその後のトレーニングにより,体力がどのように変化するかが報告されている 図4-3 [6]（次頁）。体力レベルの異なる5人に対して21日間のベッド安静（ベッドで寝たままで起き上がらない生活）を依頼し,全身持久力の指標である最大酸素摂取量の変化を調査している。さらに,ベッド安静後に60日間のトレーニング（身体活動）の実施を依頼し,最大酸素摂取量がどの程度回復するかを調査している。研究に参加した5人のう

ち，2人は日頃から身体活動を実施しており，3人はしていなかった。5人ともベッド安静後は顕著に全身持久力が低下しているが，トレーニングを始めると短期間で元の全身持久力に回復している。さらに，トレーニングを継続することにより，ベッド安静前より全身持久力が高くなっている。これらのことは，全身持久力は日常生活における身体活動量と密接に関連することを示している。

体力測定の結果は身体活動量の客観的な指標であると考えられているが，質問紙を使用して調査した身体活動量は客観性に欠ける指標で，回答者によって身体活動量が過大評価されたり，過小評価されたりする（第5章，p.63で詳述）。このことから，質問紙で調査した身体活動量より，体力測定の結果（特に，全身持久力の測定結果）が健康アウトカムと強く関連することが報告されている 図4-4 [7]。

一方で，日常生活における身体活動量や，余暇時間において運動を実施しているかどう

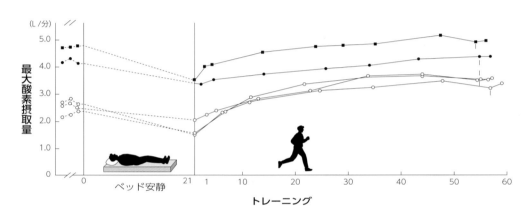

図4-3 ベッド安静とトレーニング期間中における最大酸素摂取量の変化　　　　（文献6より）

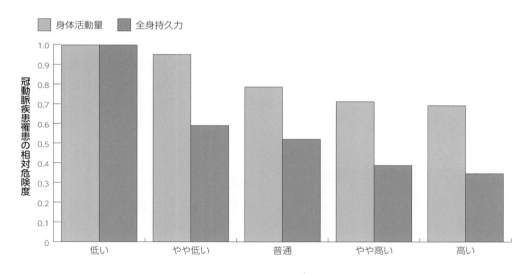

図4-4 身体活動量および全身持久力と冠動脈疾患罹患の関係　　　　（文献7より）

かに関わらず，全身持久力が健康と関連することが報告されており，身体活動量以外の因子が健康と関連している可能性がある。例えば，遺伝子が個人の体力レベルに影響を及ぼしていることが報告されている[8]。また，ある特定の時期に代謝機能に何らかの刺激が繰り返し与えられることが長期間にわたって体内に記憶され，その後の代謝機能に影響を及ぼす可能性があると考えられている。この現象は「メタボリックメモリー」と呼ばれ，遺伝子発現の変化が関与している可能性がある[9]。

これらのことから，体力（全身持久力）は日常生活における身体活動量を反映しているが，身体活動量以外の因子の影響も受けて様々な健康状態（健康アウトカム）と強く関連していると考えられる。

column4-1　THPの衰退とエビデンス

バブル経済の終焉と時をほぼ同じくして急激に活動が低迷したTHP。THPとは，労働安全衛生法第70条の2第1項の規定に基づく「健康保持増進のための指針」を後ろ盾にして，働く人の健康の保持増進に対して積極的に取り組む事業場やそのスタッフを後押しした政策である。しかしながら，経済情勢の悪化に伴って急減にTHPに取り組む事業場が減少した。このことに関しては，経済情勢以外にも過重労働の問題が顕在化したなど様々な原因が考えられるが，そのうちの1つとして「エビデンスの不足」があったのではないかと思われる。もし，健康の保持増進事業が，労働者を健康にするだけでなく，生産性の向上や職場の活性化，医療費の削減を通じて事業場に大きく貢献するというエビデンスが存在していたら，これほどまでに急激に減少しなかったかもしれない。体力と健康アウトカムの関連を調査した研究はずいぶん増えてきたと思われるが，今後は，体力と生産性や職場の活性化，医療費の削減といった研究も，健康アウトカムと同じように増えてくることに期待したい。

2　全身持久力と健康アウトカム

これまでに報告されている多くのコホート研究は，「全身持久力」と健康アウトカムの関連を調査している。ここでは，「総死亡」「がん死亡」「2型糖尿病罹患」「高血圧罹患」について，これまでに報告されているコホート研究の結果を紹介する。

2-1　総死亡

総死亡とはすべての死因を含んだ死亡のことであり，最も重要な健康アウトカムである。
❶全身持久力と総死亡に関するメタ解析

全身持久力と総死亡の関連を調査したコホート研究について，2009年にシステマティック・レビューが報告されている[10]。この報告では，世界各国で実施された16本の論文について，「体力が低い群」と「体力が高い群」の総死亡の相対危険度を算出している 図4-5（次頁）。その結果，すべての研究において，「体力が高い群」と比較した場合の「体力の低い群」の相対危険度は「1」を上回っており，低い体力が総死亡の危険因子であることを示

している。すべての研究を統合した相対危険度(図中では白抜きのひし形で示されている)は1.70であり，「体力が低い群」は「体力が高い群」より総死亡のリスクが70%高いことが示されている。

❷日本人労働者における全身持久力と総死亡の関連

上記のメタ解析には，日本人を対象としたコホート研究が1本含まれている[11]。この研究では，日本人男性労働者9,986人を対象に，自転車エルゴメータを用いた最大下運動負荷テストを追跡前に実施している。測定結果から追跡対象者が五分位（5群）に分類され，14年間の追跡期間中に247人の死亡が確認された。全身持久力が「最も低い群」を基準にすると，その他の群の総死亡の相対危険度はいずれも低い値を示しており，全身持久力が「最も高い群」の相対危険度は，「最も低い群」の半分以下であった 図4-6 。

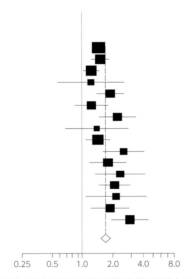

出典	相対危険度 (95% 信頼区間)
Slattery and Jacobs, 1988	1.47 (1.39－1.55)
Hein et al, 1992	1.53 (1.26－1.85)
Aijaz et al, 2008	1.25 (1.07－1.47)
Villeneuve et al, 1998	1.22 (9.58－2.57)
Stevens et al, 2002 [men]	1.92 (1.43－2.59)
Farrell et al, 2002	1.25 (0.87－1.80)
Stevens et al, 2002 [women]	2.23 (1.50－3.30)
Sandvik et al, 1993	1.38 (0.67－2.83)
Kampert et al, 1996	1.42 (1.08－1.87)
Stevens et al, 2004	2.58 (1.62－4.09)
Laukkanen et al, 2008	1.83 (1.22－2.73)
Sawada and Muto, 1999	2.38 (1.36－4.14)
Erikksen et al, 1998	2.09 (1.47－2.96)
Arraiz et al, 1992	2.17 (1.09－4.30)
Gulati et al, 2003	1.89 (1.25－2.86)
Myers et al, 2002	2.96 (1.97－4.46)
合計	1.70 (1.51－1.92)

高体力群と比較した時の低体力群の総死亡の相対危険度

図4-5 16本の論文における全身持久力と総死亡の関連　　　　　　　　　　　　　（文献10より）

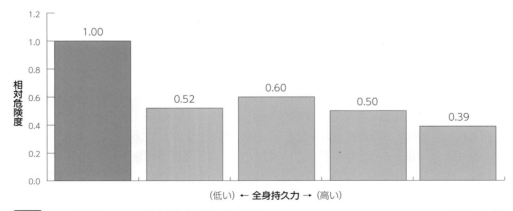

図4-6 日本人労働者における全身持久力と総死亡の関連　　　　　　　　　　　　　（文献11より）

❸健康づくりのための全身持久力の基準値と総死亡の関連

　日本人男性労働者 8,935 人を対象としたコホート研究によって，「健康づくりのための運動基準 2006」における「全身持久力の基準値」と総死亡の関連が調査されている[12]。21 年間の追跡期間中の死亡率と全身持久力の下限値，基準値，上限値の関連を調査した結果，全身持久力の「下限値以下の群」を基準にすると，「下限値〜基準値以下の群」「基準値以上〜上限値の群」「上限値以上の群」いずれも低い総死亡の相対危険度を示し，「基準値以上〜上限値の群」が最も低い総死亡の相対危険度を示していた。

2-2　がん死亡

　がんは，1981 年より日本人の死因の第 1 位であり，日本人が生涯にがんに罹患する可能性は，男性では 2 人に 1 人，女性では 3 人に 1 人と推測されている。また，40 歳代および 50 歳代では死因の 30 〜 40％ を占めており，「働き盛り世代の疾患」とも呼ばれる。

❶世界がん研究基金・アメリカがん研究協会によるレビュー

　世界がん研究基金・アメリカがん研究協会は，2007 年に「食事・栄養・身体活動とがん予防」というタイトルの報告書を発表した[13]。この報告書でレビューされた体力や身体活動と「がん」に関する論文は，結腸がん 39 本，乳がん 21 本，子宮内膜がん 8 本，肺がん 16 本，膵がん 12 本であった。そして，身体活動量が多い人の結腸がんのリスクが低いことは「確実」，乳がん（閉経後期）および子宮内膜がんについては「可能性大」，肺がん・膵がんについては「可能性あり」と報告されている。さらに，がん予防のために体力の向上を目的として「60 分以上のやや強度の高い運動か 30 分以上の強度の高い運動を毎日実施すること」が推奨されている。また，「最低 30 分の適度な強度の身体活動（歩行）を毎日実施すること」や「テレビ鑑賞のような座位の習慣を少なくすること」が推奨されている。

❷アメリカ人における全身持久力とがん死亡・がん罹患の関連

　アメリカ人を対象に，全身持久力とがん死亡やがん罹患の関連を調査したコホート研究が数多く発表されている。最初の研究は 1989 年に発表されているが，この研究のメインアウトカムは総死亡であり，がん死亡についてはサブ解析として報告され，低い全身持久力ががん死亡の危険因子であることが示された[14]。その後，1996 年にがん死亡をメインに解析した研究が発表され，1989 年の結果と同じ結果であることが確認されている[15]。

　また，同じ年に全身持久力と前立腺がん罹患[16]の関連が，2002 年に喫煙関連がん[17]，2003 年に全がん死亡[18]，2007 年にも全がん死亡[19]，2008 年には糖尿病患者を対象に持久力と全がん死亡[20]の関連が，2009 には消化器のがん死亡[21]や乳がん死亡[22]が，2010 年には全がん死亡および全がん罹患[23]や肺がん死亡[24]，2011 年には前立腺がん罹患[25]，など多くの部位のがんが調査され，いずれも低い全身持久力ががん死亡やがん罹患の危険因子であることが示されている。

❸日本人労働者における全身持久力とがん死亡の関連

　前述のように，アメリカ人を対象とした報告は多いが，アメリカ人と日本人では，がんの部位別罹患率が大きく異なっており，日本人についてもアメリカ人と同様に，低い全身持久力ががん死亡やがん罹患の危険因子であるかどうかを明らかにする必要がある。とこ

ろが，日本人を対象に全身持久力とがん死亡の関連を調査した研究は2本しか存在しない[26,27]。そして，この2本の研究は，同じ職域の労働者を対象に実施された研究であり，日本人を対象としたさらなる研究の実施が望まれる。

日本人を対象とした最初の論文は，2003年に発表されたものであり，9,039人の日本人男性労働者を対象にしたコホート研究である[26]。この研究は，追跡対象者を全身持久力で四分位（4群）に分類し，平均16年間追跡している。そして，追跡期間中のすべての部位におけるがん死亡（全がん死亡）が調査され，全身持久力が「最も低い群」を基準にした他の群の全がん死亡の相対危険度が算出されている 図4-7 。この結果は，アメリカ人を対象にした研究と同様に，「全身持久力が高い群」ほど全がん死亡の相対危険度が低い傾向にあり，日本人においても低い全身持久力ががん死亡の危険因子であることが示されている。

2-3　糖尿病

厚生労働省は，健康増進法に基づいて1997年から5年ごとに糖尿病実態調査を行い，「2型糖尿病が強く疑われる者」や「2型糖尿病の可能性を否定できない者」の人数を推計している 図4-8 [28]。これまでに4回の調査が実施されているが，「2型糖尿病が強く疑われる者」の推計人数は毎回増加している。一方で，「2型糖尿病の可能性を否定できない者」の推計人数は，4回目の調査に当たる2012年の調査結果は前回より減少していた。また，「2型糖尿病が強く疑われる者」と「2型糖尿病の可能性を否定できない者」の合計推計人数も前回より減少していた。しかしながら，合計推計人数は2,000万人を超えており，「2型糖尿病が強く疑われる者」や「2型糖尿病の可能性を否定できない者」に多くの労働者が含まれていると考えられる。

❶日本人労働者における全身持久力と2型糖尿病罹患の関連

これまでに，全身持久力と2型糖尿病罹患の関連を調査した研究が7本発表されている[29]。7本のうち日本人を対象とした研究は3本存在し，そのうち2本が労働者を対象にした研究である[30,31]。1本は，単純に全身持久力と2型糖尿病罹患の関連を調査した研究であり，全身持久力が高い群ほど2型糖尿病罹患の相対危険度が低いことを報告している 図4-9 [30]。もう1本は，肥満度と全身持久力の組み合わせと2型糖尿病罹患の関連を，日本人男性労働者3,523人を対象として調査した研究である[31]。「正常体重で全身持久力が高い群」を基準にして，他の群の2型糖尿病罹患の相対危険度を算出したところ，「正常体重で全身持久力が低い群」は1.3倍，「全身持久力が高くても肥満（過体重）」であれば2.9倍，また「過体重かつ低体力群」は1.8倍と，それぞれ高い相対危険度を示していた。このことは，日本人労働者においては，2型糖尿病罹患を予防するためには全身持久力を高めることも大切であるが，肥満予防も重要であることを示している。

❷日本人労働者における全身持久力の変化と2型糖尿病罹患の関連

これまでに報告されている全身持久力と2型糖尿病の関連を調査したコホート研究は，追跡開始前に測定した全身持久力の高低で追跡対象者を分類した後，追跡期間中の2型糖尿病罹患者数を比較している[30]。前述したように，遺伝子や特定の時期における遺伝子発

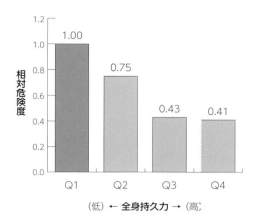

図4-7 日本人労働者における全身持久力とがん死亡の関連　（文献26より）

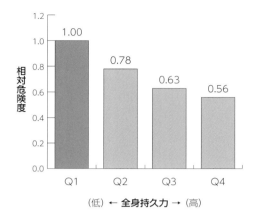

図4-9 日本人における全身持久力と2型糖尿病罹患の関係　（文献30より）

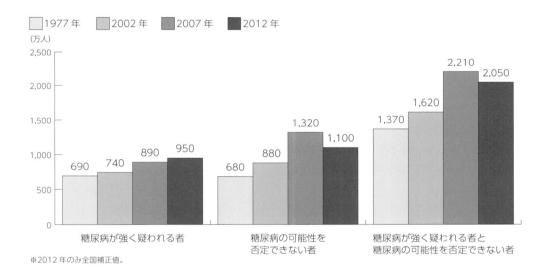

※2012年のみ全国補正値。

図4-8「糖尿病が強く疑われる者」「糖尿病の可能性を否定できない者」の推計人数の年次推移　（文献28より）

現の変化など，日常生活における身体活動量や余暇時間において運動を実施しているかどうかに関わらず，全身持久力が非感染性疾患の罹患と関連していることが報告されている。このことは，これらの因子が2型糖尿病罹患とも強く関連し，日常生活において身体活動量を増やしたり余暇時間に運動を実施しても，将来の2型糖尿病罹患を防ぐことに貢献しない可能性を示唆している。

　2010年に報告された日本人労働者を対象としたコホート研究は，この疑問に1つの回答を与えた[32]。この研究は，日本人男性労働者4,187人を対象に実施された。最初に，追跡開始前の7年間における全身持久力の変化の傾向で4群（全身持久力が7年間に低下した群，やや低下した群，やや増加した群，増加した群）に分類した後，14年間追跡して

いる。この研究の結果は、「全身持久力が低下した群」に対し、他の群の相対危険度はいずれも低い値を示していた。このことは、産業保健活動として身体活動を奨励して全身持久力を維持・向上させれば、将来の2型糖尿病罹患を防げる可能性があることを示している。

❸健康づくりのための全身持久力の基準値と2型糖尿病罹患の関連

日本人男性労働者4,633人を対象としたコホート研究によって、「健康づくりのための身体活動基準2013」の中で示された「全身持久力の基準値」と2型糖尿病罹患の関連が調査されている[33]。約14年間（168か月間）の追跡期間中における2型糖尿病罹患と全身持久力の基準値の関連が調査され、全身持久力の「基準値を満たしている群」と「基準値を満たしていない群」を比較している。本研究の結果、追跡期間中いずれの時期においても、「基準を満たしている群」は、「基準を満たしていない群」より2型糖尿病の累積罹患率が低かった。

---

column4-2　職域における健康の保持増進活動は「舌切り雀」スタイルで

本文で紹介したように、THPでは、健康測定において実施する運動機能検査の項目として「全身持久性」「筋力」「柔軟性」「敏捷性」「平衡性」「筋持久性」の測定を挙げている。こちらも本文で紹介したが、それぞれの項目と健康アウトカムの関連は、まだまだ明らかになっていない状況である。多額の費用とマンパワーをかけて、役に立つかどうかはっきりしない測定を実施するのは無理がある。まずは、職場の現状やニーズを把握することに注力し、その結果をもとに、1つずつPDCAサイクルを回しながら、それぞれの職場に合った測定項目を決定していくことが重要である。お土産に持って帰るのは「小さい方のつづら」で、「大きい方のつづら」には妖怪が潜んでいる。

2-4　高血圧

厚生労働省の「患者調査」[34]によれば、2014年における高血圧による外来患者数は67万人を超えている状況であり、労働者の多くも外来診療を受診していると考えられる。高血圧は、労働者の健康や生活のみならず、職域における労働損失や生産性に影響を及ぼしている可能性が考えられる。

❶日本人労働者における全身持久力と高血圧罹患の関連

日本人労働者を対象に、全身持久力と高血圧罹患の関連を調査した研究は、数が限られており、現在までに1本の論文が報告されているのみである[35]。この研究は、日本人男性労働者3,305人を対象にしたコホート研究で、追跡対象者を全身持久力で五分位（5群）に分類し、「最も低い全身持久力群」を基準として、他の群の高血圧罹患の相対危険度を求めている。この結果、「最も高い全身持久力群」は、「最も低い全身持久力群」と比較して、高血圧罹患の相対危険度が約50%低いことが示されている。

❷日本人における全身持久力と動脈硬化の関連

日本人を対象としたコホート研究で、全身持久力と動脈壁の硬化度の関連が調査されて

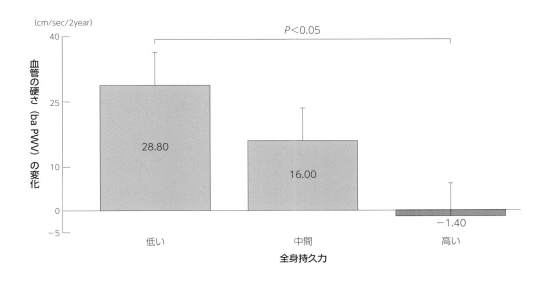

図4-10 日本人における全身持久力と動脈硬化の関連 （文献36より）

いる[36]。この研究は，健康な日本人470人を追跡対象者として，全身持久力で三分位（3群）に分類した後，2年間追跡している。追跡前と追跡後の上腕-足首間脈波伝播速度を測定し，追跡期間後の脈波伝播速度の変化を比較した結果，追跡開始前に全身持久力が高かった群は，脈波伝播速度の上昇が小さかった。つまり，高い全身持久力を保持している群は，加齢に伴う動脈硬化の進行が遅い可能性が示された 図4-10。

3 全身持久力以外の体力と健康アウトカム

3-1 筋力

　筋力と健康に関する研究は，高齢者を対象とした研究以外は少なく，労働者における筋力と健康アウトカムの因果関係について明言できる状況にない。ここでは，日本人成人を対象に実施された2本のコホート研究を紹介する。

　1本目は1995年に報告された研究で，日本人成人6,259人（男性の平均年齢54歳，女性の平均年齢55歳）が6年間追跡されている[37]。追跡対象者は，体力測定として「筋力」「敏捷性」「筋パワー」「柔軟性」「筋持久力」を測定された。その後の追跡期間中に155人の死亡が確認されている。追跡対象者を各体力測定項目の高い群と低い群に分類して，死亡の相対危険度を算出したところ，女性においては明確な差は認められなかったが，男性では，体力の低い群で体力の高い群と比較して，筋力で1.9倍，敏捷性で2.4倍，筋パワーで2.4倍，筋持久力で1.9倍，総死亡の相対危険度が高いという結果であった。

　2本目は2007年に報告された研究である[38]。この研究は35～74歳の日本人成人4,912人を対象に，握力と総死亡の関連を報告している。追跡開始前の握力で対象者を五分位（5

群）に分類して，握力が強い群ほど，より低い死亡の相対危険度を示すかどうかを調査している。さらに，追跡対象者を年代で 35 〜 54 歳，55 〜 64 歳，65 〜 74 歳の 3 群に分類し，どの年代でも握力と総死亡の間に関連があるかどうかを確認している。その結果，男女いずれにおいても，年代に関わらず握力が低い群ほど寿命が短い，という結果が得られた。すなわち，働く世代にとっても握力は寿命に関連する重要な体力であることを示唆している。

これらの研究において，握力は全身の筋力の指標と捉えられているが，握力以外の筋力，例えば筋量の多い大腿部の筋力と健康アウトカムに関する研究結果についても，参照する必要があると考えられる。

3-2　筋持久力

筋力と同様に，筋持久力と健康アウトカムの関連を調査した研究も，高齢者を対象とした研究以外は少ない。前項で紹介した 1995 年に報告されたコホート研究では，男性において筋持久力が高い群に対して，筋持久力が低い群の総死亡の相対危険度は 1.9 であり，低い筋持久力は総死亡の危険因子である可能性が示されている[37]。

2010 年に発表された日本人労働者を対象としたコホート研究[39]では，3,792 人が追跡対象者となり，追跡開始前の体力測定として「敏捷性（反復横跳び）」「筋パワー（垂直跳び）」「筋持久力（上体起こし）」「柔軟性（長座体前屈）」が測定されている。これらの体力が測定された後，それぞれの体力テストの結果で追跡対象者を四分位（4 群）に分類して，16 年間追跡している（追跡期間中に 240 人が 2 型糖尿病に罹患）。そして，各項目について，体力が低い群を基準にして他の群の相対危険度を求めている。その結果，筋持久力が高い群は，低い群（基準）と比較して相対危険度が 0.61 となり，2 型糖尿病罹患の危険性が 39％低い結果となった。

3-3　柔軟性

これまで柔軟性は，腰痛や膝痛などの運動器の障害との関連が注目されてきたが，近年，柔軟性と運動器の障害以外の健康アウトカム，例えば 2 型糖尿病罹患との関連を報告している研究がある[40]。まだまだエビデンスは少ないものの，職場体操の奨励等を通じて柔軟性を維持・向上させることが，運動器の障害だけでなく他の健康アウトカムの予後にもよい影響を及ぼす可能性があるかもしれない。

（澤田亨）

参考文献

1. American College of Sports Medicine. ACSM's Guidelines for exercise testing and prescription. Tenth Edition. 2017.
2. 猪飼道夫．体力の科学：スポーツへの応用．コロナ社．1966．
3. Pate RR. A new definition of youth fitness. *Phys Sports Med*. 1983; 11: 77-95.

4. 中央労働災害防止協会．健康づくり・メンタルヘルスケア・快適職場づくり．
   http://www.jisha.or.jp/health/thp/（accessed: 2017.6.16）
5. 中央労働災害防止協会．運動機能検査値の新5段階評価．安全と健康．2012; 63: 60-3.
   http://www.jisha.or.jp/health/evaluation/index.html（accessed: 2017.6.16）
6. Saltin B, et al. Response to exercise after bed rest and after training. *Circulation*. 1968; 38: 1-78.
7. Kaminsky LA, et al. The Importance of Cardiorespiratory Fitness in the United States: The Need for a National Registry : A Policy Statement From the American Heart Association. *Circulation*. 2013; 127: 652-62.
8. Talbot LA, et al. Comparison of cardiorespiratory fitness versus leisure time physical activity as predictors of coronary events in men aged < or = 65 years and > 65 years. *Am J Cardiol*. 2002; 89: 1187-92.
9. 寺田新，他．運動による抗糖尿病効果とエピジェネティクス．体育の科学．2016; 66: 36-43.
10. Kodama S, et al. Cardiorespiratory fitness as a quantitative predictor of all-cause mortality and cardiovascular events in healthy men and women: a meta-analysis. *JAMA*. 2009; 301: 2024-35.
11. 澤田亨，他．日本人男性における有酸素能力と生命予後に関する縦断的研究．日本公衆衛生雑誌．1999; 46: 113-21.
12. 澤田亨，他．「健康づくりのための運動基準2006」における「健康づくりのための最大酸素摂取量」の基準値と生命予後の関係：日本人男性労働者を対象にしたコホート研究．運動疫学研究．2012; 14: 29-36.
13. World Cancer Research Fund/American Institute for Cancer Research: Food, nutrition, physical activity, and the prevention of cancer; a global perspective. American Institute for Cancer Research, 2007.
14. Blair SN, et al. Physical fitness and all-cause mortality. A prospective study of healthy men and women. *JAMA*. 1989; 262: 2395-401.
15. Kampert JB, et al. Physical activity, physical fitness, and all-cause and cancer mortality: a prospective study of men and women. *Ann Epidemiol*. 1996; 6: 452-71.
16. Oliveria SA, et al. The association between cardiorespiratory fitness and prostate cancer. *Med Sci Sports Exerc*. 1996; 28: 97-104.
17. Lee CD, et al. Cardiorespiratory fitness and smoking-related and total cancer mortality in men. *Med Sci Sports Exerc*. 2002; 34: 735-9.
18. Evenson KR et al. The effect of cardiorespiratory fitness and obesity on cancer mortality in women and men. *Med Sci Sports Exerc*. 2003; 35: 270-7.
19. Farrell SW, et al. Cardiorespiratory fitness, different measures of adiposity, and cancer mortality in men. *Obesity*. 2007; 15: 3140-9.
20. Thompson AM, et al. Cardiorespiratory fitness as a predictor of cancer mortality among men with pre-diabetes and diabetes. *Diabetes Care*. 2008; 31: 764-9.
21. Peel JB, et al. Cardiorespiratory fitness and digestive cancer mortality: findings from the aerobics center longitudinal study. *Cancer Epidemiol Biomarkers Prev*. 2009; 18: 1111-7.
22. Peel JB, et al. A prospective study of cardiorespiratory fitness and breast cancer mortality. *Med Sci Sports Exerc*. 2009; 41: 742-8.
23. Laukkanen JA, et al. Cardiorespiratory fitness, lifestyle factors and cancer risk and mortality in Finnish men. *Eur J Cancer*. 2010; 46: 355-63.
24. Sui X, et al. Influence of cardiorespiratory fitness on lung cancer mortality. *Med Sci Sports Exerc*. 2010; 42: 872-8.
25. Byun W, et al. Cardiorespiratory fitness and risk of prostate cancer: findings from the Aerobics Center Longitudinal Study. *Cancer Epidemiol*. 2011; 35: 59-65.
26. Sawada SS, et al. Cardiorespiratory fitness and cancer mortality in Japanese men: a prospective study. *Med Sci Sports Exerc*. 2003; 35: 1546-50.
27. Sawada SS, et al. Cardiorespiratory fitness, body mass index, and cancer mortality: a cohort study of Japanese men. *BMC Public Health*. 2014; 14:1012.
28. 厚生労働省．平成24年国民健康・栄養調査結果の概要．2013.

http://www.mhlw.go.jp/file/04-Houdouhappyou-10904750-Kenkoukyoku-Gantaisakukenkouzoushinka/0000099296.pdf

29. Aune D, et al. Physical activity and the risk of type 2 diabetes: a systematic review and dose-response meta-analysis. *Eur J Epidemiol*. 2015; 30: 529-42.
30. Sawada SS, et al. Cardiorespiratory fitness and the incidence of type 2 diabetes: prospective study of Japanese men. *Diabetes Care*. 2003; 26: 2918-22.
31. Kuwahara K, et al. Association of cardiorespiratory fitness and overweight with risk of type 2 diabetes in Japanese men. *PLoS One*. 2014; 9: e98508.
32. Sawada SS, et al. Long-term trends in cardiorespiratory fitness and the incidence of type 2 diabetes. *Diabetes Care*. 2010; 33: 1353-7.
33. Kawakami R, et al. Reference values for cardiorespiratory fitness and incidence of type 2 diabetes. J Epidemiol. 2014; 24: 25-30.
34. 厚生労働省. 平成26年患者調査の概況. 2015.
http://www.mhlw.go.jp/toukei/saikin/hw/kanja/14/index.html
35. Sawada S, et al. Five year prospective study on blood pressure and maximal oxygen uptake. *Clin Exp Pharmacol Physiol*. 1993; 20: 483-7.
36. Gando Y, et al. Cardiorespiratory Fitness Suppresses Age-Related Arterial Stiffening in Healthy Adults: A 2-Year Longitudinal Observational Study. *J Clin Hypertens* (Greenwich). 2016; 18: 292-8.
37. Fujita Y, et al. Physical-strength tests and mortality among visitors to health-promotion centers in Japan. *J Clin Epidemiol*. 1995; 48: 1349-59.
38. Sasaki H, et al. Grip strength predicts cause-specific mortality in middle-aged and elderly persons. *Am J Med*. 2007; 120: 337-42.
39. Sawada SS, et al. Muscular and Performance Fitness and Incidence of Type 2 Diabetes: Prospective Study of Japanese men. *J Phys Act Health*. 2010; 7: 627-32.
40. Katzmarzyk PT, et al. Adiposity, physical fitness and incident diabetes: the physical activity longitudinal study. *Diabetologia*. 2007; 50: 538-44.

BOX 2
信頼性の高いエビデンスとは何か

　信頼性の高いエビデンス（科学的根拠）とは，「研究対象がヒトであること」「定評ある医学専門誌に掲載された論文であること」「研究デザインがランダム化比較試験やコホート研究であること」，そして「複数の論文で支持されている結果であること」などの条件を満たしている必要がある図[1]。ここでは信頼性の高いエビデンスの条件である「ランダム化比較試験」「コホート研究」「システマティック・レビュー」について紹介する。

1　ランダム化比較試験

　体力と健康アウトカムの間に存在する因果関係を明らかにすることができる最も信頼性の高い研究方法（研究デザイン）は，「ランダム化比較試験（randomized controlled trial：RCT）」である。この研究デザインでは，研究参加者をランダム（無作為）に2つの群に分けた後，一方の群に対して何らかの介入を行い，研究期間中における健康アウトカム（例えば血圧の正常化）の発生率を調査して，両群を比較する。介入内容と健康アウトカムの発生の間に因果関係があれば，両群の健康アウトカムの発生率に差が生じ，その差を評価することで因果関係の強さが明らかになる。例えば，新しく開発された降圧剤を服用する患者（介入群）と，従来から処方されている降圧剤を服用する患者（対照群）の心疾患による死亡率が比較されて，新しく開発された降圧剤の治療効果が判定されるのである。

　しかしながら，「高い体力を維持することが健康に有益である」ことが様々な研究によって明確になっている現在，研究参加者を「トレーニングを実施する群（利益が期待される群）」と「実施しない群（不利益を被る可能性のある群）」に割り付けることは，倫理的に問題がある。また，「トレーニングを実施する群」に割り付けられても，トレーニングをやめてしまう人が少なからず発生してしまうという課題がある。そのため，体力と健康アウトカムの因果関係をランダム化

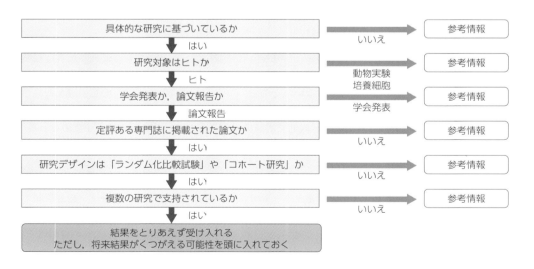

図　健康情報の信頼性を評価するためのフローチャート　　　　　　　　　　　（文献1より）

比較試験によって明らかにすることは，現実的には困難である。次に紹介する「コホート研究」は，体力と健康アウトカムの間に因果関係があるかどうかを推論する次善の策である。

2　コホート研究

　コホート研究は「追跡研究」とも呼ばれ，例えば，追跡開始前に研究参加者（追跡対象者）の体力を調査し，いくつかの群（例えば体力の低い群，やや低い群，やや高い群，高い群）に分類する。そして，追跡期間中における特定の健康アウトカム（例えば死亡）の発生率を調査して比較する。ある体力要素と健康アウトカムとの間に因果関係がある場合は，追跡期間中における健康アウトカムの発生率が体力の高低順に異なることになる。

　これまでに実施された有名なコホート研究には，喫煙と肺がんに関する研究がある。喫煙の影響を介入研究で明らかにすることは倫理的に不可能なため，コホート研究で因果関係を推論するのである。具体的には，喫煙の有無や喫煙本数別に研究参加者を分類して，肺がん罹患率を調査した結果，喫煙本数が多くなるに従って肺がん罹患率が増えるという量反応関係が確認され，「喫煙と肺がん罹患の間に因果関係がある可能性が高い」と推論されたのである。

　ただし，コホート研究の結果から得られる因果推論は，喫煙と肺がん罹患の間に因果関係がある「可能性が高い」止まりである。前述したランダム化比較試験は，研究参加者がランダムに分類されていることから，両群の年齢，飲酒量，各種の生活習慣，食事内容など，あらゆる項目が理論上ほぼ同じ分布（同じ平均値）になり，両群の違いは介入の有無だけになる。一方で，コホート研究では，喫煙本数の違いだけでなく，各群の年齢や飲酒率なども異なる可能性がある。そのため，肺がん罹患と関係するのは喫煙本数なのか，年齢なのか，飲酒量なのかがわからない，という問題が生じる。そこでコホート研究では，多変量解析手法を用いて，喫煙本数以外の因子（交絡因子）を調整した後で，肺がん罹患と喫煙本数の関連を評価する。しかしながら，多変量解析で完全に交絡因子の影響を取り除けているとは限らないことから，質の高いコホート研究の結果を集めて，その結果を統合して判断することが重要である。喫煙本数と肺がん罹患については，数多くの質の高い論文が存在し，その（ほぼ）すべてが喫煙本数が多いほど肺がん罹患率が高いことを報告していることから，喫煙本数と肺がん罹患の間に因果関係があることは「確定的」と判断されている。体力と健康アウトカムの因果関係についても，コホート研究を用いて判断する場合は，数多くの質の高い論文の結果を統合して判断することが重要である。

3　システマティック・レビュー

　最も信頼性の高い研究デザインである「ランダム化比較試験」であっても，研究参加者は様々な背景をもったヒト集団であることから，たった1本の論文の結果をもって「信頼性の高いエビデンスである」と判断することはできない。そこで，コホート研究と同様に，複数の論文の結果をもとに総合的に判断することになる。

　システマティック・レビューでは，客観的で明確に規定されたルールの下で論文が集められる。これらの結果は「メタ解析」と呼ばれる手法で再解析され，すべての論文が統合された結論とも言える結果を算出する。イメージとしては，サンプルサイズに応じて（一般的にはサンプルサイズが大きいほど研究精度が高い），それぞれの研究結果の重み付き平均を算出する。質の高い学術誌の査読プロセスを経たシステマティック・レビューにおけるメタ解析の結果は，最も信頼できるエビデンスだと考えられている。

（澤田亨）

参考文献

1. 坪野吉孝. 健康情報の伝達と吟味. EBMジャーナル. 2003; 4: 12-5.

第 5 章

身体活動・運動の評価法

> **キーポイント**
>
> ・身体活動・運動の強度はどのように評価するのか
> ・身体活動・運動の量はどのように評価するのか

1 身体活動とその関連用語

「身体活動」とは，身体を動かすこと全般を指す用語である．学術的には，アメリカ疾病管理予防センターの疫学者Caspersenら[1]による身体活動の定義 "any bodily movement produced by skeletal muscles that results in energy expenditure" が広く受け入れられている．補足を交えて訳すと，「骨格筋の活動により（安静時よりも）エネルギー消費が高まるすべての身体動作」となる．

身体活動に近い言葉として「運動」があるが，運動は身体活動とは異なる概念である．同じくCaspersenら[1]は，運動は "physical activity that is planned, structured, repetitive, and purposive in the sense that improvement or maintenance of one or more components of physical fitness is an objective" と定義している．現代における運動の目的を考慮して意訳すると，「健康や体力の保持増進，楽しみを目的とした意図的，計画的，継続的な身体活動」となる．つまり，運動は身体活動の下位分類の1つである．なお，スポーツは，一定のルール下で実践される組織化が進んだ運動の下位分類の1つである．

これらの定義は，わが国の身体活動ガイドラインである「健康づくりのための身体活動基準2013」[2]において採用されている．また，わが国では，運動の定義に含まれない身体活動全般を特に，「生活活動」と呼んでいる．生活活動には，家事や通勤，子どもとの遊びなどが含まれる．身体活動，運動，スポーツ，生活活動の概念図を図5-1に示した．

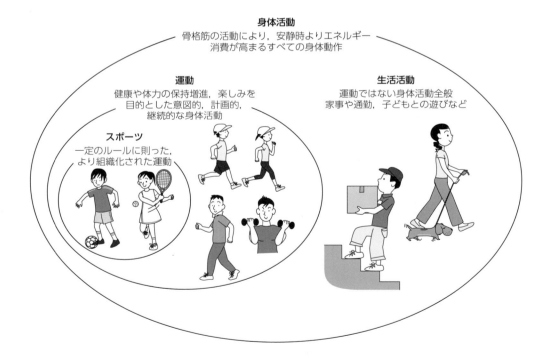

図5-1　身体活動，運動，スポーツ，生活活動の概念図

2 身体活動の単位と内訳

2-1 エネルギー消費量

前節の定義によると、身体活動はエネルギー消費量を基準に判定した身体動作であるため、その量については「kcal」や「J（ジュール）」などのエネルギーの単位で表現されることが多い。ヒトの1日のエネルギー消費量の内訳を見ると、「基礎代謝」「食事誘導性熱産生」「身体活動によるエネルギー消費量」に大別できる 図5-2。

基礎代謝は、体温維持や覚醒、内臓諸器官の働きなど、生命を維持するために必須となるエネルギーであり、総エネルギー消費量の約6割を占める。食事誘導性熱産生は、食事後に食物の運搬や消化、吸収に要するエネルギーであり、総エネルギー消費量の約1割を占める。残りが身体活動によるエネルギー消費量で、これを身体活動量と捉えることが多い。一般に、基礎代謝や食事誘導性熱産生は、同一個人における日々の変動が小さい。一方で、身体活動量はその変動が大きい。そのため、代謝系機能の異常等がない限り、総エネルギー消費量の多寡を左右するのは身体活動量であると言える。

2-2 時間

身体活動は、「1日30分の身体活動」などと「分」や「時間」の単位で表現することもある。1日24時間の行動の内訳は、約8時間が睡眠で残りが起きている時間（覚醒時間）である。覚醒時間のうち、座位や臥位による安静状態が数時間あり、残りが身体活動時間となる。覚醒している時間である約16時間のうちどれほどの時間を身体活動が占めるかが、健康状態に大きく影響すると言える。

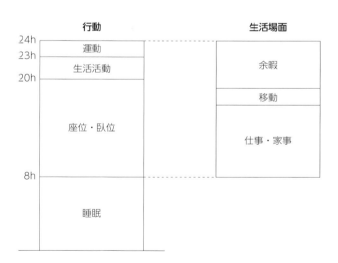

図5-2　エネルギー消費量および行動の内訳と生活場面の分類

2-3　身体活動が生じた場面

身体活動を行動が生じた生活場面によって捉えることもある 図5-2（前頁）。広く使われているのは，仕事（家事を含む），余暇，移動の3つに分ける方法である。後述する身体活動質問票の多くは，この生活場面を考慮して身体活動を聴取している。調査や事業評価では，この身体活動が生じた場面を考慮することで，保健指導に活かせる可能性がある。

> **column5-1　基礎代謝と安静時代謝**
>
> 図5-2（前頁）で示した基礎代謝量と安静時代謝量は似た概念であるが，厳密には異なった概念であり，測定条件の厳密性が両者で異なっている。基礎代謝の測定条件は，①12時間以上の絶食状態，②安静仰臥位で筋緊張を最小限とした状態，③快適な室温で心身ともにストレスの少ない覚醒状態，である[3]。一方，安静時代謝量では，そこまでの厳密性を求めていない。具体的には，食事後数時間程度であり，座位で測定することもある。つまり，安静時代謝量には交感神経系活動や食事誘導性熱産生による影響が多少含まれている可能性がある。そのため，安静時代謝量は基礎代謝量の1.1～1.2倍程度とされている。

2-4　強度

日本における労働現場では，作業強度指標としてエネルギー代謝率（relative metabolic rate：RMR）が広く使われてきた。これは活動によって増加するエネルギー量が基礎代謝量の何倍に当たるかという指標で，

・エネルギー代謝率（RMR）＝（活動時代謝－安静時代謝）／基礎代謝

で計算される。RMRは基礎代謝を測定する必要があり，計算も少々複雑であるため，一般にはあまり定着してこなかった。

一方，身体活動の強度指標として世界的にも広く使用されているものとして，メッツ（METs：代謝当量）がある。これは安静時の何倍エネルギーを消費するかというものであり，

・メッツ（METs）＝活動時代謝／安静時代謝

で計算できる。

健康増進や体力向上との関連が特に深いとされるのは，中強度以上の強さの身体活動であり，その指標である中高強度身体活動時間（moderate-to-vigorous physical activity：MVPA）が世界中の研究調査や身体活動ガイドライン[4,5]で採用されている。この中強度の境目は3メッツとされている。なお，身体活動の「量」＝「強度」×「時間」であり，各行動に費やした時間とそのメッツを詳細に把握できていれば，各行動をエネルギー消費量に換算することができ，総身体活動量を推定できる。

強度という視点においては，労働衛生の分野では特に「負荷」と「負担」とを分けて捉えることが重視される。身体活動という「負荷」とは別に，身体への「負担」という視点で捉えた場合，安静時，活動時，最大時の心拍数（heart rate：HR）から求められる心拍予備能比（percentage of heart rate reserve：%HRR）という指標が用いられる。%HRRは，最大時HRから安静時HRを減じた「心拍予備能」に対する相対的比率で，個人の適度な運動強度を表すカルボーネンの式は，この理論に基づくものである。

・運動強度（%HRR）＝（活動時HR－安静時HR）/（最大時HR－安静時HR）×100
・目標心拍数＝運動強度（%HRR）/100×（最大時HR－安静時HR）＋安静時HR

なお，最大時HRは実測が容易ではないため，フォックスの式（220－年齢）が広く用いられている。

健康の保持増進のために安全で有効な身体活動の目安とされる「中強度活動」は，40～60%HRRが1つの目安となる。しかし，個人の心肺能力によってこの負担強度でできる身体活動のレベルは違いがあり 3メッツ程度の身体活動で50%HRRの人がいれば，6メッツ程度で50%HRRの人もいる。

他方，強度には代謝系の捉え方とは別に，筋収縮時の負荷としての捉え方もできる。この場合，最大随意収縮に対する比率（%MVC：percentage of maximal voluntary contraction）や最大反復回数（repetition maximum：RM）が使用される。ある人が100 kgを1回やっと持ち上げるのが最大だとすると，その人が50 kgで運動する場合は，50%MVCの強度ということになる。また，ある人が10回持ち上げるのが精一杯だった強度は，10 RMということになる。

このように，身体活動には，様々な捉え方や単位がある。また，それぞれに適した測定評価法が存在することも知っておくと有益だろう。

3　身体活動の主な測定評価法

身体活動を測定する手法は多数ある。ここでは，最も正確に測定できると考えられる手法である基準法（妥当基準とも呼ばれる）と，労働現場で利用できる主な測定法およびその特徴を概説する 表5-1 （次頁）。

現場で利用可能な手法は，機器装着法と申告法に大別できる。機器装着法は，対象者自身や観察者の報告に頼らずに，機器等を用いて情報を客観的に収集する手法である。申告法は，対象者や観察者が申告する情報に基づいて推定する手法である。

3-1　基準法

日常生活を営む人の身体活動を測定する基準法は，二重標識水法とされている。二重標識水法では，酸素と水素の安定同位体を一定量含んだ水を摂取し，その2週間ほど後に対

象者の尿または唾液を複数回にわたって採取する。採取した検体から求めた酸素と水素の体内での減衰率の違いから，二酸化炭素排出量と酸素摂取量を求め，エネルギー消費量を推定する[6]。

二重標識水法は，日常生活の制約がほとんどなく，妥当性や信頼性が高い。その一方で，測定機器や検査が極めて高額な上に，専門的な知識と技術が必要となる。また，算出できる指標は総エネルギー消費量のみであり，測定期間中の身体活動の種類や頻度，強度，生活場面などの詳細は把握できない。

このような制約から，二重標識水法は労働現場における測定法として現実的とは言えず，

表5-1 フィールド（実験室外）における身体活動の主な測定法とその特徴

	基準法	機器装着法		申告法	
	二重標識水法	加速度計法	歩数計法	質問紙法	活動記録法
費用	数万円/件	1〜5万円/台	1〜5千円/台	安価	安価
対象者の負担	小	小	小	小	中
調査者の負担	大	中	小〜中	小	小
信頼性	高	中	中	低	中
妥当性	高	中	中	低〜中	中
測定可能な時間枠	2週間程度	数時間〜数か月	数時間〜数か月	数時間〜1年	数時間〜数日
算出（推定）できる主な身体活動指標	・身体活動によるエネルギー消費量	・身体活動によるエネルギー消費量 ・メッツ ・強度別の身体活動時間 ・歩数	・歩数	・身体活動によるエネルギー消費量 ・場面別，種類別，強度別の身体活動時間	・身体活動によるエネルギー消費量 ・場面別，種類別，強度別の身体活動時間
長所	・信頼性や妥当性に優れる	・数秒から数分ごとの細かなエネルギー消費量を算出可能 ・日常生活中の身体活動を推定可能 ・腰や腕に装着するだけなので，対象者の負担は大きくない	・日常生活中の歩数を推定可能 ・腰や腕に装着するだけなので，対象者の負担は大きくない ・一般に安価である	・大規模集団に一度に測定可能 ・場面別，種類別，強度別の情報を収集可能 ・紙とペンのみで測定可能	・場面別，種類別強度別の情報を収集可能 ・時間軸に沿って身体活動を算出可能
短所	・専門知識や技術が必須 ・検査費等が1人数万円と極めて高価 ・測定期間中の身体活動の種類や場面，頻度，時間などを把握できない ・基礎代謝測定が別途必要	・データ処理のコンセンサスが未確立 ・機器間の互換性が低い ・身体活動が生じた場面や種類を把握できない	・機器間の互換性が高いとは言えない ・身体活動が生じた場面や種類を把握できない	・思い出しバイアスや報告バイアスの混入 ・質問紙間の互換性が低い ・時間軸に沿った細かな情報は把握できない	・対象者の負担が比較的大きい ・思い出しバイアスや報告バイアスの混入

専ら簡便な手法の妥当性を評価する際の基準として用いられる。

3-2　機器装着法

❶加速度計法

　主な機器装着法には，加速度計法と歩数計法がある。加速度計法は，動作に伴う身体の加速度変化の積算が酸素摂取量と密接に関連することを原理としている。主な活動量計の1つであるライフコーダ（スズケン社製）は，1軸加速度センサを内蔵し，腰部に装着する活動量計である。加速度信号の大きさと単位時間当たりの歩行ピッチから，4秒間の歩数と独自指標である運動強度（11段階：0，0.5，1～9）を決定する。しかし，1軸（上下方向）の加速度をもとに強度を推定していることから，体幹の左右への捻りや揺れを伴う生活活動の評価には適していない。一方，歩数計としての評価は国際的に高く[7]，歩数の妥当基準として用いられることも多い。また，Active style Pro（オムロンヘルスケア社製）は3軸加速度センサを内蔵し，腰部に装着する活動量計で，身体活動を歩行・走行活動と非歩行活動（主に生活活動）に高い精度で分類できる点が特徴である[8]。

❷歩数計法

　歩数計法は，従来は振り子式が一般的であったが，最近では加速度センサ式が一般的となっており，装着部位（腰，足首，ポケットなど）や姿勢，体格の影響を受けにくくなっている。歩数計は，その名の通り歩数を測る機器であり，メッツや歩行速度など強度に関する指標は得られない。なお，市販の歩数計の多くには，「マスク時間」というものが設定されている。マスク時間とは，歩行と判定する閾値時間のことである。例えば，ある歩数計でマスク時間が5秒に設定されていたとする。この場合，5秒以内で終わる数歩の活動は，歩数にカウントされない。このように，純粋な歩行活動のみを歩数に反映させ，細かな体位変換などが歩数とカウントされないようにしている。このマスク時間は，歩数計の機種により異なったり，自ら設定できたりすることから，現場で活用する際には留意すべきであろう。

3-3　申告法

❶質問紙法

　申告法による身体活動測定法は，質問紙法と活動記録法に大別できる。質問紙法は，さらに自記式，インタビュー形式，電話形式などに分けられる。質問紙法は，安価で対象者や調査者の負担が少なく，生活場面（移動，仕事，余暇など）や種類（スポーツ種目など），強度別に身体活動を把握できる点が長所と言える。また，数時間，1日，過去1週間や1か月など，調査する時間枠を幅広く設定できることや多人数を一斉に調査することも可能であり，大規模疫学調査や労働現場などでの利用価値が高い。その一方で，対象者の記憶に頼ることから「思い出しバイアス」や「報告バイアス」の混入を避けられないことや，妥当性が必ずしも高くないことが短所と言える。

　労働現場での活用が期待できる質問紙として，日本で開発された質問紙または日本語版

が存在する国際的な質問紙を紹介する。特色は，①項目数が多くなく，②妥当性や信頼性が検証されており，③大規模疫学調査で利用され健康アウトカムとの関連に関する情報や，国民を代表する集団における測定値が得られることである。

　特定健康診査における「標準的な質問票」には，身体活動や体力に関する質問が3項目含まれている。具体的には，「1回30分以上の軽く汗をかく運動を週2日以上，1年以上実施」「日常生活において歩行又は同等の身体活動を1日1時間以上実施」「ほぼ同じ年齢の同性と比較して歩く速度が速い」に対して，「はい」か「いいえ」で回答するよう求めている。川上ら[9]は，これら3つの質問に対して「はい」と答えた数の和は，加速度計で測定した中高強度身体活動時間（MVPA）と良好な関連が認められたと報告している。

　わが国を代表する大規模疫学調査である多目的コホート研究（Japan Public Health Center-based Prospective Study：JPHC Study）で用いられている身体活動質問票[10]も，労働現場での活用が期待できる。この質問紙には，簡易版と詳細版の2種類が存在する。簡易版は，普段の1日における，筋肉労働や激しいスポーツ，座っている時間，歩いたり立っている時間，を尋ねている。各項目の時間に定められたメッツを割り当て，総メッツ・時／日を算出できる。詳細版は，9項目から成る質問紙で，昨年1年間の仕事（通勤や家事を含む），余暇に費やした身体活動と，睡眠時間について尋ねている。簡易版，詳細版ともに活動記録法に対して妥当性が確認されている[11]。労働現場での活用を考えると，仕事中の身体活動を尋ねていることから，項目数は多くなるものの詳細版が有用と考えられる。

　国際的な質問紙としては，国際標準化身体活動質問票（international physical activity questionnaire：IPAQ）[12,13]および世界標準化身体活動質問票（global physical activity questionnaire：GPAQ）[14]が著名である。IPAQには，9項目から成る短縮版と31項目から成る詳細版があり，それぞれ過去1週間における身体活動状況を尋ねている。短縮版では，1回当たり10分以上続く中強度，高強度の身体活動および歩行に費やす時間を尋ねている。詳細版では，同様の内容を仕事，移動，家事，余暇などの生活場面別に尋ねている。なお，短縮版，詳細版ともに日本人を対象に加速度計に対して妥当性が確認されている[13]。また，GPAQは，生活場面別の評価ができないIPAQ短縮版と項目数が多いIPAQ詳細版の欠点を補った，16項目から成る質問票である。IPAQ，GPAQともに，1回当たり10分以上続く身体活動に限って聴取している。これは，WHO（世界保健機関）[4]やアメリカ合衆国政府による身体活動ガイドライン[5]で10分以上続くような身体活動時間の推奨値を示していることに足並みを揃えているものと考えられる。

❷活動記録法

　活動記録法は，対象者が1～15分単位の目盛が記載された記録用紙に，自身の活動内容を逐次または1日に数回まとめて記入する手法である。調査者が，各活動に対して身体活動のメッツ（METs）表[15]からメッツを割り当て，MVPAや身体活動によるエネルギー消費量を推定する。活動記録法は，安価で信頼性や妥当性は良好であり，質問紙法と同様に場面別，種類別の身体活動が測定できる。その一方で，対象者が記録する負担や，調査者が解析する負担が大きい。そのため，測定期間は数時間から数日が限度であり，週単位や月単位での習慣的な身体活動を把握するのには適していない。これら活動記録の煩雑さ

や負担を軽減すべく，Namba ら[16]はウェブ版の活動記録システムを開発した．妥当基準である二重標識水法によるエネルギー消費量との相関は良好であり，今後の積極的な活用が期待される．

4 運動中のエネルギー消費量の測定法

運動中のエネルギー消費量を把握する簡便な方法がいくつか存在する．ここでは，メッツ表を用いた方法と心拍数を用いる方法を概説する．

4-1　メッツ表

前述の通りメッツは代謝当量と呼ばれ，安静時の何倍エネルギーを消費したかで示す，身体活動の強さの指標である．各種活動やスポーツ等の平均的なメッツを一覧にしたものをメッツ表と呼び，その原典は Ainsworth らによる 2011 年の報告[17]に基づく．この原典に基づき，Compendium of Physical Activities という名でウェブサイト[18]が作成されている．この日本語版は医薬基盤・健康・栄養研究所のウェブサイト[15]に公開されている．

本来，運動時のエネルギー消費量や安静時代謝量は，呼気ガスを採取し，酸素摂取量を実測することにより算出する．この分母となる安静時代謝量（1 メッツ）は，食後数時間後の座位安静時における酸素摂取量から求めることが多い．簡便な方法としては，体重 1 kg 当たり毎分 3.5 mL の酸素摂取量を用いることもある．

なお，メッツと似た概念である RMR については前述した通りであるが，これまで労働現場では，労働作業内容ごとの RMR 一覧表が存在していた．作業内容記録をもとに，それに近い作業の RMR を探して活動量を推測することができるが，対象者が記録する負担や調査者が解析する負担が大きいため，現在ではほとんど実施されていない．

4-2　心拍数法

心拍数は交感神経系活動の簡便な指標であり，運動時の酸素摂取量と密接に関連することが知られている．この心拍数と酸素摂取量の関係を利用することで，運動時のエネルギー消費量を求めることができる．ただし，両者の関係式は個人間での変動が大きく，性，年齢，体力レベル，服薬状況に大きく依存する．そのため，運動時のエネルギー消費量を推定するには，トレッドミルや自転車エルゴメータ上にて心拍数と酸素摂取量の関係を，事前にかつ個人別に構築しておくことが望ましい．近年では腕などに装着する簡易的な脈拍測定機器の精度が向上してきており，仕事中の身体負担を経時的に把握することにも利用可能となっている．

> **column5-2**　心拍数で日常生活での身体活動を測れるか

　心拍数は，特に中強度以上の運動時のエネルギー消費量と良好な相関関係が得られることが知られている．では，日常生活を営む人の総エネルギー消費量を心拍数で測ることができるだろうか．現実的には精確な測定は難しいだろう．まず，図5-2（p.59）で示したように日常生活の大部分は睡眠や座位，臥位，生活活動など運動以外で費やされる．安静時や生活活動時においては，心拍数とエネルギー消費量の相関関係はそれほど良好ではない．日常生活下では，身体動作以外に緊張やストレス状態などの心理状況により心拍数は容易に増減する．このことが，非運動時の相関関係を弱めていると考えられる．心拍数を用いて循環系への負担を推察することは可能であるが，エネルギー消費量の測定につなげるためには，さらなる研究が必要であろう．

5　座位行動とその関連用語

　日常生活下における「座位行動」の定義については，いまだ学術的なコンセンサスが得られているわけではない[19]．代表的な定義として，2008年に発表されたPateら[20]による「1.5メッツ以下のすべての覚醒行動」と，2012年に発表されたSedentary Behaviour Research Network[21]による「座位または臥位による1.5メッツ以下のすべての覚醒行動」がよく知られている．前者は活動強度のみを考慮する一方で，後者は活動強度に加え姿勢も考慮している 図5-3 ．例えば，身体活動のメッツ表[15]によると，立位安静の活動強度は1.3メッツと推定される．立位安静は，前者の定義に従えば座位行動に，後者の定義に従えば低強度活動と分類される．

　最近の座位行動研究では，概ね後者の定義が主流になりつつある．しかし実際には，様々な操作的定義に基づき，座位行動が測定・評価されている．例えば，加速度計の多くは活

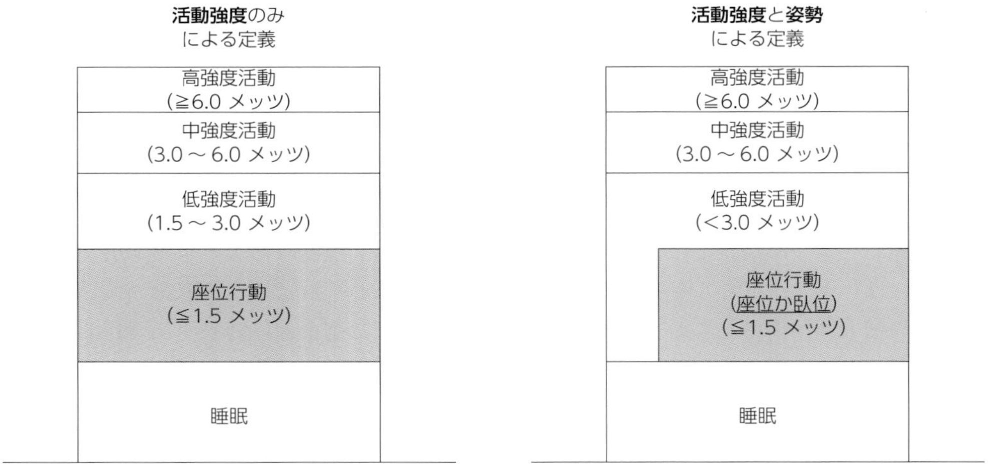

活動強度のみ
による定義

| 高強度活動（≧6.0メッツ） |
| 中強度活動（3.0〜6.0メッツ） |
| 低強度活動（1.5〜3.0メッツ） |
| 座位行動（≦1.5メッツ） |
| 睡眠 |

活動強度と姿勢
による定義

| 高強度活動（≧6.0メッツ） |
| 中強度活動（3.0〜6.0メッツ） |
| 低強度活動（<3.0メッツ） |
| 座位行動（座位か臥位）（≦1.5メッツ） |
| 睡眠 |

図5-3　座位行動の定義に関する模式図　　　　　　　　　　　　　　（文献19より作成）

動強度のみ，姿勢計は姿勢のみで座位行動を定義している．大規模疫学調査では，テレビ視聴時間やスクリーンタイム（テレビ，PC，スマートフォン等の画面を眺めている時間）を座位行動と定義しているものもある．したがって，調査を計画する際や，結果を解釈して活用する際には，各々の調査がどのように座位行動を定義しているかを確認する必要がある．

座位行動と似た用語として「身体不活動」や「運動不足」があるが，これらは座位行動とは異なる概念である．身体不活動とは，身体活動ガイドラインで推奨されている身体活動水準を満たしていない状態を指す[21]．一方，運動不足は，わが国では「国民健康・栄養調査」における運動習慣の定義，すなわち「週2回以上，1回30分以上，1年以上運動している」を満たしていない状態を指す．どちらも座位行動の多寡とは独立した考え方である．

また，座位行動の関連用語として，「座位行動中断」がある．座位行動中断は，座位行動から低強度活動や中高強度活動に移行した回数を指す．例えば，座位や臥位から立位や歩行への移行回数がこれに当たる．Healyら[22]によると，座位行動時間が同程度でも，座位行動中断が少ない人に比べて，座位行動中断が多い人の方が，腹囲が小さく，血中中性脂肪が低いことが報告されている．

（笹井浩行）

参考文献

1. Caspersen CJ, et al. Physical activity, exercise, and physical fitness: definitions and distinctions for health-related research. *Public Health Rep*. 1985; 100: 126-31.
2. 厚生労働省運動基準・運動指針の改定に関する検討会．健康づくりのための身体活動基準2013．http://www.mhlw.go.jp/stf/houdou/2r9852000002xple.html
3. 田中茂穂．エネルギー消費量とその測定方法．静脈経腸栄養．2009; 24: 1003-19.
4. World Health Organization. Global recommendations on physical activity for health. http://www.who.int/dietphysicalactivity/factsheet_recommendations/en/
5. U.S. Department of Health and Human Services. Physical activity guidelines for Americans. https://health.gov/paguidelines/
6. Schoeller DA, van Santen E. Measurement of energy expenditure in humans by doubly labeled water method. *J Appl Physiol Respir Environ Exerc Physiol*. 1982; 53: 955-9.
7. Schneider PL, et al. Pedometer measures of free-living physical activity: comparison of 13 models. *Med Sci Sports Exerc*. 2004; 36: 331-5.
8. Oshima Y, et al. Classifying household and locomotive activities using a triaxial accelerometer. *Gait Posture*. 2010; 31: 370-4.
9. 川上諒子，宮地元彦．特定健診・保健指導の標準的な質問票を用いた身体活動評価の妥当性．日本公衆衛生雑誌．2010; 57: 891-9.
10. 井上真奈美，他．日本の運動疫学コホート（6）：多目的コホート研究 The Japan Public Health Center-based prospective Study（JPHC Study）．運動疫学研究．2014; 16: 42-9.
11. 今井（武田）富士美，他．大規模疫学研究における簡易自記述式身体活動調査票の妥当性と信頼性—厚生労働省研究班による多目的コホート研究（JPHC Study）より—．運動疫学研究．2010; 12: 1-10.
12. Craig CL, et al. International physical activity questionnaire: 12-country reliability and validity. *Med Sci Sports Exerc*. 2003; 35: 1381-95.
13. 村瀬訓生，他．身体活動量の国際標準化−IPAQ日本語版の信頼性，妥当性の評価−．厚生の指標．2002; 49: 1-9.

14. Bull FC, et al. Global physical activity questionnaire (GPAQ): nine country reliability and validity study. *J Phys Act Health*. 2009; 6: 790-804.
15. 医薬基盤・健康・栄養研究所. 改訂版「身体活動のメッツ (METs) 表」
    http://www0.nih.go.jp/eiken/programs/2011mets.pdf
16. Namba H, et al. Validation of web-based physical activity measurement systems using doubly labeled water. *J Med Internet Res*. 2012; 25; 14: e123.
17. Ainsworth BE, et al. 2011 Compendium of Physical Activities: a second update of codes and MET values. *Med Sci Sports Exerc*. 2011; 43: 1575-81.
18. Ainsworth BE, et al. Compendium of Physical Activities. https://sites.google.com/site/compendiumofphysicalactivities/
19. Gibbs BB, et al. Definition, measurement, and health risks associated with sedentary behavior. *Med Sci Sports Exerc*. 2015; 47: 1295-300.
20. Pate RR, et al. The evolving definition of "sedentary". *Exerc Sport Sci Rev*. 2008; 36: 173-8.
21. Sedentary Behaviour Research Network. Letter to the editor: standardized use of the terms "sedentary" and "sedentary behaviours". *Appl Physiol Nutr Metab*. 2012; 37: 540-2.
22. Healy GN, et al. Breaks in sedentary time: beneficial associations with metabolic risk. *Diabetes Care*. 2008; 31: 661-6.

第6章

低・中強度の身体活動・運動と健康

キーポイント

- 低・中強度の身体活動・運動は健康にどのような効果があるのか
- 身体活動・運動の量は多いほど健康によいのか

1 はじめに

　身体活動や運動によって健康利益がもたらされることはよく認識されているが，逆に，身体活動量が十分でない「身体不活動」の状況がどれだけ健康に悪影響を及ぼすのか，すなわち「リスク（危険因子）」となり得るのかについては，どの程度認識されているだろうか。WHO（世界保健機関）によれば，身体不活動は全世界の死亡の6%を説明するリスクであり，これは，高血圧の13%，喫煙の9%，高血糖の6%に次ぐ，第4位に位置する[1]。わが国においては，喫煙，高血圧に次ぐ第3位である 図6-1 [2]。労働者の健康を守る上で，身体活動を促進することの重要性を強く認識する必要があろう。本章では，身体活動の中でも，特に低・中強度の身体活動に着目して，健康との関連について解説する。

2 身体活動と死亡率

2-1 身体活動量と死亡率の量反応関係

　身体活動と死亡率については，数多くのコホート研究により両者の関連が示されている。その多くは身体活動の強度が高く，時間が長いほど，死亡率が低くなる結果を示している。
　Aremら[3]は，アメリカおよびヨーロッパにおける6つのコホート研究をプールし，男性291,485人，女性369,652人，計661,137人（ベースライン時の年齢中央値61歳，BMI中央値26 kg/m²）という大規模な集団を中央値で14.2年間追跡した結果から，余暇時間の身体活動と死亡率との量反応関係を検討している 図6-2 。その結果，余暇身体活動を行っ

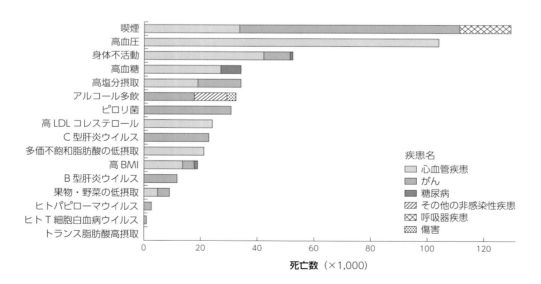

図6-1 わが国における非感染性疾患のリスク　　　　　　　　　　　　　　　　　（文献2より）

ていない者と比較して，週0〜7.5メッツ・時の余暇身体活動を行っていると，死亡のハザード比は0.80と低下し，週7.5〜15.0メッツ・時になると0.69，週15.0〜22.5メッツ・時では0.63，週22.5〜40.0メッツ・時では0.61と量反応的に低下してくるが，週40.0〜75.0メッツ・時では0.61，週75.0メッツ・時以上では0.69と，それ以上のリスク低下は認められなかった。

アメリカにおける身体活動ガイドライン[4]では，中強度身体活動を週150〜300分，高強度身体活動であれば週75〜150分行うことを推奨しているが，その基準の3〜5倍行うことで，健康利益は最大化されると解釈できる。なお，わが国における「健康づくりのための身体活動基準2013」[5]では，週23メッツ・時を推奨しており，この基準はアメリカの基準と比較して高い目標値となっている。そして，この目標値を達成することは，健康利益を最大化する週22.5メッツ・時以上とほぼ一致しており，わが国における身体活動推奨値の妥当性を示しているとも考えられる。

2-2 低・中強度の身体活動量と死亡率

前述した身体活動量と死亡率との量反応関係から，身体活動の強度が高く，時間が長いほど，死亡率が低くなると考えられる。その一方で，低・中強度の身体活動であっても，健康利益が得られることも報告されている。

Woodckら[6]は，高強度（6メッツ以上）の身体活動を除き，低強度（3メッツ未満）または中強度（3〜6メッツ）の身体活動量と死亡率の関連について，システマティック・レビューとメタ解析により検討している。採択基準を満たしたのは22のコホート研究であり，977,925人（男性334,738人，女性643,187人）を対象に分析した。その結果，低・中強度の身体活動量と死亡率との間には，量反応関係が認められた 図6-3 。

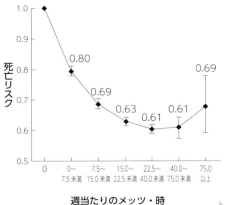

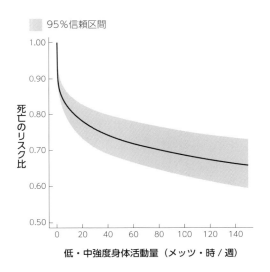

図6-2 余暇身体活動と死亡率の関連　　（文献3より）

図6-3 低・中強度の身体活動量と死亡率の関連
（文献6より）

中強度の身体活動時間で換算すると，週2.5時間以上の身体活動を行っていると，まったく身体活動を行っていない群と比べて，死亡率が19％（95％信頼区間［CI］：15−24％）低下し，週7時間以上の身体活動を行っていると，死亡率は24％（95％CI：19−29％）低下した。

このように，特に身体活動を行っていない群と，少しでも身体活動を行っている群との間で顕著な差が認められた。ここで示されている週2.5時間の身体活動は，1日当たり20分間の身体活動である。わが国における「健康づくりのための身体活動指針（アクティブガイド）」[5]では，「＋10（プラステン）」と称して，1日当たり少なくとも10分，身体活動時間を増やすことを推奨している。わずかな時間であっても，身体活動を行うことで健康利益が得られることを，この研究もわが国の身体活動指針も示している。

2-3 立位時間と死亡率

第9章で詳述されているように座位行動はリスクであり，それと比較すればただ立っているだけでも健康利益が得られると考えられる。van der Ploegら[7]は，オーストラリアにおける45歳以上の男女221,240人を対象に平均4.2年間追跡し，立位時間と全死因死亡率との関連を検討している。その結果，全死因死亡率のハザード比は，立位時間が1日2時間未満の群と比べて，2〜5時間で0.90（95％CI：0.85−0.95），5〜8時間で0.85（95％CI：0.80−0.95），8時間以上で0.76（95％CI：0.69−0.95）となり，量反応関係が認められたことを報告している。

また，Katzmarzyk[8]は，18〜90歳のカナダ人16,586人を対象に平均12.0年間追跡し，立位時間が長いほど，生存率が高まることを報告している 図6-4 。立位時間と身体活動量には交互作用があり，活動量が週7.5メッツ・時以上の群では，立位時間と死亡率の関連が認められなかったのに対し，週7.5メッツ・時未満の非活動的な群では，立位時間と死亡率の関連が認められた 図6-5 。このことから，特に身体活動量の少ない者では，立位時間を増やすだけでも健康利益の得られることが示唆される。

2-4 身体活動量の変化と死亡率

身体活動とその後の死亡率の関連について示してきたが，身体活動レベルを変化させることで，本当に健康利益が得られるだろうか。

Byberg ら[9]は，スウェーデンで1920〜1924年に生まれた1,759人の男性を対象に，50歳時にベースライン調査を行い，60歳時までの身体活動レベルの変化を確認し，80歳時を超える2006年までの死亡率との関連を検討している 図6-6 。50〜60歳の10年間で，27％（474人）は高い身体活動レベルを維持しており，11％（194人）は低・中レベルから高いレベルに増加，24％（414人）は高いレベルから低・中レベルに減少，38％（677人）は低・中レベルのままであった。高い身体活動レベルを維持していた群と比較して，身体活動レベルを増加させた群では，その後5年間の死亡率は高いままであり，死亡のハザード比は2.64（95％CI：1.32−5.27）であった。しかしながら，その後は徐々に死亡率が低

く抑えられるようになり，5年後以降の死亡のハザード比は1.13（95%CI：0.91 – 1.39），10年後以降であれば1.10（95%CI：0.87 – 1.38）となり，高い身体活動レベルを維持していた群との差は認められなかった。このことから，50～60歳時の中高年期であっても，身体活動レベルを高めることの意義が示された。

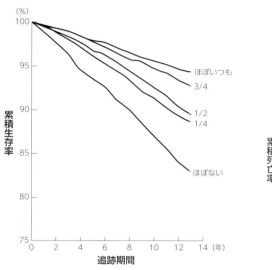

図6-4 立位時間で分類された各群の生存曲線
（文献8より）

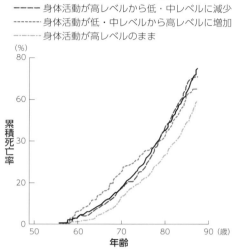

図6-6 身体活動レベルの変化と累積死亡率
（文献9より）

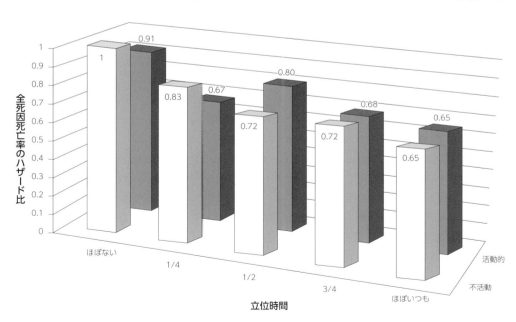

図6-5 立位時間および身体活動と死亡率の関連
（文献8より）

2-5 Isotemporal モデルによる置き換え効果

身体活動の変化と死亡率の関連について，Isotemporal モデルという手法を用いた検討結果がいくつか報告されている．このモデルでは，例えば 1 時間の座位時間を 1 時間の中強度身体活動時間に置き換えた際に，死亡率がどのように変化するかを算出することができる．

Matthews ら[10]は，アメリカにおける 59～82 歳の 154,614 人を対象に平均 6.8 年間追跡し，身体活動と死亡との関連を，Isotemporal モデルを用いて検討している．その結果，身体活動時間が 1 日 2 時間未満の非活動的な者が，1 時間の座位時間を運動時間に置き換えると，死亡率が 0.58 倍（95%CI：0.54－0.63）となり，運動でなくても活動的な生活時間に置き換えることで 0.70 倍（95%CI：0.66－0.74）となることが示された．しかしながら，身体活動時間が 1 日 2 時間以上の活動的な者を対象とした場合には，1 時間の座位時間を運動に置き換えると死亡率が 0.91 倍（95%CI：0.88－0.94）と低下するが，その他の活動では有意な改善には至らなかった 図6-7 ．

同様の検討は，Stamatakis ら[11]によって，オーストラリアにおける 45 歳以上の 201,129 人を対象に，平均 4.22 年間追跡した研究で行われている．Isotemporal モデルを用いて，座位時間を身体活動時間に置き換えることで得られる死亡率低減効果について，1 時間の座位時間を立位時間に置き換えた場合の死亡率は 0.95 倍（95%CI：0.94－0.96）に，歩行時間に置き換えると 0.86 倍（95%CI：0.81－0.90）に，中高強度身体活動時間に置き換えると 0.88 倍（95%CI：0.85－0.90）に，睡眠時間 7 時間以下の者であれば睡眠時間に置き換えることでも 0.94 倍（95%CI：0.90－0.98）になることが報告されている．

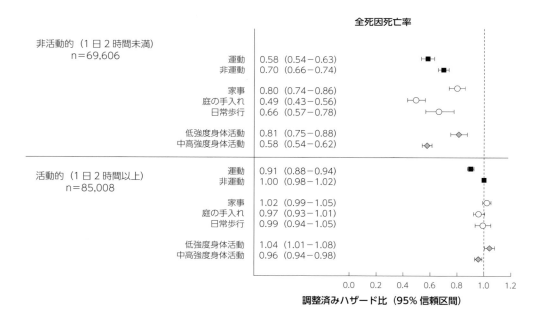

図6-7　座位時間をその他の活動に置き換えた際の死亡率低減効果　　　　　　（文献10より）

3 身体活動量と生活習慣病

3-1 糖尿病患者における身体活動量と健康

　身体活動による健康利益は，健常者のみならず，すでに生活習慣病に罹患している場合にも認められる．例えばKodamaら[12]は，糖尿病患者を対象に身体活動と死亡および循環器疾患発症との関連を検討した17のコホート研究をメタ解析している．その結果，身体活動の最も高いカテゴリに分類された患者は，最も低いカテゴリの患者と比べて，全死因死亡のリスク比が0.61（95%CI：0.52－0.70），循環器疾患発症のリスク比が0.71（95%CI：0.60－0.84）となった．また，直線回帰モデルに当てはめた結果，身体活動量が1日当たり1メッツ・時増えることによって，全死因死亡率は9.5%（95%CI：5.0－13.8%），循環器疾患発症率は7.9%（95%CI：4.3－11.4%）低くなることが示された 図6-8 ．

3-2 循環器疾患患者における身体活動量と健康

　Yatesら[13]は，50歳以上であれば循環器疾患をもっていて，55歳以上であれば少なくとも1つの循環器疾患危険因子をもっている9,306人を，アジア，ヨーロッパ，アメリカ等の各地から40か国で集め，ベースライン時の身体活動量および1年間の変化と，その後の循環器疾患イベント（循環器疾患による死亡，非致死性脳卒中，心不全）発生との関連を検討している．

　この研究は，2型糖尿病薬であるナテグリニドと，高血圧薬であるバルサルタンの実薬または偽薬（プラセボ）を，生活習慣指導と並行投与した介入試験であったが，すべて

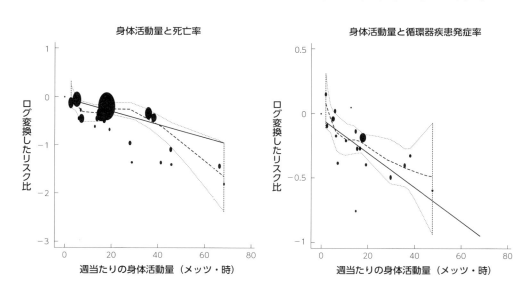

図6-8　身体活動量と死亡率および循環器疾患発症率　　　　　　　　　　　　　　　　（文献12より）

の研究参加者に対して生活習慣指導が行われていることから，身体活動量と循環器疾患イベント発生との関連を検討するコホート研究として解析が行われている。

　生活習慣指導は5％の体重減少を目標とし，飽和脂肪酸と総脂肪摂取量を減らし，週150分を目標に身体活動量を増加させる内容で，1年間で5回（0.5，1，3，6，12か月）指導が行われた。平均6年間追跡した結果，ベースライン時の1日当たりの歩数が2,000歩多いと，循環器疾患イベント発生のハザード比が0.90（95％CI：0.84－0.96）となり，1年間で1日当たりの歩数が2,000歩増えると，イベント発生のハザード比が0.92（95％CI：0.86－0.99）となった 図6-9 。

3-3　介入研究による知見

　死亡率や疾患発症をアウトカムとして，運動や身体活動の介入効果をランダム化比較試験（randomized controlled trial：RCT）によって検討することは，介入にかかる費用やサンプルサイズの観点から困難である。そのため，代理指標として血圧や血液指標，体力との関連が報告されている。

　CornelissenとFagard1[14)]は，有酸素運動が血圧に及ぼす影響を検討した72のランダム化比較試験に参加した3,936人を解析対象としたメタ解析を行っている。その結果，安静時血圧への改善効果は，収縮期血圧で－3.0 mmHg，拡張期血圧で－2.4 mmHgであり，ベースラインの血圧が高いほど，改善効果は大きくなった。

　また，Kodamaら[15)]は，有酸素運動がHDLコレステロールに及ぼす影響を検討した25のランダム化比較試験に参加した1,404人を解析対象としたメタ解析を行っている。その結果，HDLコレステロールは平均で2.53 mg/dL増加しており，HDLコレステロールを増加させるためには，少なくとも週当たりのエネルギー消費量を900 kcal，週当たりの運

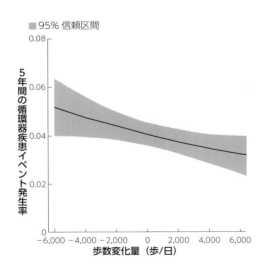

図6-9　歩数変化量と循環器疾患イベントの発生
（文献13より）

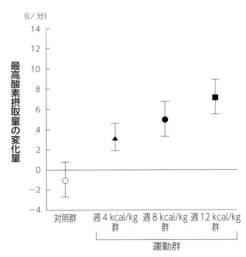

図6-10　6か月間の運動介入による最高酸素摂取量の変化
（文献16より）

動時間を 120 分とする必要性が示された。

　血圧や血液指標と同様に，持久性体力が低いと死亡率が高まることが研究によって明らかにされている（第4章参照）ことから，体力は代理指標になり得る。Church ら[16]は，座位活動が中心の過体重または肥満の閉経後女性 464 人を対象に，持久性体力の改善をアウトカムとしたランダム化比較試験を行っている。研究参加者は，運動を行わない対照群，週当たり体重 1 kg 当たり 4 kcal，8 kcal，12 kcal の運動を行う 3 つの介入群を設定し，6 か月間の運動効果を比較した。その結果，各運動群の最高酸素摂取量は，対照群と比較して 4.2％，6.0％，8.2％ 改善し，いずれも対照群との間に有意差が認められた 図6-10 。

　4 kcal/kg の群の運動時間は週 72.2 分であり，1 日当たり約 10 分である。これは，アクティブガイドで推奨されている「プラステン」とも合致する。1 日 10 分であれば，運動不足で過体重の人でも無理なくできる運動であり，さらに運動量を 2 倍，3 倍とすることでさらに体力が高まり，得られる健康利益も大きくなると考えられる。

column6-1　リスク比，オッズ比，ハザード比

　本書の中で，身体不活動と死亡率のように，危険因子と健康アウトカムとの関連を論じる際，横断研究やコホート研究などのいわゆる観察研究の結果を引用する時にリスク比，オッズ比，ハザード比といった指標が示されている。これらの指標について，簡単に解説を加える。

　リスクとは，負の出来事が発生する確率である。危険因子を保有する群ではある疾患の罹患リスク R_1 が高く，危険因子を保有しない群のリスク R_2 は相対的に低い。リスク比とは両者の比 R_1/R_2 であり，危険因子を保有した場合に，保有しなかった場合と比べて何倍罹患しやすくなるかを示している。なお，リスクは前向き観察研究であるコホート研究でなければ評価することができない。

　オッズとは，成功確率（p）と失敗確率（1−p）の比である。コホート研究において，危険因子保有群の罹患／非罹患で示されるオッズ O_1 と，危険因子非保有群の罹患／非罹患オッズ O_2 から，オッズ比 O_1/O_2 を計算すれば危険因子を保有する群で罹患／非罹患オッズが何倍高まるかを示すことができる。なお，オッズは横断研究や症例対象研究においても評価することができる。この場合，ある疾患に罹患している群と罹患していない群について，危険因子の保有／非保有オッズの比が示されることになる。

　ハザード比とは，ある瞬間における発生率の比であり，コホート研究において健康アウトカムの発生を経時的に評価している場合に用いられる。リスク比では，一定期間内における平均の発生率の比を求めているのに対して，ハザード比では，ある瞬間における発生率の比を求めており，追跡期間中に発生率が変化するような場合も考慮される。

3-4　生活習慣病の予防・治療ガイドライン

　これまで述べてきたような先行研究に基づき，いくつかの身体活動ガイドラインが発表されている。その代表的なものとして，1995 年にアメリカスポーツ医学会とアメリカ疾病管理予防センターが，「身体活動と公衆衛生」と題した，健康の保持増進のための身体活動ガイドラインを発表した[18]。このガイドラインは 2007 年に更新されており[19]，健康の保持増進のために 18〜65 歳のすべての健康な成人は，中強度の有酸素運動を 1 日 30 分，週 5 日（週 150 分），あるいは高強度の有酸素運動を 1 日 20 分，週 3 日行うことを推奨し

ている。有酸素運動は必ずしも連続して行う必要はなく，10分以上の活動を足し合わせてもよいことになっている。筋力の維持強化のための身体活動についても，週2日以上が推奨されている。

生活習慣病の危険因子の1つである肥満に対する運動効果についても，アメリカスポーツ医学会から「成人期における減量と体重増加予防のための適切な身体活動介入戦略」と題する声明が発表されている[20]。その概要は表6-1に示した通りであるが，体重増加を予防するために推奨される身体活動量としては中強度での身体活動を週150～250分，減量期の身体活動としては週150～225分，減量後の体重増加予防のために行う身体活動としては週200～300分（1日40～60分を週5日）を推奨している。

表6-1　成人期における減量と体重増加予防のための適切な身体活動介入戦略

●肥満予防 　1週間当たり，エネルギー消費量で1,200～2,000 kcal，身体活動時間で150～250分を行うことで，体重増加（3%以上）を抑制することができる。
●減量期 　週150分未満の身体活動では最小限の体重減少しか見込めない。 　週150分以上であれば2～3 kg程度の体重減少が見込める。 　週225～420分であれば5～7.5 kg程度の体重減少が見込める。 　このように身体活動量と体重減少量との間には量反応関係がある。
●減量後の体重維持期 　週200～300分の身体活動によって減量後の体重増加（リバウンド）を抑えることができる。 　しかし，まだ十分なエビデンスは蓄積されていない。

（文献20より）

column6-2　効率よく身体活動・運動量を稼ぐためには

身体活動・運動量（メッツ・時）が様々な健康アウトカムと関連することが報告されている。例えば「健康づくりのための身体活動基準2013」で推奨されている，週23メッツ・時を満たすためには，1日当たり3.3メッツ・時の運動が必要となる。仮に4メッツのウォーキングを行ったとすれば，3.3メッツ・時を達成するために必要な時間は，3.3メッツ・時÷4メッツ×60分＝49.5分となる。ところが，8メッツのランニングを行った場合は，3.3メッツ・時÷8メッツ×60分＝24.8分と半分の時間で，3.3メッツ・時を達成できる。効率よく運動量を稼ぐためには，より強度の高い運動を行うことが望ましい。

しかしながら，強度の高い運動を行うためには体力（持久性体力）が必要である。そして，体力を高めるためには運動の習慣化が必要である。運動習慣のない低体力者にとっては，一朝一夕で効率よく運動量を稼ぐことはできないが，運動を習慣化し，その強度を徐々に高めることによって，体力が向上し，短い時間でも効率よく運動量を稼げる身体づくりが可能となるのである。

なお，一般に体重×メッツ×時間で消費エネルギー量が計算できる，と言われるが，安静状態であっても1メッツ分のエネルギーを消費していることから，運動で余分に消費したエネルギー量は，実施した運動のメッツ「－1」となる。体重60 kgの場合，4メッツのウォーキングを1時間行うと，60×4×1＝240 kcal消費できるが，余分に消費したエネルギー量は，60×（4－1）×1＝180 kcalである。特に，減量を目的に運動する際に，余分に消費したエネルギー量を計算したい場合は，注意する必要がある。メッツ値の高い高強度運動では1を減じても大きな差にはならないが，低強度の身体活動時にはその差が顕著となり，例えば2メッツのとてもゆっくりとした歩行では，1を減ずると計算上のエネルギー消費は半分の値になる。

4 まとめ

本章では,特に低・中強度の身体活動による健康利益について概説した。最初に述べたように,身体不活動はわが国において,喫煙,高血圧に次ぐ第3位の危険因子である[2]。もちろん,身体活動・運動のみならず,タバコや食習慣など,他の生活習慣も合わせて改善することが理想であるが,可能な範囲で運動を習慣化し,活動的な日常生活を送ることが重要である。

身体活動と健康の関連には量反応関係があり,できれば十分な身体活動量を確保したいところではあるが,その一方で,わずかな身体活動量でも何も行わないよりは顕著な健康利益が得られることもわかっている。座位よりも立位,立位よりも歩行,歩行よりはウォーキング,ジョギングへと,無理のない範囲で徐々にステップアップしていくことで,健康利益を十分に享受できるようになると考えられる。

(中田由夫)

参考文献

1. World Health Organization. Global Recommendations on Physical Activity for Health. Geneva, World Health Organization, 2010.
2. Ikeda N, et al. What has made the population of Japan healthy? *Lancet*. 2011; 378: 1094-105.
3. Arem H, et al. Leisure time physical activity and mortality: a detailed pooled analysis of the dose-response relationship. *JAMA Intern Med*. 2015; 175: 959-67.
4. Physical Activity Guidelines Advisory Committee. Physical Activity Guidelines Advisory Committee Report, 2008.Washington, DC: US Dept of Health and Human Services; 2008.
5. 厚生労働省.「健康づくりのための身体活動基準2013」及び「健康づくりのための身体活動指針(アクティブガイド)」について. 2013.
http://www.mhlw.go.jp/stf/houdou/2r9852000002xple.html(accessed:2017.2.13)
6. Woodcock J, et al. Non-vigorous physical activity and all-cause mortality: systematic review and meta-analysis of cohort studies. *Int J Epidemiol*. 2011; 40: 121-38.
7. van der Ploeg HP, et al. Standing time and all-cause mortality in a large cohort of Australian adults. *Prev Med*. 2014; 69: 187-91.
8. Katzmarzyk PT. Standing and mortality in a prospective cohort of Canadian adults. *Med Sci Sports Exerc*. 2014; 46: 940-6.
9. Byberg L, et al. Total mortality after changes in leisure time physical activity in 50 year old men: 35 year follow-up of population based cohort. *BMJ*. 2009; 338: b688.
10. Matthews CE, et al. Mortality Benefits for Replacing Sitting Time with Different Physical Activities. *Med Sci Sports Exerc*. 2015; 47: 1833-40.
11. Stamatakis E, et al. All-cause mortality effects of replacing sedentary time with physical activity and sleeping using an isotemporal substitution model: a prospective study of 201,129 mid-aged and older adults. *Int J Behav Nutr Phys Act*. 2015; 12: 121.
12. Kodama S, et al. Association between physical activity and risk of all-cause mortality and cardiovascular disease in patients with diabetes: a meta-analysis. *Diabetes Care*. 2013; 36: 471-9.
13. Yates T, et al. Association between change in daily ambulatory activity and cardiovascular events in people with impaired glucose tolerance(NAVIGATOR trial): a cohort analysis. *Lancet*. 2014; 383: 1059-66.
14. Cornelissen VA, Fagard RH. Effects of endurance training on blood pressure, blood pressure-regulating

mechanisms, and cardiovascular risk factors. *Hypertension*. 2005; 46: 667-75.
15. Kodama S, et al. Effect of aerobic exercise training on serum levels of high-density lipoprotein cholesterol: a meta-analysis. *Arch Intern Med*. 2007; 167: 999-1008.
16. Church TS, et al. Effects of different doses of physical activity on cardiorespiratory fitness among sedentary, overweight or obese postmenopausal women with elevated blood pressure: a randomized controlled trial. *JAMA*. 2007; 297: 2081-91. PMID: 17507344
17. Murakami H, et al. Accuracy of wearable devices for estimating total energy expenditure: comparison with metabolic chamber and doubly labeled water method. *JAMA Intern Med*. 2016; 176: 702-3.
18. Pate RR, et al. Physical activity and public health. A recommendation from the Centers for Disease Control and Prevention and the American College of Sports Medicine. *JAMA*. 1995; 273: 402-7.
19. Haskell WL, et al. Physical activity and public health: updated recommendation for adults from the American College of Sports Medicine and the American Heart Association. *Circulation*. 2007; 116: 1081-93.
20. Donnelly JE, et al. ; American College of Sports Medicine. American College of Sports Medicine Position Stand. Appropriate physical activity intervention strategies for weight loss and prevention of weight regain for adults. *Med Sci Sports Exerc*. 2009; 41: 4 59-71.

第7章

高強度の身体活動・運動と健康

キーポイント

- 高強度の身体活動・運動は健康にどのような効果があるのか
- インターバル運動とは何か，そしてその健康への効果は

1 はじめに

表7-1[1]は，ヒトの体力を評価する代表的な指標である全身持久力の年齢別基準値である．全身持久力とは「活発な身体活動を維持できる能力」であり，その評価値としては最大酸素摂取量（maximal oxygen uptake：$\dot{V}O_{2max}$）が挙げられる．全身持久力は，心肺（中枢）を中心とした酸素摂取運搬能と筋など組織（末梢）による酸素利用能との総合指標（身体の多くの器官が相互的に作用した結果）であるため，「全身」持久力とされるのだが，心臓・肺による呼吸循環機能の関与が強いため，一般的には「心肺持久力」と表現されることも多い．英文では"aerobic capacity" "cardiorespiratory fitness" "cardiorespiratory capacity" などと表現される．

筆者らは最近，運動習慣のない男性労働者 100 人程（平均 48 歳）の $\dot{V}O_{2max}$ を測定した．その平均値は 28.7 mL/kg/min であり，前述した年齢別基準値 表7-1 に照合すると 60〜64 歳の水準に当たる．これらの対象者は運動習慣がないとはいえ，毎日忙しく働いている一般的な労働者である．現行の職場健診には全身持久力の測定が含まれていることは少なく，労働者が自身の全身持久力を知る機会はほとんどない．しかし，全身持久力が循環器疾患の発症リスク[2]や医療費[3]に強く関与すること コラム7-1 や，循環器疾患による労災支給件数が高水準であることを考えると，働き盛り世代の労働者の全身持久力が低水準であることは，労働衛生上の一課題としてしっかり捉えておく必要がある．

また，わが国の今後の最重要課題の 1 つである「少子高齢化・労働人口減少」の問題を考える際も，「労働者の体力」は重要なキーワードになり得る．就業者総数が減少傾向にある中，就業者全体に占める高齢者の割合は増加するなど，「労働統計」（総務省統計局）でも，少子高齢化・人口減少の傾向は顕著である．総務省の別の統計によると，就業を希望する 65 歳以上の高齢者の割合は 80% を超えるとされる．国民としては，「年齢に関わらず，できるだけ長く，元気に働きたい」と考える人は少なくなく，国家としても，「国力や年金システムを維持するために高齢者の就業を促す」必要性が高まる．長く，元気に働ける社会を構築するため，また高齢化に伴う医療費の高騰を抑制するために，体力科学

表7-1 自転車エルゴメータで測定した最大酸素摂取量（$\dot{V}O_{2max}$）の年齢別基準値

単位 mL/kg/min	20〜24 歳	25〜29 歳	30〜34 歳	35〜39 歳	40〜44 歳
男性	43.8	42.0	40.1	38.2	36.4
女性	34.3	33.0	31.8	30.5	29.2

45〜49 歳	50〜54 歳	55〜59 歳	60〜64 歳	65〜69 歳	70 歳〜
34.5	32.6	30.8	28.9	27.1	25.2
27.9	26.6	25.4	24.1	22.8	21.5

（文献1より）

の視点から有効策を提案することができるのではないか。

　最近は，職務時間の大部分を座位で過ごすような働き方をする人が増えている。前述の通り，このような労働者の全身持久力は低水準である場合が多い。では，現代に生きる忙しい労働者が全身持久力を高めるには，どのような方法があるのだろうか。このような社会状況を背景に，筆者らは本章のタイトルに掲げた「高強度運動」に着目した研究に取り組んでいる。

2　高強度運動に関わる最近の研究

2-1　高強度運動とは

　「高強度運動はアスリートや運動愛好家がトレーニングの一環として行う運動」というイメージをもつ読者は少なくないであろう。従来，健康増進や疾病の予防・治療を目的とする心肺持久系の運動トレーニングとしては，中強度での持続的有酸素運動（moderate-intensity continuous training：MICT）が主流とされ，高強度運動はリスクが高いことを理由に，基本的には敬遠されてきた。

　しかし近年，運動非習慣者や有所見者などの低体力者を対象にした場合でも，リスク管理をきちんと行える環境下であれば，高強度運動は一般に広めるべき魅力的な運動法であることを主張する論文が増えている。

　高強度運動は長時間続けられるものではないため，実践する場合は高負荷期の合間に休息期をはさむ「インターバル運動」が基本となる。これはアスリートでも低体力者でも同様であるが，低体力者の場合，高負荷期の絶対的な負荷量はそれほど高くならない。また，低体力者は高強度運動（あるいは運動そのもの）に不慣れな場合が多いため，トレーニング開始当初は，高負荷期でも目標とする強度よりもかなり低い強度を設定し，様子を見ることになる。

column7-1　全身持久力と循環器疾患の発症リスク・医療費の関係

　全身持久力と心疾患との関連を報告した多数の論文のデータをまとめて再分析した研究[2]では，全身持久力が1単位（1メッツ）増加すると心疾患発症が15％軽減することや，心疾患の発症を予防するには，男性（50歳）で9メッツ，女性（同）で6メッツの全身持久力が必要であることが示されている。

　また，アメリカの社会保険プログラム（メディケア）の医療費情報を用いて，中年期（平均49歳時）の体力が老年期（平均71歳時）の医療費に及ぼす影響を分析した研究[3]では，①65歳を超えてからの年間医療費が，中年期の体力が高い群より低い群で有意に多いこと，②この傾向は循環器疾患の医療費で顕著だったこと，③体力以外の危険因子（喫煙，糖尿病，総コレステロール，収縮期血圧，BMI）の影響を取り除いた分析でも結果は同様で，体力が1単位（1メッツ）増加すると年間医療費が男性で6.8％，女性で6.7％減少したことなどが示されている。

2-2 高強度インターバル運動の 2 つのタイプ

　心肺持久系トレーニングとしての高強度インターバル運動は 2 つのタイプ, すなわち, スプリント系（sprint interval training：SIT）と有酸素系（high-intensity interval aerobic training：HIAT）に分けられる。SIT は, 負荷をかなり高く設定（運動負荷試験時の最大負荷を超える負荷など）した上で, 高回転での 15 〜 30 秒間の自転車漕ぎ運動を, 休息期（低負荷）をはさんで数回繰り返すものである。HIAT は, 高負荷（$\dot{V}O_{2max}$ 時負荷量の 80% など）での数分間の自転車漕ぎ運動やランニング運動を, 中負荷（同 50% など）での運動をはさんで数回繰り返すものである。いずれの方法でも, その代表的な効果は全身持久力（$\dot{V}O_{2max}$）の向上である。SIT や HIAT の主な利点は, 一定の効果を確保しつつ, 運動の所要時間を短縮できる点にある。

❶スプリント系：SIT

　SIT に関する研究で報告が多いのは, Gibala ら[4]が推奨する「Wingate-based SIT プロトコル」（体力測定法の 1 つとしてよく知られているウィンゲートテストをもとにしたプロトコルで, 体重の 7.5% の負荷量での高回転での自転車漕ぎを, 4 分間の休息期をはさんで計 4 〜 7 回行うもの）である。しかし, Gibala らは,「Wingate-based SIT は有所見者にはかなりきつく, 安全上の問題もある」として, 最近はその代替案として「10×1-min HIAT」（後述）を推奨[5]している。このように, SIT は高負荷期の負荷量が非常に高く設定されるため, 低体力者が行うトレーニングとしては, SIT より HIAT が適しているとされる。

　アスリート向けに考案された SIT プロトコルとして著名なものに「tabata プロトコル」[6]がある。現在ではアスリートに限らず世界中の運動愛好家に親しまれており, いわゆる「高強度インターバル運動」としては国際的に最も知られた存在である。一方, Eguchi ら[7]は, SIT ほど運動強度を高くしない方法, 具体的には, $\dot{V}O_{2max}$ 時負荷量の 75% 程の強度で, 30 秒間の運動を 9 回繰り返す方法でも, 低体力者には有効であったことを報告している。

❷有酸素系：HIAT

　HIAT としてよく用いられるのは, Wisløff らが提案する「4×4-min HIAT」[8]であり, この分野の研究では報告数が最も多い。しかし, 4×4-min HIAT は, 体格の大きな欧米人には適しているかもしれないが, 強度が高いだけでなく所要時間も比較的長い（高負荷期が 16 分, 休息期も含めると 25 分）ため, 体格がそれほど大きくなく, かつ体力レベルが低い人にとっては, かなりきついプロトコルである。これは, Wisløff らの研究の当初の主な目的が, 運動強度の影響を検討することにあり, その目的のためには HIAT と MICT それぞれによる運動量（エネルギー消費量）を同等とする必要があったことが関係しているものと思われる。つまり, 彼らの実験で対照群として用いられている 50 分程の MICT（週 3 日の実践で, 一般的に推奨されている週 150 分の運動時間に匹敵）と HIAT の運動量とを同等とするためには, 運動強度が高い HIAT であっても 25 分程の所要時間が必要であった。それに対し, 最近の研究で使われるその他の HIAT のプロトコル（10×1-min[5], 5×2-min[9], 3×3-min[10]）は, MICT より運動量と運動時間を少なくすることに重点が置かれ, 実践者への負担を軽減させている点が特徴である。

表7-2 3×3-min HIATのプロトコル

内容	1回当たり所要時間	1回当たりの運動量	頻度	週当たりの所要時間
2分（30 W） 3分（$\dot{V}O_{2max}$の85%の負荷量） 2分（$\dot{V}O_{2max}$の50%の負荷量） 3分（$\dot{V}O_{2max}$の85%の負荷量） 2分（$\dot{V}O_{2max}$の50%の負荷量） 3分（$\dot{V}O_{2max}$の80%の負荷量） 3分（30 W）	18分	180 kcal	週3回	54分

⇒最後少し負荷を弱める点が特徴

（文献11より）

　興味深いのは，4×4-min 以外の3つの HIAT プロトコル（10×1-min，5×2-min，3×3-min）は，いずれも高負荷期の所要時間の合計が10分程となる点である。3×3-min HIAT を推奨する筆者らは，効果の程度と実践者の負担とのバランスを調節する予備実験を重ねた結果，3×3-min での設定が総合的に適度であろうとの結論にたどり着き，各セッションの負荷量を表7-2のように決定した経緯がある[11]が，他の2つのプロトコルを推奨するグループも，そうした段階を経て高負荷期を計10分程とするのが合理的と考えたのかもしれない。効果に大差はないと思われるので，実践する場合は実践者の好みで選択すればよい。

3 高強度運動の$\dot{V}O_{2max}$への効果

　前節で述べたように，筆者らは 3×3-min HIAT を用いた実験を繰り返し行っているコラム7-2（p.87）。3×3-min HIAT の具体的なプロトコルは，表7-2の通りである。このプロトコルの特徴は，低体力者であっても，長期間，日常的に取り組める点である。運動強度はやや高めに設定されるが，対象者それぞれの実際の運動負荷量は，個々の体力レベルに合わせて決められるため，低体力者では負荷量の絶対値はそれほど高くならない。また，3×3-min HIAT では，3回目の高負荷ステージの運動強度が1，2回目のステージより5%ほど低く設定される。これにより，実践者の脚部や心理面への負担が大きく軽減されるが，心拍数は2回目の高負荷ステージから低下しない（心肺への負荷は大きく軽減しない）[11]。

　図7-1（次頁）は，運動習慣のない男性を3つの群（SIT，HIAT，MICT）に分け，それぞれ週5回，8週間の自転車運動トレーニングを行った研究の結果[10]である。SIT は，高回転での自転車漕ぎ運動を $\dot{V}O_{2max}$ 時の120%の負荷量で15秒間の休息期をはさんで計7回行う内容，HIAT は 3×3-min HIAT，MICT は $\dot{V}O_{2max}$ 時の60〜65%の負荷量での40分間の持続的運動である。

　ウォーミングアップとクールダウンを含めた1回当たりのトレーニングの所要時間と運動量（エネルギー消費量）は，SIT，HIAT，MICT で，それぞれ10分110 kcal，18分

180 kcal，45分360 kcalである[12]。なお，HIAT同様，この実験で用いたSITプロトコルも低体力者用に筆者らの予備実験で考案したものである。

　介入の結果，いずれの群も$\dot{V}O_{2max}$は有意に増加したが，HIAT群の$\dot{V}O_{2max}$増加率がMICT群を上回り，心筋に及ぼす影響もHIAT群が大きい傾向が見られた。HIATの所要時間と運動量は，MICTの半分程度である。それにもかかわらず，$\dot{V}O_{2max}$や心筋に及ぼす影響がHIAT群で大きい傾向にあったことは，$\dot{V}O_{2max}$や心筋への効果は運動の所要時間や量よりも強度設定が重要である可能性を示すものである。一方，SITに関しては，事前の予備実験での検討により低体力者でも実践できる内容としたため，本研究のSITの運動強度（$\dot{V}O_{2max}$時の120%の負荷量）は，他の研究（例えば$\dot{V}O_{2max}$時の170%の負荷量など）に比べると低い。それでも$\dot{V}O_{2max}$の改善には十分な効果があったことは興味深いが，3群の中では運動強度が最も高かったにもかかわらず，その効果はHIATほどではなかった。運動量が著しく少なかったことや，運動強度がSITとしては低めであったことが影響したものと考えられる。

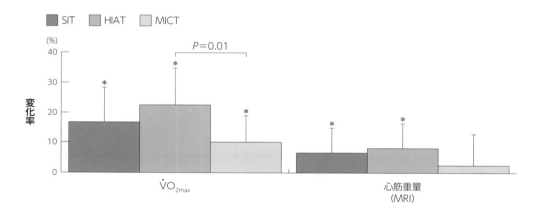

図7-1　運動習慣のない者におけるトレーニングの効果の比較　　　　　　　　　　　　（文献10より）

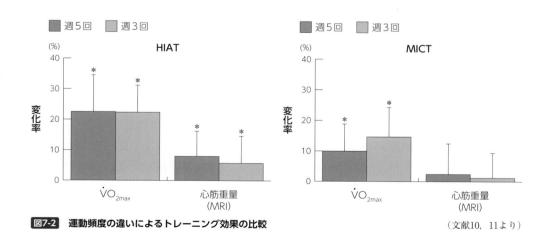

図7-2　運動頻度の違いによるトレーニング効果の比較　　　　　　　　　　　　（文献10, 11より）

続いての実験（HIAT と MICT の 2 群比較）[11]では，週当たりの運動頻度を 5 回から 3 回に減少させた 図7-2 。結果は，運動頻度を週 5 回とした実験の結果とほぼ同様であったが，興味深いのは HIAT による $\dot{V}O_{2max}$ 増加率は，運動頻度が週 5 回であっても 3 回であってもともに 22% 程度であり，$\dot{V}O_{2max}$ の改善に向けては週 5 回も実践する必要はなく，週 3 回で十分である可能性が示された点である。一方，MICT の $\dot{V}O_{2max}$ 増加率については，週当たりの運動頻度が 5 回（10.0%）より 3 回（14.7%）の方が高いという予想外の結果であった。少人数を対象とした 1 施設での介入研究の結果であるため，偶発的に得られた数値である可能性を考慮すべきであるが，運動を習慣化していない人にとっては，週 5 回の MICT は運動量が多過ぎたのかもしれない。

結果を単純に比べると，週 3 回の HIAT（週当たりの運動所要時間は 54 分，運動量は 540 kcal）による $\dot{V}O_{2max}$ 増加率（22.4%）は，週 5 回の MICT（週当たりの運動所要時間は 225 分，運動量は 1,800 kcal）による増加率（10.0%）より高い。$\dot{V}O_{2max}$ の改善だけに着目すれば，30〜40 分の中強度持続的運動を週に何回も行うよりも，15 分ほどの高強度運動を週に 3 回行う方がメリットはありそうである。

column7-2　宇宙飛行士に求められる「職場」での運動

3×3-min HIAT に関する実験は，宇宙飛行士が「省スペースで，効率的に」全身持久力や心機能を維持・改善させるための運動として，宇宙航空研究開発機構（JAXA）により始められたものである。数週間〜数か月間の微小重力環境曝露により，$\dot{V}O_{2max}$ は 20% 前後減少する。その主な要因は，体液減少による心機能低下，心臓の不活性化に伴う心筋萎縮である。このような体力低下を予防するため，国際宇宙ステーションで働く宇宙飛行士には，週 6 日，1 日 2 時間程（準備時間含む）の運動時間が「職務として」割り当てられている。しかし，宇宙での限られた時間を有効活用するためにも，勤務中の運動時間はできる限り短縮させたい。そのために現在，宇宙環境での「効率的な運動トレーニング法」を開発する研究が，世界各国の宇宙機関で進められている。

微小重力環境に滞在する飛行士の身体変化が，加齢に伴う身体変化や，科学技術の恩恵で身体に負荷をかける機会が減った現代人の身体状況と似た側面があるため，宇宙医学で得られた研究成果が老化や生活習慣病に関わる研究の進展に役立つと言われている。つまり，極端な見方をすれば，微小重力環境は身体「不」活動状況の時間短縮版というわけである。その観点で考えると，労働衛生としては特殊な例であるが，宇宙飛行士の健康リスク軽減策は，一般労働者の生活習慣病対策を考える上で参考になる。

宇宙飛行士は多忙である。それにもかかわらず，他の時間を削ってまでしっかりとした運動時間が彼らに確保されているのは，体力を低下させないことが飛行士の健康を，ひいては彼らの生命を守る上で重要であることが，宇宙開発に携わる多くの国の関係者に強く認識されているためである。

体力低下が健康や生命を脅かすリスクとなるのは，宇宙飛行士に限った話ではない。前述のように，全身持久力が低いと疾患発症リスクが高まることは，すでに多くの研究で示されている。宇宙飛行士に職務として認められている「職場での運動」を企業などに拡げることはできないだろうか。そのような取り組みが労働者個人の健康を守るだけでなく，企業の医療費負担抑制や「年齢に関わらず，できるだけ長く，元気に働く」社会の構築につながるのであれば，個人や企業だけでなく，国力の観点からも意義ある取り組みとなる可能性がある。

4 高強度運動が血液検査数値や体重に及ぼす影響

続いての実験[13]では，HIATとMICTの効果をメタボリックシンドロームに該当する労働者（予備群該当者も含む）で比較した。運動頻度は週3回，期間は8週間である。介入の結果，HIATとMICTによる$\dot{V}O_{2max}$増加率はそれぞれ25%と15%であり，メタボリックシンドローム該当者が対象であっても，結果は前述の2つの実験と同様であった。検査数値への影響については，血圧，総コレステロール，中性脂肪，インスリン，HOMA-IR（インスリン抵抗性の指数）は両群とも運動による有意な改善は見られなかったが，HDLコレステロールは両群ともに有意に改善し，その程度は同様であった コラム7-3。

HIATのメリットは，一定の効果を確保した上で運動の所要時間を短くできる点にあるが，そうした場合，運動によるエネルギー消費量が低減するデメリットが生じる。メタボリックシンドローム該当者を対象とした実験では，8週間のHIAT介入による体重減少量の平均値は−0.8 kgと多くはなかった。他方，エネルギー消費量がHIATの2倍であるMICT群でも体重減少量の平均値は−0.9 kgであり，HIAT群と有意差はない。つまり，1セッション当たりの運動量（エネルギー消費量）に多少の違いがあったとしても，週3回の運動を8週間程度実践したくらいでは，体重減少量に大きな差は生じないようである。HIATであれ，MICTであれ，運動のみで多くの体重減少は望めないということだろう。

総エネルギー消費量を増大させる観点では，強度の高いHIATは，運動後酸素摂取量の増加量（excess post-exercise oxygen consumption：EPOC）が大きくなり，結果的に総エネルギー消費量が増大する可能性が指摘されている。この点に着目した筆者らの実験[12]では，EPOCそのものは確かにMICTよりHIATで大きくなる傾向が認められたが，EPOCが総エネルギー消費量（運動中＋運動後）に及ぼす影響はそれほど大きくはなかった。

column7-3　食事制限の影響

上で紹介した研究では，8週間の運動介入を行った後，両群同様の内容で4週間の食事制限介入を行っている。食事制限介入は，参加者に講話と実習による90分の教室に週1回（計4回）参加してもらった上で，毎日の食事日誌への記録を求める内容で，1日当たりの食事制限の目安は−400 kcal程である。

本文に記載したように，8週間の運動介入による体重減少量の平均値は−1 kgに満たなかったが，4週間の食事制限による体重減少は顕著（HIAT群：−3.4 kg，MICT群：−3.1 kg）であった。同様に，運動トレーニングでは有意な変化が見られなかった血圧，総コレステロール，中性脂肪，インスリン，HOMA-IRの各数値は，食事制限で有意に改善している。

$\dot{V}O_{2max}$の改善には高強度運動の影響が大きかったが，体重や検査数値の変化には食事制限の影響が大きいようである。

5　まとめ

　高強度運動を低体力者に適用させる際の最大の懸念事項は，やはり「リスク管理」である。いくら高い効果が期待できても，誰にでも高強度運動が勧められるわけではない。高強度運動を広く普及させるためには，また多くの人が親しめる運動としていくためには，リスク管理の環境を整備することがまず必要である。高強度運動の効果を得るには，リスクを最小限に抑えながらも最大の効果を得るための強度設定が重要となる。そのためには，対象者の運動強度を適切に調整できる運動指導者が必要となり，そのスキルも求められる。

　「少子高齢化・労働人口減少」の問題が表面化し，国や企業も対策を講じ始めており，最近では「働き方改革」や「健康経営」がマスメディアで取り上げられることも多い。労働人口が減少する中，社員の健康にも積極的に関わり，活力あふれる人材を長く雇用することで組織力を維持しようとする企業の姿が垣間見える。これらの取り組みの一環として，多くの労働者が運動を日常生活に取り入れる社会，あるいは労働者の健康管理の担い手として健康運動指導士などの専門家が活躍できる社会を構築していきたいものである。

（松尾知明，蘇リナ）

参考文献

1. 鈴木政登，他．日本人の健康関連体力指標最大酸素摂取量の基準値．デサントスポーツ科学．2009; 30: 3-14.
2. Kodama S, et al. Cardiorespiratory fitness as a quantitative predictor of all-cause mortality and cardiovascular events in healthy men and women: a meta-analysis. *JAMA*. 2009; 301: 2024-35.
3. Bachmann JM, et al. Cardiorespiratory Fitness in Middle Age and Health Care Costs in Later Life. *J Am Coll Cardiol*. 2015; 66: 1876-85.
4. Gibala MJ, McGee SL. Metabolic adaptations to short-term high-intensity interval training: a little pain for a lot of gain? *Exerc Sport Sci Rev*. 2008; 36: 58-63.
5. Gibala MJ, et al. Physiological adaptations to low-volume, high-intensity interval training in health and disease. *J Physiol*. 2012; 590: 1077-84.
6. Tabata I, et al. Effects of moderate-intensity endurance and high-intensity intermittent training on anaerobic capacity and $\dot{V}O_{2max}$. *Med Sci Sports Exerc*. 1996; 28: 1327-30.
7. Eguchi Y, et al. Effects of transitory stimulation interval exercise on physical function: a randomized controlled pilot study among Japanese subjects. *J UOEH*. 2012; 34:297-308.
8. Wisloff U, et al. Superior cardiovascular effect of aerobic interval training versus moderate continuous training in heart failure patients: a randomized study. *Circulation*. 2007; 115: 3086-94.
9. Nybo L, et al. High-intensity training versus traditional exercise interventions for promoting health. *Med Sci Sports Exerc*. 2010; 42: 1951-8.
10. Matsuo T, et al. Effects of a low-volume aerobic-type interval exercise on $\dot{V}O_{2max}$ and cardiac mass. *Med Sci Sports Exerc*. 2014; 46: 42-50.
11. Matsuo T, et al. Low-volume, high-intensity, aerobic interval exercise for sedentary adults: $\dot{V}O_{2max}$, cardiac mass, and heart rate recovery. *Eur J Appl Physiol*. 2014; 114: 1963-72.
12. Matsuo T, et al. An exercise protocol designed to control energy expenditure for long-term space missions. *Aviat Space Environ Med*. 2012; 83: 783-9.
13. Matsuo T, et al. Effect of aerobic exercise training followed by a low-calorie diet on metabolic syndrome risk factors in men. *Nutr Metab Cardiovasc Dis*. 2015; 25: 832-8.

第 **8** 章

身体活動・運動とメンタルヘルス

キーポイント

- 身体活動・運動はメンタルヘルスに効果があるのか
- どのような身体活動・運動がメンタルヘルスに効果的なのか

1 はじめに

現在，わが国では労働者のメンタルヘルスが社会的問題になっている。過労などに伴う精神障害による労災請求件数および支給件数は年々増加しており 図8-1，2015年度に支給決定を受けた件数は472件に上った[1]。しかし，これは氷山の一角という声も多い。厚生労働省の調査[2]によると，仕事に関する不安，悩み，ストレスがあると感じる労働者の割合は52.3%と過半数を占めており，メンタル不調により休業または退職した労働者がいる事業所の割合は10%に達している。ストレスチェック コラム8-1 が義務化されるなど国による制度も始まっているが，労働者のメンタルヘルス対策のためのエビデンスの蓄積や具体的プログラムの開発は急務である。

以上のような背景から，本章では身体活動・運動と労働者のメンタルヘルスについて疫学研究を中心に概観する。

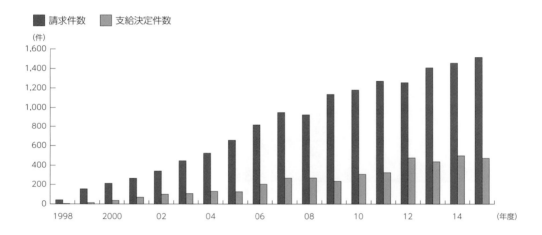

図8-1 精神障害による労災請求・決定件数の推移 （文献1より作成）

column8-1 ストレスチェック制度

労働安全衛生法の一部改正を受け，2015年12月に始まった制度。従業員50人以上の事業所には，年1回のストレスチェックの実施が義務づけられた。職業性ストレス簡易調査票の使用が推奨されており，この調査票は，仕事の量や質，ストレス反応，職場のソーシャルサポート等を幅広く含む57項目で構成されている。従業員個々のストレスチェックの結果は事業者に開示されないが，事業者は集団分析を行い職場環境の改善につなげることが努力義務とされている。高ストレスと判定された従業員には，医師による面接が実施される。ただし，医師面接には本人からの申し出が必要なため，自分の状況が会社に伝わるのを恐れて申し出をしない人が非常に多いことが課題となっている。また，義務化から2年経っても，中小企業での実施は半数以下とも言われており，さらなる制度の普及が望まれる。

2 観察研究からの知見

2-1 身体活動は労働者の抑うつを予防するか

メンタルヘルスの中でも，労働者にとって重要な問題の1つが抑うつである。身体活動の抑うつ予防効果については，いくつかのレビューが出ている。Mammenら[3]は，縦断研究を対象にシステマティック・レビューを行い，採択された論文30本のうち25本で身体活動による抑うつ予防効果を認めたことを報告した。結論として，「WHOによって推奨されている，週150分以上の中強度以上の身体活動は抑うつ予防に役立ちそうだが，最適な強度や頻度，ドメインについてはさらに研究する必要がある」と結んでいる。「ドメイン」とは，生活のどの場面で身体活動を行っているのかということである。

筆者らは，IT企業の労働者を対象に，身体活動のドメインによる抑うつ予防効果の違いを検証した[4]。この研究では，余暇身体活動を活発に行っている群は，ほとんど行っていない群と比較して，1年後に抑うつになるリスクが約5割少なかった 図8-2。一方，通勤時に多く歩いていても，そのような予防効果は認められなかった。Kuwaharaら[5]の検証でも，余暇身体活動は抑うつの予防効果があったが，通勤と仕事中の身体活動は抑うつに影響を及ぼさなかった。なぜ，余暇身体活動のみが労働者の抑うつによい影響を与えるのだろうか。理由を明らかにすることは難しいが，身体活動と抑うつの関係が，肥満改善のようにエネルギーを消費すればいいという単純なメカニズムではないことを示している

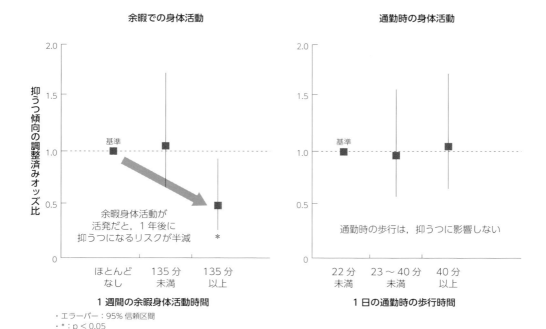

- エラーバー：95%信頼区間
- ＊：$p < 0.05$
- 調整変数：年齢，性別，睡眠時間，飲酒，喫煙，ベースラインCES-D得点，残業，職業性ストレス

図8-2 余暇および通勤時の身体活動が1年後の抑うつに及ぼす影響　　　（文献4より作成）

のかもしれない。つまり、身体活動による抑うつ予防を目指すには、身体的な要因だけでなく、達成感や楽しさなどの心理的な要因、さらにソーシャルネットワークの広がりなど社会的な要因も含めて考えることが必要なのかもしれない。

2-2 身体活動を行うと幸せになるか

　ここまでは抑うつというメンタルヘルスのネガティブな側面に着目してきたが、メンタルヘルスには喜び、幸福、満足といったポジティブな側面もある。近年ではポジティブ心理学の発展に伴い、ポジティブメンタルヘルスへの注目も高まっている。特に、2011年に国連が「幸福度」を公共政策に活かすことを呼びかけてから、その中核指標である主観的幸福感の重要性が増している。主観的幸福感とは、「自分が幸せと感じる」ことである。では、身体活動は主観的幸福感に影響を与えるのだろうか。Wangら[6]の報告によると、余暇身体活動を行っていない群は、活発に行っている群と比べて、2年後に主観的幸福感を損失するリスクが1.5倍になる 図8-3 。一方、余暇を活発にすることで、リスクを3分の1に減らすことができることも同報告で明らかにされている。つまり、余暇身体活動は、抑うつのみならず、主観的幸福感にもよい影響を与えるのである。

　余暇身体活動の多くは、運動・スポーツであると予想される。運動・スポーツをしたからといって、仕事の状況を含め人生の何かが大きく変わるとは考えにくい。もしかすると、運動・スポーツをすることで「幸せを感じやすくなる」のかもしれない。主観的幸福感は、それ自体が人生の目標と考えることができる。余暇身体活動を活発にすることは、抑うつなどネガティブな心理状態になることを予防するだけでなく、人生を豊かにすることにつながるのかもしれない。

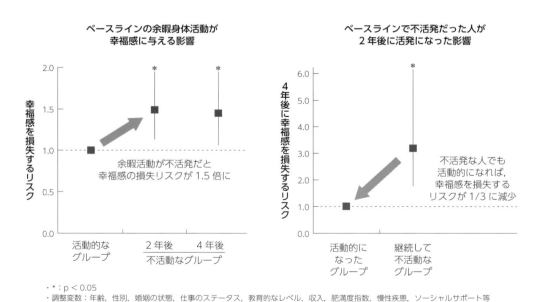

・*：$p < 0.05$
・調整変数：年齢、性別、婚姻の状態、仕事のステータス、教育的なレベル、収入、肥満度指数、慢性疾患、ソーシャルサポート等

図8-3　余暇身体活動が2年後および4年後の主観的幸福感に及ぼす影響　　　　　（文献6より作成）

2-3 身体活動と労働関連指標は関連するか

メンタルヘルスそのものではないが，労働者の心理状況が関連する要因としてワーク・エンゲイジメントやプレゼンティーイズム，労働適応能力（ワークアビリティ）がある。これらは抑うつと並んで，産業保健では関心の高い項目であり，本章ではまとめて「労働関連指標」と呼ぶ コラム8-2 。労働関連指標は，健康経営においても重要な評価項目である。

では，労働関連指標と身体活動は関連するのだろうか。Nishi ら[7]は，日本人労働者を対象にワーク・エンゲイジメントとライフスタイルの関連を検証している。その結果，1日に1時間以上，歩いたり，それと同等の身体活動を行っている群のワーク・エンゲイジメントは良好であった。また，海外での報告[8]ではあるが，フィットネスクラブに通っている人はプレゼンティーイズムが低いことや，余暇身体活動が活発だと労働適応能力が高いことなども示されている。全体としては，身体活動の高さと労働関連指標の良好さは関連しそうである。ただ，横断研究が多く因果関係がわからない上，研究の数がそもそも少なくエビデンスが限られているので，今後の研究を待ちたい分野である。

---

column8-2　労働関連指標

- **ワーク・エンゲイジメント**：仕事に関するポジティブで充実した心理状態であり，活力（仕事に積極的に取り組んでいる），熱意（仕事に誇りややりがいを感じている），没頭（仕事に夢中になり集中して取り組んでいる）から構成されている。
- **アブセンティーイズム**：病気等の理由で欠勤や休職，あるいは遅刻早退など，職場にいることができず，業務に就けない状態のこと。
- **プレゼンティーイズム**：何らかの疾患や症状を抱えながら出勤し，業務遂行能力や労働生産性が低下している状態のこと。アブセンティーイズムよりも，プレゼンティーイズムの方が損失コストは大きいと言われている。
- **労働適応能力（ワークアビリティ）**：労働能力を測る指標で，Work Ability Index（WAI）が開発されている。WAI は，自分の過去の最良の労働能力との比較，職務上要求される要因と自己の労働能力の比較，現在の疾患数，欠勤状況，精神的健康度などから構成されている。

3　介入研究からの知見

3-1　身体活動・運動は抑うつを改善するか

観察研究の知見から，身体活動（特に余暇身体活動）を行うと抑うつが予防できる可能性が示された。では，すでに抑うつ状態に陥っている場合，身体活動・運動を行うと改善するのだろうか。この点についても，複数のレビューが報告されている。例えば，Cooney ら[9]は，抑うつに対する運動の効果を検証した複数のランダム化比較試験（randomized controlled trial：RCT）を対象にメタ解析を行い，運動は中程度の臨床的効果（効

果量 0.62) をもつことを明らかにした。さらに，臨床的なうつ病患者のみを対象としたシステマティック・レビューにおいても，やはり中程度の効果量があり，運動は抗うつ薬と遜色ない抑うつ改善効果があることが報告されている[10]。

では，どのような運動が効果的なのだろうか。前述した報告で採択された論文における運動強度は多くが最高心拍数の 50〜85% 程度であり，運動様式はウォーキング，ジョギング，自転車，筋力トレーニングなどであった。少なくとも，中高強度の有酸素運動には，抑うつを改善する効果が期待できそうである。また近年では，ヨガ[11] やストレッチング[12] など，低強度の運動も抑うつを改善する可能性が示唆されており，運動プログラムの選択肢の幅は広がりつつある。

3-2 職場での身体活動・運動の取り組みはメンタルヘルスを改善するか

これまでは，主に研究として大学や病院で実施された介入研究の成果を紹介した。では，職場で行う身体活動・運動に関する取り組みは，メンタルヘルスの維持改善に役立つのだろうか。これに関しては，2016 年に興味深いレビューが発表された。Joyce ら[13] は，労働者のメンタルヘルス対策として，どのような職場の取り組みが有効であるかをレビューした。その結果，メンタルヘルス対策の一次予防には，委員会設置やワークショップ開催と並んで，身体活動を促進するプログラムが有望であると結論づけられた。ただし，有効な運動内容やプログラムは，エビデンスが足りないため不明とされている。

では，メンタルヘルス対策として，職場でどのように取り組めばいいのだろうか。まず，取り組みには 2 つのタイプが考えられる。1 つは，職場で運動を実施する取り組みである（On-site 型）。例えば，職場体操などが考えられる。もう 1 つは，職場を通して介入するが，運動をするのは職場外も含む取り組みである（Off-site 型）。例えば，余暇身体活動を活発にする何らかのサポートを職場で行うことが考えられる。以下に，それぞれのタイプについて，わが国の産業保健の中で行われた具体的な研究を紹介したい。

❶ On-site 型の具体例

Michishita ら[14] は，ホワイトカラーの労働者を対象に 10 分間の職場体操の効果をランダム化比較試験で検証している。体操は，ストレッチング，脳機能向上トレーニング，有酸素運動，筋力トレーニングから構成されていた。この体操をインストラクターの指示に従い，昼休みに部署単位で週 3 回，10 週間実施した結果，活気や疲労，ストレスなどのメンタルヘルス指標が改善した。また，職場のソーシャルサポートも改善したことが報告されている。

職場で体操などを行っている企業は多い。このような取り組みに少し工夫をすることで，メンタルヘルスやソーシャルサポートによい影響を及ぼすならば，取り組んでみる価値があるのではないだろうか。

❷ Off-site 型の具体例

筆者らは，更年期の女性労働者を対象に，寝る前に 10 分間のストレッチングを行ってもらうランダム化比較試験を実施した[12]。職場の会議室でストレッチングを指導し，それを自宅で毎日，3 週間行ってもらった。その結果，抑うつと更年期症状が軽減し，集団の

平均値は正常レベルまで改善した 図8-4 。この研究では，忙しく疲れている女性労働者に合わせて，寝る前のストレッチングを採用したが，Off-site 型としては他にも，健保や企業で健康ポイント制度を導入する，ウェアラブルデバイスを配布する，スポーツクラブの割引制度を導入する，健診の事後措置の面接で運動を勧める等，様々な取り組み方法が考えられる。

3-3　職場での身体活動・運動の取り組みは労働関連指標を改善するか

　海外での報告になるが，職場での運動介入が労働関連指標に及ぼす影響についても検証されている。例えば，On-site 型の例として，Jakobsen ら[15]は，病院に勤務する女性ヘルスケアワーカーを対象に，職場で1日10分の筋力トレーニングを行い，自宅でトレーニングを行う群と比較した。介入は10週間で，職場での運動はインストラクターの指導の下，グループで実施された（実施頻度は週に数回）。その結果，職場での筋力トレーニングによって，労働適応能力の低下を予防できることが明らかにされた 図8-5 。

　また，Off-site 型の例として，Block ら[16]は4か月の身体活動促進と栄養改善プログラムの効果を検証している。行動科学に基づいて構成されたプログラムであり，個人にテーラーメイドされた自動メッセージが E メールで届く仕組みであった。このプログラムを部署ごとに実施したところ，プレゼンティーイズムが改善した。

　しかしながら，別の報告[17]で，身体活動促進を含む減量を目的とした1年間の職場プログラムによって，アブセンティーイズムもプレゼンティーイズムも改善しなかった。つまり，プログラムの内容や目的，対象者との適合性によって，労働関連指標への影響は異なってくるのであろう。「このような属性や仕事内容の人には，このプログラムが有効」

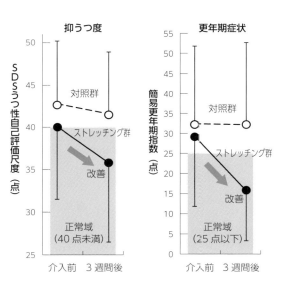

図8-4 更年期の女性労働者を対象にしたストレッチングプログラムによる抑うつおよび更年期症状への効果
（文献12より作成）

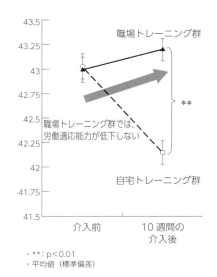

図8-5 病院勤務の女性ヘルスケアワーカーを対象にした職場および自宅トレーニングが労働適応能力に及ぼす効果　（文献15より，一部改変）

と言うには，研究が不足しているため現時点では難しいが，少なくとも労働関連指標の改善を期待して運動を活用した取り組みを試してみる価値はあると考えられる。

なお，職場でのヘルスプロモーションプログラムの有効性を評価したレビュー[18]では，週1回以上の介入が効果につながる可能性が示唆されており，それはほとんどの場合が運動プログラムのインストラクターが担っていたことが示されている。現場の事情が許すならば，インストラクターの活用を検討してみてもよいかもしれない。

4 座位行動とメンタルヘルス

これまで主に中強度以上の身体活動とメンタルヘルスとの関係を概観してきた。しかし，現代の日本人の生活時間の多くを占めるのは，1.5メッツ以下の座位行動と言われている。では，座位行動とメンタルヘルスとは関連するのだろうか。

これまで，座位行動とメンタルヘルスについては，スクリーンタイム（テレビ視聴時間やPCの使用時間）との関係が中心に検証されてきた。Suiら[19]は，テレビ視聴時間の長さは抑うつのリスクを増加させることを，平均9.3年間追跡したコホート研究から明らかにした。さらに，Lucasら[20]は，女性を対象に約10年間追跡したコホート研究を行い，テレビ視聴時間が週21時間以上になると抑うつのリスクが1.13倍になることを報告している。抑うつ以外にも，スクリーンタイムが週43時間以上になると，メンタルヘルス悪化（不安，ストレス障害等）のオッズ比が1.31になることが示されている。座位行動が抑うつに及ぼす影響を検証したメタ解析[21]によると，観察研究による論文24本が採択され，統合された相対危険度は1.25と報告された。しかし，座位行動と抑うつの間に有意な関連が認められたのは24本中10本のみであり，関連を否定する報告も散見されている。

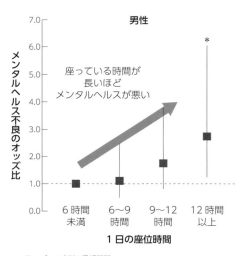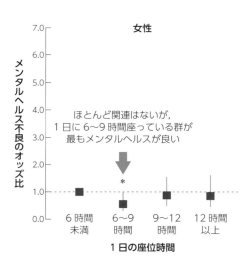

・エラーバー：95%信頼区間
・＊：p＜0.05
・調整変数：年齢，教育年数，暮らし向き，配偶者の有無，残業時間，職種，雇用形態，睡眠時間，睡眠薬の有無，飲酒，喫煙，中強度以上の身体活動

図8-6 日本人労働者における1日の座位時間とメンタルヘルスとの関連　　　　（文献22より作図）

また，日本人労働者のメンタルヘルスと座位行動との関連はわかっていない。

筆者らは，約1万人の日本人労働者のデータを横断的に分析[22]したところ，男性では座位時間が長いほどメンタルヘルス不良の者が多く，特に，1日の座位時間が12時間以上だと，6時間未満と比べてメンタルヘルス不良が2.7倍多くなっていた 図8-6。一方，女性では1日の座位時間が6〜9時間の群が最もメンタルヘルスが良好であり，男女差が観察された。

この研究の結果と先行研究をまとめると，長い座位行動（特にスクリーンタイム）がメンタルヘルス悪化のリスクになる可能性は否定できない。ただし，座位行動のドメインや対象者の性別・ライフスタイルによっては，リスクにならない場合もあるのかもしれない。今後は，より詳細な研究が必要であろう。

長い座位行動がメンタルヘルス悪化のリスクになると仮定すると，座位行動を少なくすることはメンタルヘルスによい影響を与えるのだろうか。この点については，まだほとんど検証されていない。2016年に興味深い実験的研究が報告されている。Bergouignanら[23]は，健康な男女30人を集め，6時間座り続ける日と，30分運動後に5時間半座り続ける日，1時間ごとに5分間歩く日の気分を比較している。その結果，6時間座り続ける日と比較すると，1時間に5分歩く日のみが，1日を通した気分がポジティブであったと報告している 図8-7。つまり，座位を中断することで，メンタルヘルスを良好に保てる可能性が示唆された。

座位時間を短くすることでメンタルヘルスによい影響を与えるという確固たるエビデンスはまだ出ていないものの，座位を中断することは，メンタルヘルスの面からも試す価値がありそうである。

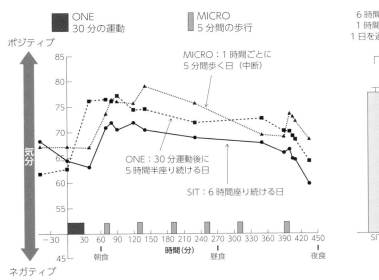
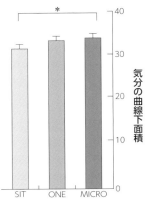

図8-7 座位行動のタイプの違いによる気分への影響

（文献23より，一部改変）

5 まとめ

　身体活動を活発にすることがメンタルヘルスによい影響を与えることは，ほぼ確実であると考えられる．また，労働関連指標についてもよい影響を与える可能性が高い．一方，メンタルヘルスや労働関連指標に対して最も効果的な運動プログラムの内容については，まだ不明な点も多い．しかし，職場での実践においては，以下の3点が注意点として考えられた．

　1点目は，対象者特性に合わせたプログラムを選ぶことである．性別，年齢，職種，職場環境等によって，フィットするプログラムは変わってくると思われる．例えば，常に緊張を強いられる職種の人にはリラックスするようなストレッチングがよいだろうし，仕事でも余暇でもほとんどからだを動かさない人には，余暇を活発にするプログラムを勧めた方がいいかもしれない．

　2点目は，本人に納得してプログラムに参加してもらうことである．

　3点目は，取り組んでみたら楽しかったと思えるプログラムにすることである．職場での取り組みは，統率がとりやすいというメリットがある反面，本人が納得していなくても「やらされる」場合がある．観察研究では，余暇身体活動しかメンタルヘルスによい効果を与えないことがわかっている．一般的に余暇活動は，楽しいと思えることから自発的に行う場合が多い．つまり，自発性と楽しさは，メンタルヘルス対策としての身体活動・運動を考える上でキーポイントであるように思われる．

　職場で運動の取り組みを行う際には，専門職や担当者だけで企画・運営するのではなく，一般の従業員も運営側に巻き込んで自発的な取り組みを促したり，参加者同士がコミュニケーションをとり，楽しめるようにしたりするなどの工夫が，有効なメンタルヘルス対策につながると考えられる．

（甲斐裕子）

参考文献

1. 厚生労働省労働基準局．平成27年度「過労死等の労災補償状況」．2016．
2. 厚生労働省大臣官房統計情報部．平成25年労働安全衛生調査(実態調査)．2014．
3. Mammen G, Faulkner G. Physical activity and the prevention of depression: a systematic review of prospective studies. *Am J Prev Med*. 2013; 45: 649-57.
4. 甲斐裕子, 他．余暇身体活動および通勤時の歩行が勤労者の抑うつに及ぼす影響．体力研究．2011; 109: 1-8.
5. Kuwahara K, et al. Associations of leisure-time, occupational, and commuting physical activity with risk of depressive symptoms among Japanese workers: a cohort study. *Int J Behav Nutr Phys Act*. 2015; 12: 119.
6. Wang F, et al. Long-term association between leisure-time physical activity and changes in happiness: analysis of the Prospective National Population Health Survey. *Am J Epidemiol*. 2012; 176: 1095-100.
7. Nishi D, et al. Personal lifestyle as a resource for work engagement. *J Occup Health*. 2017; 59: 17-23.
8. Brown HE, et al. Does physical activity impact on presenteeism and other indicators of workplace well-being? *Sports Med*. 2011; 41: 249-62.
9. Cooney GM, et al. Exercise for depression. *Cochrane Database Syst Rev*. 2013; 9: Cd004366.
10. Kvam S, et al. Exercise as a treatment for depression: A meta-analysis. *J Affect Disord*. 2016; 202: 67-86.

11. Cramer H, et al. A systematic review of yoga for major depressive disorder. *J Affect Disord*. 2017; 213: 70-7.
12. Kai Y, et al. Effects of stretching on menopausal and depressive symptoms in middle-aged women: a randomized controlled trial. *Menopause*. 2016; 23: 827-32.
13. Joyce S, et al. Workplace interventions for common mental disorders: a systematic meta-review. *Psychol Med*. 2016; 46: 683-97.
14. Michishita R, et al. The practice of active rest by workplace units improves personal relationships, mental health, and physical activity among workers. *J Occup Health*. 2016.
15. Jakobsen MD, et al. Physical exercise at the workplace prevents deterioration of work ability among healthcare workers: cluster randomized controlled trial. *BMC Public Health*. 2015; 15: 1174.
16. Block G, et al. Development of Alive!(A Lifestyle Intervention Via Email), and its effect on health-related quality of life, presenteeism, and other behavioral outcomes: randomized controlled trial. *J Med Internet Res*. 2008; 10: e43.
17. Christensen JR, et al. Effects on presenteeism and absenteeism from a 1-year workplace randomized controlled trial among health care workers. *J Occup Environ Med*. 2013; 55: 1186-90.
18. Rongen A, et al. Workplace health promotion: a meta-analysis of effectiveness. *Am J Prev Med*. 2013; 44: 406-15.
19. Sui X, et al. Associations between television watching and car riding behaviors and development of depressive symptoms: a prospective study. *Mayo Clin Proc*. 2015; 90:184-93.
20. Sanchez-Villegas A, et al. Physical activity, sedentary index, and mental disorders in the SUN cohort study. *Med Sci Sports Exerc*. 2008; 40: 827-34.
21. Zhai L, et al. Sedentary behaviour and the risk of depression: a meta-analysis. *Br J Sports Med*. 2015; 49: 705-9.
22. 甲斐裕子, 他. 日本人勤労者における座位行動とメンタルヘルスの関連. 体力研究. 2016; 114: 1-10.
23. Bergouignan A, et al. Effect of frequent interruptions of prolonged sitting on self-perceived levels of energy, mood, food cravings and cognitive function. *Int J Behav Nutr Phys Act*. 2016; 13: 113.

第9章

座位行動と健康

> **キーポイント**
>
> ・座位時間が長いとどのような健康リスクがあるのか
> ・身体活動・運動をしていれば座位時間が長くてもよいのか

1 はじめに

　OECD（経済協力開発機構）の国民の労働時間に関する調査によると，日本人の1人当たり平均年間総実労働時間はここ40年間で漸減してきており，2015年には年間1,719時間となっている。これは週休2日制の普及等により土曜日の労働時間が減少している影響と考えられるが，一方で平日1日当たりの労働時間は増加傾向にある[1]。特に，在社中の残業時間は92.3分と他の先進諸国に比べて非常に長く，アメリカやフランスの約3倍にも及ぶ[2]。このような状況が，週当たり60時間以上働くような長時間労働者が減少しない一因となっている。結果として，労働者に疲労の蓄積や睡眠・休養不足，血管病変の加速をもたらし，重大な健康障害（例えば，メタボリックシンドローム，重度の腰痛や首・肩痛，うつ病等）を引き起こす原因となり，生産性やワーク・エンゲイジメント（仕事に誇りをもち，エネルギーを注ぎ，仕事から活力を得ていきいきしている状態，p.95 コラム8-2 参照）を低下させる可能性がある点は大きな問題と考えられる。

　これら長時間労働の問題に加え，今日の技術革新に伴う仕事内容の急速な機械化・自動化と相まって，労働者における長時間の座位行動（座りすぎ）がもたらす健康リスクが注目されており，いかにして座位行動に費やす時間を減らすことができるかが公衆衛生上の関心事となっている[3]。近年は，労働者を対象にした座位行動研究が盛んに行われるようになってきており，デスクワークや会議等に伴う勤務中の座位行動パターンに関する研究や，勤務中の座位行動パターンと種々の健康アウトカムとの関連に関する研究，さらには座りすぎを減らす取り組みの効果検証に関する研究など，労働者の健康増進や生産性の向上を図っていく上で重要なテーマが扱われている。

　本章では，労働者を対象にしたこれまでの座位行動研究について，①労働者における座りすぎの実態，②労働者における座りすぎの健康影響および労働影響，③労働者における座りすぎ対策の現状，の3つの観点から概説する。

2 労働者における座りすぎの実態

2-1　勤務日と休日，作業形態別に見た座位行動

　Thorpら[4]は，オーストラリア人労働者193人の座位行動の実態について，加速度計を用いて詳細に調べている。勤務日における装着時間に対する座位時間の割合は70%であり，休日の63%よりも多かった。また，勤務日における30分以上連続するような長時間座位行動の割合は19%であり，休日の14%よりも5ポイント多かった。さらに，勤務日のみに着目した分析も行われており，勤務時間中の座位行動割合は77%であり，勤務時間外の63%と14ポイントもの差が認められた。30分以上連続するような長時間座位行動の割合に関して，勤務時間中は22%であり，勤務時間外の15%よりも7ポイント多いことも報告されている。

わが国でも，40〜64歳の労働者345人を対象に，加速度計により評価された作業形態別の座位行動の実態が明らかにされている[5]。その結果，勤務日における加速度計装着時間内の座位時間割合は，立ち仕事中心の職種で39%，歩き回る仕事中心の職種で44%，肉体労働中心の職種で36%であったのに対し，デスクワーク中心の職種では64%とかなり高値であった 図9-1 。勤務時間内における座位時間割合に限ると，デスクワーク中心の職種が69%，立ち仕事中心の職種で32%，歩き回る仕事中心の職種で39%，肉体労働中心の職種で24%となり，圧倒的にデスクワーク中心の仕事に従事する労働者が座りすぎている実態が明らかになった。

2-2 生活場面ごとの座位行動

労働者における生活場面ごとの座位時間も調査されている。例えば，オーストラリアの労働者1,194人を対象にしたVandelanotteら[6]の調査では，座位時間が1日に8時間以上あると回答した労働者は53.2%存在し，平均総座位時間は，フルタイム労働者が544分，パートタイム労働者は487分であり，職種に着目するとホワイトカラー労働者は547分，ブルーカラー労働者は483分であることが示された。そのうち，勤務中の座位時間については，フルタイム労働者（180分）がパートタイム労働者（129分）に比べて約50分長く，ホワイトカラー労働者（200分）がブルーカラー労働者（88分）よりも112分長かった。一方，余暇の座位時間は，フルタイム労働者（322分）とパートタイム労働者（305分），ホワイトカラー労働者（314分）とブルーカラー労働者（320分）の間で大きな差異は認められなかった。

Clemes[7]らのアイルランドの労働者4,436人を対象にした質問紙調査によると，勤務日および休日における1日総座位時間は，それぞれ625分，469分となり，156分の差異が

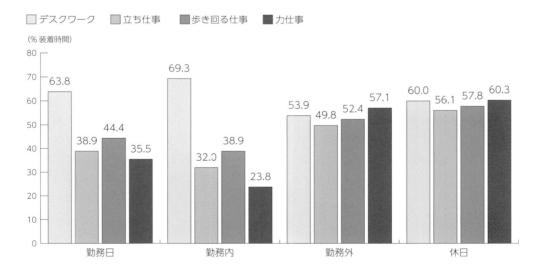

図9-1　勤務日と休日，作業形態別に見た総座位時間の差異　　　　　　　　　　（文献5より）

見られた．また，勤務日と休日における移動，仕事，余暇（テレビ視聴，自宅でのPC利用，その他の余暇）といった生活場面ごとの座位時間を比較すると，勤務日には移動や仕事中の座位時間が長いのに対し，休日には余暇における座位時間が長く，パターンが大きく異なることが報告されている．

3 労働者における座りすぎの健康影響および労働影響

3-1 座位行動と健康アウトカムとの関連

❶死亡との関連

Stamatakisら[8]は，40歳以上のイギリス在住の成人11,168人（男性5,788人，女性5,380人）を対象に，平均12.9年間追跡したコホート研究により，勤務中の座位行動と総死亡，がん死亡，循環器疾患死亡との関連について検討している．その結果，立ち仕事や歩き仕事中心の女性は，座位中心の仕事に従事する女性に比べて，総死亡リスクが32％，がん死亡リスクは40％も低くなることを示している．また，Nord-Trøndelag Health Study（HUNT3）に参加したノルウェー在住の20歳以上の成人50,817人を平均3.3年間追跡し，総死亡および心血管・代謝疾患死亡との関連について検討したChauら[9]のコホート研究では，総座位時間は総死亡および心血管・代謝疾患死亡と有意な関連が認められたものの，余暇のテレビ視聴時間や勤務中の座位行動（ここでは作業形態）との有意な関連は見られなかった．

さらに，Kikuchiら[10]は，わが国における50～74歳の労働者36,516人を平均10.1年間追跡したコホート研究のデータを分析し，第一次産業に従事する者においてのみ，勤務中の座位時間が1時間未満の者と比較して，3時間以上の者は総死亡リスクが高くなる可能性を示唆している．

❷疾病発症との関連

勤務中の座位行動とがんや肥満といった疾病発症リスクとの関連について検討した研究も散見される．Simonsら[11]は，オランダの55～69歳の成人120,852人が参加しているNetherlands Cohort Studyで，男性のみを対象にしたケースコホート研究により，勤務中の座位行動と大腸がん発症リスクとの関連について検討している．その結果，勤務中の座位時間が1日2時間未満の男性は，6～8時間の男性に比べて，結腸がん発症リスクが37％低いことが明らかになった．Eriksenら[12]は，Danish Work Environment Cohort Studyに参加した3,482人（男性1,679人，女性1,803人）における勤務中の座位時間とBMIの縦断データ（5年間の変化）を分析し，女性においてのみ両者の変化が有意に関連することを示した．

わが国では，Hondaら[13]がメタボリックシンドロームではない労働者430人を3年間追跡した研究を行っており，勤務中の座位行動に特化したわけではないが，加速度計評価による長時間（30分以上）連続した座位行動が多いことがメタボリックシンドロームの発症に影響を及ぼすことを明らかにしている．

3-2 座位行動とワーク・エンゲイジメントとの関連

近年になって勤務中の座位行動と労働指標との関連について，横断研究ではあるが，興味深い知見が報告されている。例えば，Munirら[14]は，勤務中の座位時間とワーク・エンゲイジメントとの関連について検討している。Stormont Studyに参加した4,436人（男性1,945人，女性2,491人）の労働者のデータを分析した結果，男性では「活力（仕事から活力を得て活き活きしている）」および「熱意（仕事に誇りややりがいを感じている）」得点の高さ，女性では「活力」得点の高さと，勤務中の座位時間の短さに有意な関連が認められた。一方，女性において「没頭（仕事に熱心に取り組んでいる）」得点の高さは，勤務中の長時間座位行動と関連していることも明らかとなった。

わが国でも，石井ら[15]が20〜59歳の労働者2,572人を対象に，勤務中の座位時間割合と生産性（仕事の効率）およびワーク・エンゲイジメントとの関連について検討している 図9-2 。ここで言う生産性（仕事の効率）とは，これまでの最高・最低な仕事の効率と比

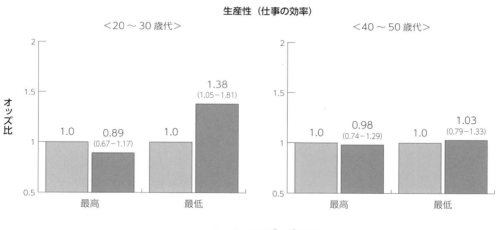
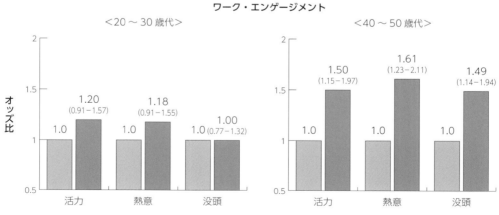

図9-2 勤務中の座位行動と生産性およびワーク・エンゲイジメントの関連　　（文献15より）

第9章　座位行動と健康

較し，今週の最高・最低な仕事の効率について，10件法（1：過去最低〜10：実現しうる最高）で評価したものである。結果として，勤務中の座位時間割合の高さが，20〜30歳代の労働者の生産性の低さと有意に関連していた。一方，ワーク・エンゲイジメントについては，前述したMunirらの研究と同様の評価指標を用いており，ここで言うオッズ比は，各下位尺度（活力，熱意，没頭）に対して低いと回答した者の割合の高さを示している。その結果，40〜50歳代においてのみ，座位時間割合が低い者に対して高い者がワーク・エンゲイジメントを低いと回答する割合が有意に高かった。

column9-1　座りすぎが健康障害を引き起こすメカニズムは？

　座りすぎがなぜ様々な健康障害を引き起こすのか？　そのメカニズムについては，いまだ十分に解明されていない。ここでは，近年の座位行動研究において盛んに取り上げられている心血管・代謝疾患に着目し，その発症や機能低下が生じるメカニズムについて，現段階で想定されている仮説を紹介する。

　一般的に，立位時は姿勢を維持するためにふくらはぎの筋肉が持続的に使われ，歩行になるとさらに大腿部の大筋群も盛んに使われるようになる。このような身体活動に伴い生じる筋収縮が，インスリンの作用とは独立して糖（グルコース）を運ぶグルコース輸送体（GLUT4）を細胞膜へと移動させ，血液中のグルコースの細胞内への取り込みを促したり，筋肉組織上のリポタンパクリパーゼ（LPL）と呼ばれる酵素を活性化させたりして，血液中の中性脂肪の取り込みを促進させる。一方，立位時や歩行時に比べて，座位姿勢の場合は下肢の筋収縮がほとんど生じない。そのため，座位姿勢が長時間続くとGLUT4やLPLの働きが悪くなり，結果として血液中のグルコース濃度や中性脂肪濃度が高まると考えられている。

　また，座りすぎが血管機能を低下させるという仮説も示されている。長時間の座位姿勢により下肢で赤血球が凝固しやすくなり，血液の粘性，炎症の有無や程度を示す炎症マーカーが高まることが指摘されている。また，座位姿勢を続けることにより筋交感神経活動（MSNA）が高まり，血圧を上昇させ，血管機能を低下させることも報告されている。

4　労働者における座りすぎ対策の現状

4-1　介入研究による知見

　勤務中の座位時間を減らす取り組みとして，オーストラリアにおける20〜65歳の労働者を対象に，身長や用途に合わせて座位と立位での作業姿勢を容易に切り替えることが可能なワークステーションを用いた環境介入が行われている[16]。結果として，職場での座位時間が1日当たり143分，起きている間の座位時間が97分減少し，その効果が3か月後まで持続することに加え，HDLコレステロール値も有意に改善していた。また，Pronkら[17]もアメリカの労働者を対象に，同様のワークステーションを用いた4週間の介入研究を行い，勤務中の座位時間が1日当たり66分間減少するとともに，腰痛や首・肩痛および気分状態などの主観的健康状態の改善を報告している。さらに，Chauら[18]は，オーストラリアの労働者42人を対象に，ランダム化比較試験（介入群vs対照群）により同

様のワークステーション導入（4 週間）の効果を検証し，勤務日の座位時間が 73 分減少し，立位時間が 65 分増加することを明らかにした．

Healy ら[19]は，このワークステーションを用いた環境介入に加え，組織介入（管理職の関与，職場環境を整備することの調整）および個人介入（ヘルスコーチによる教育，対面・電話でのサポート）を組み合わせた包括的介入プログラムを開発し，"Stand Up, Sit Less, Move More" を標語として，14 の企業に勤務する 231 人の労働者を対象にクラスターランダム化比較試験によりその効果を検証している．その結果，介入群は勤務時間中（8 時間）の総座位時間が短期的（3 か月後）には 108 分，長期的（12 か月後）には 58 分減少するとともに，30 分以上連続した長時間の座位行動についても，短期的には 78 分，長期的には 40 分減少することを示した 図9-3 ．

また，労働者の勤務中の座位時間を減らす試みとして，Evans ら[20]は，PC から 30 分ごとに座位行動の中断を促す刺激（point-of-choice prompt）の配信と，座りすぎを減らすことの重要性に関する健康教育とを組み合わせた介入の効果を，ランダム化比較試験により検討している．その結果，刺激がある方が勤務日における 30 分以上の長時間座位行動の頻度や，時間（1 日に占める割合）の改善に有効であることを証明した．

Chu ら[21]は，職域においてどのような介入戦略が，労働者の座位時間をどの程度減らすことができるのかについて，21 の先行研究のメタ解析により整理している．結果として，教育・行動介入で 16 分間，環境介入では 73 分間，包括的介入では 89 分間，全体では 40 分間，座位時間を減らすことができることを示唆している．

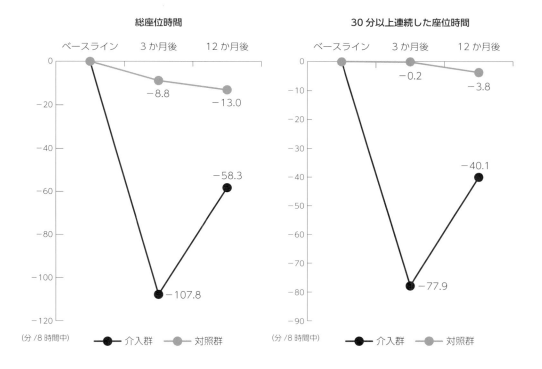

図9-3 包括的介入による勤務中の座位時間の減少効果 （文献19より）

> **column9-2** 座りすぎの健康リスクを低減できる身体活動の条件は？

　座りすぎの総死亡リスクを低減するためには身体活動をどの程度行う必要があるのかを明らかにするために，これまでの前向きコホート研究で対象になった100万人以上のデータを統合したメタ解析が行われた[22]。結果として，週35.5メッツ・時（1日60～75分）の中強度以上の身体活動量があれば，総座位時間が長くても総死亡のリスクを相殺できる可能性が示唆されている。
　一方，どのような強度や種類の身体活動が，座りすぎの健康リスク低減に有効なのかを検討するための実験室研究も行われている[23]。20～30分ごとに2～3分，異なる強度（低強度歩行vs中強度歩行）や種類（低強度歩行vs簡単なレジスタンス運動）の身体活動により座位行動を中断し，血糖値や血圧等への影響を比較した結果，座位を長時間（5～7時間）続けて行う条件に比べて，座位を中断すれば，どの強度や種類の条件でもほぼ同程度の改善傾向が見られた。
　デスクワーカーにおける座りすぎの健康リスクを低減できる身体活動の条件を探っていくためには，さらなる研究成果の積み重ねが必要であるが，これまで奨励されてきた中強度の身体活動に加えて，座りすぎを減らすためにちょっと立って歩いたり，机や椅子の周りで簡単に行えるレジスタンス運動を行ったりするだけでも，頻繁に実施すれば血糖値や血圧等に改善効果が期待できることを示している。

4-2　座りすぎ対策に関する各国の動き

　現状では，労働者を対象にした座位行動研究は，身体活動促進に関する研究ほど十分な研究成果が集積しているとは言えないが，諸外国では少しずつ身体活動ガイドライン等において，座りすぎ対策に関する内容について言及されるようになってきた。
　例えば，2011年に公表されたイギリスにおける身体活動ガイドラインである「Start Active, Stay Active」[24]では，イギリス国民の生涯にわたる健康づくりに寄与する身体活動の量や時間，頻度，種類などに関する記述に加えて，労働者を含むあらゆる国民において座位時間を減らすことを奨励している。また，Buckleyら[25]は，デスクワーカーの座りすぎに警鐘を鳴らし，世界各国のこの分野の専門家らの議論を踏まえ，座りすぎ防止対策に関する声明を公表した。具体的には，勤務時間中に少なくとも合計2時間はデスクワークに伴う座位行動を減らし，低強度の活動（立ったり座ったり，軽く歩いたりすること等）にあて，理想的には4時間まで拡げること，それらの実現のためにスタンディングデスクやワークステーションを有効活用すること等を奨励している。これらのガイドラインは十分なエビデンスに基づいているわけではないため，さらなる研究成果の蓄積が必要であるが，労働者の座りすぎを減らす有効な対策を考えていく上で画期的な提言と言える。
　近年，企業でも組織の健康と生産性を維持・向上させる取り組みとして「健康経営」の概念が注目されるようになってきた。勤務中の座りすぎを減らすことは，健康経営を考えていく上で非常に重要な役割を果たすと考えられる。今後は，座りすぎを減らす取り組みが行動面や健康面だけでなく，生産性や職務満足度，プレゼンティーイズムやアブセンティーイズムといった労働面に及ぼす効果も明らかにし，企業等において労働者の座りすぎ対策を推進していくためのエビデンスを創出していく必要がある。

（岡浩一朗）

参考文献

1. Kuroda S. Do Japanese work shorter hours than before? : Measuring trends in market work and leisure using 1976-2006 Japanese Time Use Survey. *J Jpn Int Econ*. 2010; 24: 481-502.
2. 独立行政法人労働政策研究・研修機構. データブック国際労働比較, 2013.
3. 岡浩一朗. 「座りすぎ」が寿命を縮める. 大修館書店, 2017.
4. Thorp AA, et al. Prolonged sedentary time and physical activity in workplace and non-work contexts: a cross-sectional study of office, customer service and call centre employees. *Int J Behav Nutr Phys Act*. 2012; 9: 128.
5. Kurita S, et al. Prevalence of sedentary behavior among Japanese workers who have different task types. 6th International Congress on Physical activity and Public Health Book of Abstracts 312, 2016.
6. Vandelanotte C, et al. Associations between occupational indicators and total, work-based and leisure-time sitting: a cross-sectional study. *BMC Public Health*. 2013; 13: 1110.
7. Clemes SA, et al. Descriptive epidemiology of domain-specific sitting in working adults: the Stormont Study. *J Public Health*. 2016; 38: 53-60.
8. Stamatakis E, et al. Are sitting occupations associated with increased all-cause, cancer, and cardiovascular disease mortality risk? A pooled analysis of seven British population cohorts. *PLoS One*. 2013; 8: e73753.
9. Chau JY, et al. Sedentary behavior and risk of mortality from all-causes and cardiometabolic diseases in adults: evidence from the HUNT3 population cohort. *Br J Sports Med*. 2015; 49: 737-42.
10. Kikuchi H, et al. Occupational sitting time and risk of all-cause mortality among Japanese workers. *Scand J Work Environ Health*. 2015; 41: 519-28.
11. Simons CC, et al. Physical activity, occupational sitting time, and colorectal cancer risk in the Netherlands cohort study. *Am J Epidemiol*. 2013; 177: 514-30.
12. Eriksen D, et al. Sedentary work: Associations between five-year changes in occupational sitting time and body mass index. *Prev Med*. 2015; 73: 1-5.
13. Honda T, et al. Sedentary bout durations and metabolic syndrome among working adults: a prospective cohort study. *BMC Public Health*. 2016; 16: 888.
14. Munir F, et al. Work engagement and its association with occupational sitting time: results from the Stormont study. *BMC Public Health*. 2015; 15: 30.
15. 石井香織, 他. ワーク・エンゲイジメントおよび生産性と就業日の座位行動の関連. 第19回日本運動疫学会学術総会発表抄録集, 2016.
16. Alkhajah TA, et al. Sit-stand workstations: A pilot intervention to reduce office sitting time. *Am J Prev Med*. 2012; 43: 298-303.
17. Pronk NP, et al. Reducing occupational sitting time and improving worker health: the Take-a-Stand Project, 2011. *Prev Chronic Dis*. 2012; 9: E154.
18. Chau JY, et al. The effectiveness of sit-stand workstations for changing office workers' sitting time: results from the Stand@Work randomized controlled trial pilot. *Int J Behav Nutr Phys Act*. 2014; 11: 127.
19. Healy GN, et al. A cluster randomized controlled trial to reduce office workers' sitting time: Effect on activity outcomes. *Med Sci Sports Exerc*. 2016; 48: 1787-97.
20. Evans RE, et al. Point-of-choice prompts to reduce sitting time at work: A randomized trial. *Am J Prev Med*. 2012; 43: 293-297.
21. Chu AH, et al. A systematic review and meta-analysis of workplace intervention strategies to reduce sedentary time in white-collar workers. *Obes Rev*. 2016; 17: 467-81.
22. Ekelund U, et al. Lancet Physical Activity Series 2 Executive Committe; Lancet Sedentary Behaviour Working Group. Does physical activity attenuate, or even eliminate, the detrimental association of sitting time with mortality? A harmonised meta-analysis of data from more than 1 million men and women. *Lancet*. 2016; 388: 1302-10.
23. Dunstan DW, et al. Breaking up prolonged sitting reduces postprandial glucose and insulin responses. *Diabetes Care*. 2012; 35: 976-83.

24. Devies S, et al. Start active, stay active: A report on physical activity from the four home countries. Chief Medical Officers, 2011.
25. Buckley JP, et al. The sedentary office: an expert statement on the growing case for change towards better health and productivity. *Br J Sports Med*. 2015; 49: 1357-62.

第10章

身体活動・運動の継続に向けた個人への行動科学的アプローチ

キーポイント

・人が行動を起こすきっかけは何か
・理論にプラスするアプローチ法とは

1 はじめに

　身体活動・運動がもたらす様々な健康利益の多くは、長い期間にわたって継続しなければ得ることができない。もしくは、短期間で現れる健康アウトカムにしても、それを維持していくためには日頃の習慣化が求められる。

　しかしながら、わが国の働く世代において運動習慣のある者の割合は、「平成27年国民健康・栄養調査結果の概要」[1]によれば、20歳代から50歳代までの年代順に、男性で17.1%、18.9%、21.3%、27.8%、女性で8.3%、14.3%、17.6%、21.3%に過ぎない。身体活動・運動の健康アウトカムへの効果的な方法を開発することと、それを続けてもらうことは別問題である。様々な形で運動の効果を伝える機会を設けたとして、始めるきっかけにはなっても続けてもらえるとは限らない。

　いかに継続させていくかが今や重要な課題であり、その方法を考え抜いていくことが身体活動・運動や保健医療の専門家にとって大きな使命になっている。もちろん、個人だけの努力では限界もあり、また健康への意識が低い人と高い人との健康格差を広げないためにも、無理なく健康の保持増進が図れる社会環境を整備することも重要である。社会環境の整備は、WHO（世界保健機関）のヘルスプロモーション戦略の中でも強調されている[2]。第1章でも述べたように、個人へのアプローチと社会・集団へのアプローチそれぞれに重要な役割があり、バランスよく配分することが求められる。本章では、まず個人へのアプローチ法について述べていく。

2 身体活動・運動の推進に向けた行動科学的アプローチ法

2-1 これまで普及してきた理論

　個人の健康行動を促すための行動科学的研究は数多く存在し、そのうち身体活動・運動の継続に関するものも確実に増えてきている。約5年ごとに更新されているアメリカスポーツ医学会の運動処方ガイドラインにおいても、行動科学的視点からのアプローチ法が第9版（2014年）から1つの章を占めるまでに至っている[3]。また2017年に出版された第10版ではさらに内容が充実し、その重要性が増していることが理解できる[4]。

　『身体活動と行動医学』[5]では、様々な視点から身体活動の決定因子について解説されている。成人において身体活動との関連が強いと考えられる因子のうち、修正可能と思われる個人的アプローチに絞って抜き出すと、①セルフエフィカシー（自己効力感）、②バリアの知覚、③利得の知覚、④運動の楽しさ、⑤ソーシャルサポート、が紹介されている。

　セルフエフィカシーについては後述するが、運動継続へのバリアの知覚については、Ishiiら[6]による日本人を対象とした研究がある 図10-1 。これよると、運動継続のバリアとして、「身体的・心理的阻害（運動で疲れてしまう　など）」は肥満者や低主観的健康者でスコアが相対的に高く、「怠惰性（動機づけに欠ける　など）」は60歳未満の世代や高学歴

者，低主観的健康者でスコアが高い。また，「時間の管理（十分な時間がない　など）」は60歳未満の世代や就労者，「社会的支援の欠如（家族がすすめない　など）」は肥満者や低主観的健康者，「物理的環境（施設がない　など）」は40〜59歳世代や肥満者でスコアが高いという結果が示されている。

一方，前述の『身体活動と行動医学』[5]では，対象を若年者に絞ると，①セルフエフィカシー（自己効力感），②運動の楽しさ，③ソーシャルサポート，が身体活動との関連が強いと考えられる因子であるとされ，バリアや利得の知覚は決定因子とはならない可能性もある。また，身体活動・運動の決定因子と関連がありそうで実際には関連が弱かった，もしくは認められなかった因子として，①健康と運動に関する知識，②規範的信念，③運動成果の評価，④一時的な運動プログラム，が示されている。

これらをかみ砕いて説明すると，身体活動・運動の継続的な実施のためには，自身が「自信」をもてるようにサポートしていくこと，この程度の身体活動・運動ならば「できる」「うまくいっている」といった感情をもたせていくこと，また身体活動・運動が「楽しかった」「嬉しかった」「面白かった」と感じさせていくこと，さらに周囲のサポートがあることを自覚してもらい，それを自ら求めていくようにしていくことなどが重要であると考えられる。身体活動・運動の継続に「○○の効果がある」と知覚することも有力と思われるが，この点に関しては若年者には効果が薄い可能性があるため，やはり実施した後の効果への期待よりも，実施することそのものの楽しさや自信が重要であると考えられる。

身体活動・運動が及ぼす健康への効果や実際の成果を示すのみであったり，義務的にやらせたり，また一時的な運動プログラムの提供のみで終わらせたりしないようにすることが求められる。

他方，修正することができない，もしくは困難な因子として，性別（男性＞女性），教育歴の高さ，収入の多さなども身体活動の実施との関連が認められている。このような特

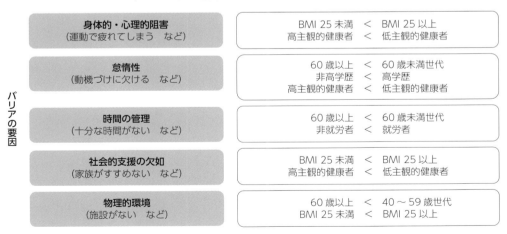

図10-1　運動継続へのバリア要因の例　　　　　　　　　　　　　　　　　（文献6より作図）

性も知っておくと，身体活動を継続できていない理由を総合的に洞察する上で役立つと思われる。

> ### column 10-1　運動を継続する理由は何？

　筆者らは，労働者における運動継続者に着目し，その継続につながるモチベーションを高めさせるための刺激，誘因などに関するアンケート調査を2014～2017年に実施した（回収数4社，計208名の時点での集計：男性133名）[7]。運動を6か月以上続けている人を「運動継続群」とし，運動をほとんどしていない「運動非継続群」と比較した（運動を継続しているが6か月未満の人は対象から除外）。その結果，運動継続理由としての価値意識が強いほど，運動継続者の比率が有意に高かった項目は，「運動そのものが楽しいから」「運動には予測のできない感動があるから」「距離や回数などの達成したい目標があるから」「自分の居場所があるから」「達成感が味わえるから」などであった。反対に，「事情があって仕方がないから」「やらないと叱られるから」といった理由では，価値意識が強いほど運動継続者の比率が有意に低かった。

　これらの結果についてはさらなる検証が求められるものの，「健康のために」「体力向上のために」といった「利得の知覚」はもちろん重要だが，それを前面に出すのではなく指導者側の理解にとどめた上で，別の視点からの支援をしていくべきなのかもしれない。「運動そのものを楽しむこと」「運動には予測のできない感動が期待できること」「距離や回数などの達成したい目標を設定すること」「自分なりの居場所を見つけること」などについてサポートすることは，考えてみると当たり前のような内容でもあるし，前述の身体活動の決定因子[5]とも共通する部分がある。特に「運動が楽しいから」というのは，「スポーツ」の語源が「気晴らし」や「楽しみ」でもあるため，改めてその重要性を強調したい。

2-2　アメリカスポーツ医学会の推奨モデル

　アメリカスポーツ医学会の運動処方ガイドライン第10版[4]で紹介されている行動科学的アプローチ法としては，「社会的認知理論」「トランスセオレティカルモデル」「健康信念モデル（ヘルスビリーフモデル）」「自己決定理論」「計画的行動理論」「生態学モデル（エコロジカルモデル）」などがある。

　特にトランスセオレティカルモデル[8]は，健康行動の習慣化の現場でも盛んに応用されてきた理論で，「5つの変容ステージ」「10の変容プロセス」「利得（pros）とコスト（cons）の意志バランス」「セルフエフィカシー」の4つの構成概念から成っている。人が行動を変容し維持していく過程を5つのステージに分類して説明しているのが特徴で，例えば①前熟考ステージ（現在運動していない。6か月以内に始めるつもりはない），②熟考ステージ（6か月以内に始めるつもりでいる），③準備ステージ（運動しているが定期的ではない），④実行ステージ（定期的に運動しているが始めてからまだ間もない），⑤維持ステージ（定期的に6か月以上運動している），というモデルは健康日本21に合わせて作成された「健康づくりのための運動指針2006」[9]の中でも紹介された。運動を実施する人の準備状況（レディネス）がどこにあるのかによって，アプローチ法を変えるというものである。

　一方，「セルフエフィカシー」は，「うまくできそう」とか「できてるかも」といった感覚や自信を指しており，このような感情に至ることが次の行動につながる。こうした感情

には根拠がなくてもよく，実力を勘違いしていたり，思い込んでいたりすることでも強いモチベーションとなる。またスポーツ選手などでは，この「思い込み」をトレーニングすることもある。アメリカスポーツ医学会では，セルフエフィカシーを高める方法として以下のような戦略を紹介している[4]。また，運動への動機づけのためカウンセリング法として「ファイブAモデル」や，目標設定における「SMARTS理論」も紹介している[4]。

❶ セルフエフィカシーを高める方法
- 達成体験：具体的で達成可能な目標設定
- 代理体験：同様な境遇の人々の成功体験の提示
- 言語的説得：周囲からの励まし，信頼
- 生理的フィードバック：運動による爽快感，音楽や景色などの高揚感の活用

❷ ファイブAモデル（カウンセリング法）
- Assess：身体活動への取り組み，信念，知識，レディネス等について評価する
- Advice：運動継続による利益とともに不活動によるリスクについて説明する
- Agree：興味や能力，レディネスに応じた目標への互いの同意
- Assist：本人が課題を乗り越えるための取り組みについて多方面から支援する
- Arrange：フィードバック，評価，サポートなどの具体的な計画を整える

❸ 目標設定のSMARTS理論
- Specific：明確かつ具体的であること
- Measurable：主観的なものより数量化されたものであること
- Action-oriented：何が必要であるかを示すこと
- Realistic：達成可能であること
- Timely：具体的で現実的な時間的枠組みをもたせること
- Self-determined：基本的に本人が設定していくこと

詳しい内容は，上記のガイドラインを直接確認するか専門書等を参照いただきたいが，考え方については，いずれも教育現場などで基本的に心がけられている手法とも共通する。

3 行動科学的アプローチの実際

3-1 理論と実践のギャップ

これまで普及してきた様々な理論や戦略は非常に意義があるし，すでに実践している読者も多いと思われる。しかしながら，紹介してきた理論の実践が本当にうまくいくのであれば，世の中もっと多くの人が運動継続しているはずではないだろうか。例えば，フィットネスクラブなどで，ベテランの指導者がいくら高度な理論を駆使した指導をしたとしても，フレッシュな若いスタッフの教室に多くの人が集まっていたりする。

後述する行動経済学の教えの中に，「人は技術やスキルよりも努力にお金をかけたがる」というものがある[10]。また，「不合理だからうまくいく」ということもある[11]。ここまで

に紹介してきた理論を否定するわけでなないが，その時と場面によって使い分けること，バランス配分をしていくことが重要だということである．理論と実践とをうまくつなぎ合わせることもまた，スキルである．洗練された高度なモデルは理解・納得はできるが，行動科学の専門家でもない一般的な運動指導者にとっては活用が容易ではなく，ハードルが高くなってしまいがちである．

また，喫煙などの「不健康行動」に対しては，モデルへの当てはめがうまくいきやすいかもしれないが，運動などの「健康行動」に対しては，切迫感がないためモデルの活用が少々重くなることもある．長期間にわたり綿密なフォローアップを受け続けていると，他人任せとなって本人の自律的，継続的な健康行動に結びつかない可能性もある．これまでの先行理論を活かす戦略としてもう一工夫，例えるならば料理に使う調味料，または隠し味のような「何か」を加える必要があるように思われる．

3-2　楽しさとは何か

これほど多くの大人たちが「運動を続けられない」と悩んでいても，小さな子どもたちの多くは，誰から言われるまでもなくからだを動かして遊ぶ．なぜなのか？　「健康のために」と言うだろうか？　ほとんどの子どもは「楽しいから」と答えるであろう．楽しければ，自発的，自主的，そして継続的にからだを動かすものである．忙しくて「時間がない」と言っている人でさえ，「楽しい」ことなら時間を割いてでもやっている姿をよく見かける．むしろ仕事をしっかりとこなせる人ほど，楽しいこともしっかりとやっていたりする．この楽しさとは何なのか．

本来，スポーツは「遊び」が発展し，形式化，規則化，一般化してきたものである．その根底には「遊び」のもつ「楽しさ」や「喜び」が存在する．楽しさは，時に人生のかけがえのない生きがいにまで発展していく．フランスの哲学者，社会学者であるロジェ・カイヨワは，「遊び」がもつ要素を以下の4つに分類している[12]．

・アゴン（競争）：文字通り競争，競り合いなど
・アレア（運）：未確定，偶然，奇跡など
・ミミクリー（模倣）：ものまね，模擬など
・イリンクス（眩暈）：めまい，回転，スピード感など

以上のような要素が含まれていると，人々のモチベーションが惹起されて行動を起こしやすい．本来，これらはスポーツがもち合わせているものではあるが，このような特性を利用すると，

・歩数や活動量などを複数の人やグループ間で競い合う（競争）
・個人のデータを全体の平均値と比較できるようにする（競争）
　（ただし，競争であまり差がつき過ぎると競り合いが成り立たなくなるので，1か月や3か月程度で一旦清算するなどの方策も必要）

- 目標達成度に応じてくじ引きなどをし，当たればご褒美がもらえるようにする（運）
- うまくいっている他人やグループなどを紹介してもらう（自分もそうなりたいという模倣要素）
- 部屋の中で運動するより，速歩，自転車や登山など，できれば屋外で実施する（景色の移ろいや高い所からの眺望などの眩暈要素）

以上のような方法も運動継続の戦略として考えられよう。また，考える「楽しさ」を味わうためにも実践者自身が工夫してみることを期待したい。

反面で，これらの遊びの要素は，競争 → 戦争，運 → ギャンブル，模倣 → 犯罪連鎖，眩暈 → 酒・麻薬，などに進んでいってしまう怖い側面ももっている。命を縮めてしまうような行動に走ってしまう，非常に強い欲求であるとも言える。このようなことに陥ってしまわないためにも，スポーツなどで昇華（もしくはコーピング）しておくことは大切であろう。また，この強い欲求を味方にしない手はない。

Zhangら[13]は，個人もしくは集団的な競争を用いた群が，チーム内サポート群やサポートがない対照群と比較して，圧倒的に運動教室への参加率が高かったことを報告しており図10-2，競争心理を用いることは運動継続に特に有効である可能性が高い。

本来，人々は遊びを通して自然に身体活動・運動をしてきた。また，その楽しさが満足感や達成感，リフレッシュにもつながっていた。それがいつの間にか，スポーツは運動の一部として健康のために行う義務的なもののようになってしまった。そのため，「楽しさ」が失われて「負担」と感じることが多くなってしまったのではないだろうか。「運動」は

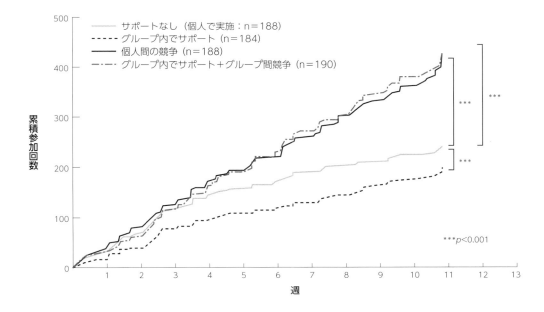

図10-2　サポートか競争的要素か（4つの条件下における運動教室累積参加回数の推移）　（文献13より作図）

何かの目的のために行うものであるが，遊びが発展してきた「スポーツ」は楽しむこと自体が目的なのである。

手段としての運動に，スポーツという楽しさの要素を組み入れることで，自然と行動へのモチベーションが高まるはずである。また，そこには「理論」よりも「感情」が大きく影響する。これこそが，調味料や隠し味となるのではないだろうか。

column10-2　生涯学習を通じた自己実現

　第1章で，ヘルスプロモーションの最終目的は人々の自己実現や念願成就（realize aspirations）にあり，身体活動・運動はその能力を発揮できるようにすることに貢献することを説明してきた。では，自己実現の欲求を満たす要素とは何か。その1つに生涯学習がある。自分のやりたいことを見つけ，目標を設定し，その目標に近づくために，学習したり活動したりする。このことが重要であり，生活そのものへのモチベーションにつながる。

　福岡県福津市には「郷育（ごういく）カレッジ」という市民大学がある 図10-3 。これは，福津市型の生涯学習システムであり，「いつでも，どこでも，だれとでも学び合えるシステム」を目指している。2003年10月にスタートし，2017年の時点で15年間続いている（筆者は創設時から2016年3月まで学長を務めた）。「郷育」とは，「『郷（さと）』によって育てられ，また皆で『郷』を育てていく姿」ということで，これを理念として，地域で活躍している方を中心に講師に招き，地域の特性に着目した講座を開設し，地域の「ひと・もの・こと」，ソーシャル・キャピタルを活かしてコミュニティへの理解を深めるような学習機会を展開している。年間100講座以上を開設しており，運営は行政と市民ボランティアとの共働で行われている。「肩が痛い」「腰がだるい」と言って外出機会の少なかった高齢のスタッフが，地域で活躍している間に自然と活動量が増え，いつの間にかそのような不調を口にしなくなる，という場面を多く見てきた。このような取り組みは，地域だけではなく職場でも応用できるように思われる。健康の保持増進のために「運動して下さい」と言うより，「まずは地域や職場で人の役に立つことを探してみませんか」「楽しいことを見つけてみませんか」から始めてもよいのではないだろうか。

図10-3　福岡県福津市の郷育カレッジ

3-3　行動経済学とは

　認知心理学者ながら2002年にノーベル経済学賞を受賞したKahneman[14]は，人の行動を決定づける要因には，感情的に好きか嫌いか，直感的にしたいかしたくないか，など素早く判断する「システム1」と，批判的にどうすべきか，論理的に正しいかどうかなど，ゆっくりと判断する「システム2」の2つがあるが，「システム1」の方が強く働いてしまう傾向にある，と述べている。感情が高ぶった時，人々は不合理なことでさえ優先的に行動に移してしまうのである。

　筆者は，一般の人々を対象に，健康情報の正しい見方や冷静な判断力の大切さについて指導することがある。その中で「行動経済学の一部に乗せられるな！」とアドバイスすることもある。巷に流れてくる情報の中には，商品を売るために人の心理や行動科学的な特性をうまく利用した宣伝が多い。それらについ誘導されてしまって，必要のないような（不合理な）商品を購入してしまったり，本来安価なものを高額で買わされてしまったりする。しかしながら，「敵を味方に」という考え方もある。このような手法をよい方に使えば，何か新しい境地が開けるかもしれない。近年『Thinking, fast and slow』[14]『不合理だからうまくいく』[11]をはじめ，多くの行動経済学に関する書籍が出版されている。確かに，人の行動は不合理である。まさに『9割の人は行動経済学のカモである』[15]し，『世界は感情で動く』[16]のである。このような行動経済学の考え方については，第12章でも触れられているので参考にしていただきたい。

　一方，理性よりも感情が優先されて物事が進んでいくことに抵抗がある人も少なくはないと思われる。筆者自身もその1人である。感情による行動は，時に重大な危険性ももち合わせている。感情の特性や行動科学を活かす場合も，常に様々な視点から俯瞰的に判断すべきである。「いけいけどんどん」ではなく，クリティカルにそしてバランス感覚を重視した冷静な支援を決して忘れてはならない。

　最近，個人の健康づくりの推進に向けた様々な形式のインセンティブが次第に広がってきているが，それに伴って過剰なインセンティブや常道を逸したものが出てこないよう，厚生労働省は2016年に「個人の予防・健康づくりに向けたインセンティブを提供する取組に係るガイドライン」を公表している[17]。この中で，インセンティブの提供に当たっての留意点として，平等性の確保や行き過ぎた報償への警告，報償だけが目的化することにより本来の健康行動への内発的な動機づけが失われてしまうこと（アンダーマイニング効果）への警告などが示されている。こちらも参考にしていただきたい。

（江口泰正）

参考文献

1. 厚生労働省．平成27年 国民健康・栄養調査結果の概要．厚生労働省，2016．
   http://www.mhlw.go.jp/file/04-Houdouhappyou-10904750-Kenkoukyoku-Gantaisakukenkouzoushinka/kekkagaiyou.pdf(accessed: 2017.2.26)
2. WHO. Milestones in Health Promotion: Statements from Global Conferences: WHO, 2009.
   http://www.who.int/healthpromotion/Milestones_Health_Promotion_05022010.pdf(accessed: 2016.12.30)
3. ACSM. ACSM's Guidelines for Exercise Testing and Prescription; Ninth Edition: 355-382. Wolters Kluwer/

Lippincott Williams & Wilkins, 2014.
4. ACSM. ACSM's Guidelines for Exercise Testing and Prescription; Tenth Edition: 377-404, Wolters Kluwer/Lippincott Williams & Wilkins, 2017.
5. Sallis JF, Owen N(著),竹中晃二(監訳).Physical activity and behavioral medicine: 身体活動と行動医学.北大路書房,2006.
6. Ishii K, et al. Sociodemographic variation in the perception of barriers to exercise among japanese adults. *J Epidemiol*. 2009;19:161-68.
7. 江口泰正,他.労働者の運動継続へのインセンティブに関する研究:産業医科大学雑誌.2016; 38: 98.
8. Prochaska JO, Velicer WF. The transtheoretical model of health behavior change. *Am J Health Promot*. 1997; 12: 38-48.
9. 厚生労働省運動所要量・運動指針の策定検討会.健康づくりのための運動指針 2006 ＜エクササイズガイド2006＞.2006.
http://www.mhlw.go.jp/shingi/2006/07/dl/s0719-3c.pdf(accessed: 2016.2.20)
10. ポーポーポロダクション.マンガでわかる行動経済学.SBクリエイティブ,2014.
11. ダン・アリエリー(著),櫻井祐子(訳).不合理だからうまくいく.早川書房,2014.
12. ロジュ・カイヨワ(著),多田道太郎,塚崎幹夫(訳).遊びと人間.講談社,1973.
13. Zhang J, et al. Support or competition? How online social networks increase physical activity: A randomized controlled trial. *Prev Med Rep*. 2016; 4: 453-8.
14. Kahneman D. Thinking, fast and slow. Penguin books, 2011.
15. 橋本之克.9割の人間は行動経済学のカモである.経済界,2014.
16. Motterlini M(著),泉典子(訳).世界は感情で動く.紀伊國屋書店,2009.
17. 厚生労働省保険局医療介護連携政策課データヘルス・医療費適正化対策推進室.個人の予防・健康づくりに向けたインセンティブを提供する取組に係るガイドライン.2016.
http://www.mhlw.go.jp/stf/houdou/0000124579.html(accessed: 2016.2.20)

第11章

身体活動・運動を継続するための環境づくり
（ポピュレーション・アプローチ）

キーポイント

・どのような職場環境であれば人は動くのか
・労働者の座位行動を減らす環境整備とは

1 はじめに

多くの労働者は，1日の約3分の1以上の時間を職場で過ごしているため，勤務時間中の身体活動量が1日の総身体活動量に占める割合は大きい。また，勤務中の身体活動量は，仕事の内容によって規定される部分が大きいので，あまりからだを動かさない，座位がちな仕事は，「不活動という職業性曝露」を強いる仕事という見方が可能かもしれない。

このように考えると，仕事中の身体活動量をいかに増やすことができるか，あるいは仕事中の座位行動をいかに減らすことができるか，そして職場として仕事以外の余暇時間の身体活動をどのように支援することができるかは，重要な問題である。本章では，労働者の身体活動を促進・継続させる対策として，ポピュレーション・アプローチの視点から身体活動支援環境について概説する。

2 ハイリスク・アプローチとポピュレーション・アプローチ

まず，ハイリスク・アプローチとポピュレーション・アプローチの違いについて整理する。ハイリスク・アプローチとは，比較的少人数のハイリスク者を対象に集中的に資源（人材や費用）を投入する対策であり，個人あるいは小グループでの介入（保健指導）が行われる場合が多い。例えば生活習慣病対策として，メタボリックシンドロームに着眼してハイリスク者を抽出し，特定保健指導が行われているが，これはハイリスク・アプローチに相当する。一方，ポピュレーション・アプローチは，集団全体に働きかける手法であり，リスクがある人もない人も区別せずに，すべての人を対象として対策を講じる手法である。健康キャンペーンや職場環境の整備などがこれに当たる。

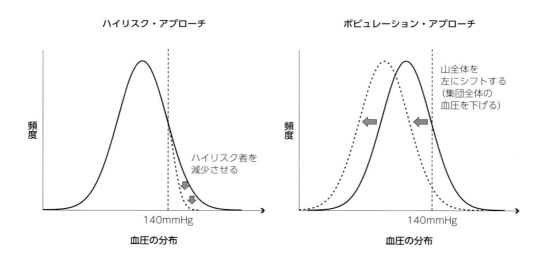

図11-1 ハイリスク・アプローチとポピュレーション・アプローチ

図11-1 は，高血圧を例にハイリスク・アプローチとポピュレーション・アプローチの概念を示したものである。ハイリスク・アプローチが，血圧の高い者を対象とするのに対して，ポピュレーション・アプローチは，すべての人を対象として集団全体の血圧分布を左に（血圧が低くなるように）シフトさせることを目標としている。

労働者の健康状態を改善するには，ハイリスク・アプローチとポピュレーション・アプローチの適切な組み合わせが重要である[1]。しかし，健康診断，個人・小グループ指導といった確立された手法のあるハイリスク・アプローチと比較して，ポピュレーション・アプローチはその重要性にもかかわらず，効果的な方法が十分に示されていないのが現状である。環境アプローチが，ポピュレーション・アプローチの手法として注目されるのには，このような背景がある。2000年以降，身体活動支援環境に関する研究が増加し，労働者の身体活動を促進するためのポピュレーション・アプローチの手法としても，期待が高まっている。

3　身体活動を支援する環境づくり

環境は，そこで生活するすべての人々すなわち，身体活動に関心のある人にもない人にも多少なりとも影響を与え，その効果は長期間にわたる。よって，集団全体で見た時に，身体活動を支援する環境づくりが身体活動の促進・継続に及ぼすインパクトは大きいと期待できる。

また，身体活動とそれを支援する要因（環境要因など）は，生態学モデル 図11-2 を用いて整理することができる[2]。これによると，個人の行動（身体活動）は，個人を取り巻く

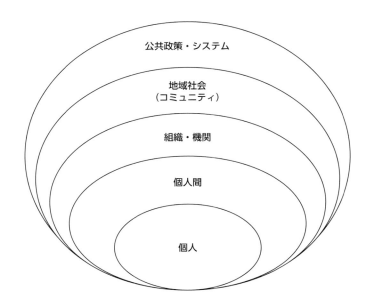

図11-2　生態学モデル　　　　　　　　　　　　　　　　　　　　　　（文献2より作成）

多層的な要因（組織・地域社会・公共政策）と関連することが理解できる[3]。ここでは，生態学モデルによるフレームワークのうち，組織・機関（職域）と地域社会の2つのレベルにおける身体活動に関連する環境要因について述べ，身体活動を支援する環境づくりを考えてみる。

3-1 職場環境と身体活動

職場環境の定義をめぐっては研究者間で見解が異なるが，Hippら[4,5]は，労働者の身体活動を促進する職場環境が測定できる17の尺度を系統的にレビューし，それらが測定している内容を5つの領域にまとめている 表11-1。その領域は，「身体活動促進プログラム」「組織の方針と実践」「内部の物理的環境」「内部の社会的環境」「外部の物理的および社会的環境」である。単に職場内にフィットネス施設があるかどうかといった物理的な環境だけではなく，身体活動を支援する対策，職場において実施されている身体活動プログラム，仲間からの助言といった要因も，身体活動を促進する職場環境に含まれている。以下，職場の物理的環境と社会的環境に分けて概説する。

表11-1　職場環境測定尺度による身体活動促進に関する職場環境の内容

小領域	内容
1. 身体活動促進プログラム	キーワード：プロモーション，ポスター，プログラム，配布 労働者の体力・身体活動の評価，集団健診による評価を行う。身体活動に関連したプログラムに参加しやすいように情報を提供する。組織的な健康教室や身体活動の促進に関するセミナーなどの健康教育を実施するなど。
2. 組織の方針と実践	キーワード：方針，ガイドライン，管理職，事業所の要請 フィットネスクラブ会員費用の助成金，健康保険等への経済的助成をする。職場の方針として勤務時間中でも運動の実施を可能とする。職場外や地域にある健康促進のための組織と連携するなど。
3. 内部の物理的環境	キーワード：アクセス，インテリア，施設一室内にあるすべてのもの フィットネス施設，利用しやすい階段，更衣室およびシャワールームの整備をする。職場や通路の連結性を高めるなど。
4. 内部の社会的環境	キーワード：同僚，サポート，価値 同僚や仲間からよい助言を得る。同僚や仲間とともに好ましい身体活動や健康行動をとるようになるといった相乗効果を得るなど。
5. 外部の物理的および社会的環境	キーワード：職場の近隣，屋外，アクセス 職場近隣が歩きやすい（土地利用の多様性，公共交通機関の利便性，交通面・治安面での安全性，良好な景観など）。駐輪場があり自転車道が整備されている。職場から離れた場所に駐車場がある。運動施設へのアクセスがよいなど。

（文献4および5より作成）

表11-2　有益性や効果を支持するエビデンスが報告されている介入内容

・職場におけるフィットネス施設の新規設置または最新化
・階段の使用を促すポスター（案内）の掲示
・階段へのアクセス向上（利用しやすさ）
・栄養，身体活動，禁煙などの包括的ウェルネスプログラムの提供
・勤務時間内に身体活動を行う時間や身体活動を奨励するプログラムの提供

（文献7より作成）

❶職場の物理的環境

　身体活動を促進する職場の物理的環境要因としては，職場内の施設（フィットネス施設，シャワー室，ロッカー施設），自転車置き場の設置，階段へのアクセスなどが挙げられる。

　Matson-Koffmanら[6]のレビューによると，ロッカー施設の設置により徒歩通勤あるいは自転車通勤をする労働者数が増加すること，職場内のフィットネス施設，シャワー室，ロッカー室といった場所の利便性を高めることで，勤務前（通勤），勤務中，勤務後の身体活動が増加することが報告されている。表11-2は，アメリカ心臓病学会の声明において，職場での身体活動を促進させる介入方法としてエビデンス（科学的根拠）が得られている知見の一部をまとめたものである[7]。ここでも，職場内のフィットネス施設について触れられており，新規設置または最新化することが身体活動の促進につながるとされている。しかし，こうした物理的環境を導入するためにはコストがかかることも事実である。職場によって，規模，業種，経済的余裕度が異なるため，実際には実現可能な環境要因から整備していくことが求められる。

　一方で，階段使用の推奨は，既存の物理的環境を活かしながら，低コストで行える利点がある。そして，階段使用を促進する介入（職場やエレベーター等に階段の使用を促す，あるいは健康へのメリットを伝える掲示物を貼る方法など）によって，労働者の身体活動が増加するという十分なエビデンスが示されている[7〜9]。また，階段使用の促進に関連した準実験デザイン研究によれば，エレベーターが3階ごとに停止する建物で働く労働者は，各階にエレベーターが停止する別の建物で働く労働者と比べて，階段の使用頻度が33倍高かった[10]。この制度の導入当初は，満足，不満足，中立と感じる労働者は3分の1ずつであったが，22か月後には約半数が満足し，不満がある者は4分の1に減少していた。職場の環境づくりでは，労働者が受容できるかどうかを長期的な視点で判断する必要があるのかもしれない。

　留意点として，階段使用の推奨を含めて職場環境の要素それぞれが及ぼす身体活動促進効果は，期待し得るものではあるが，その影響の程度はそれほど大きくない[7]。また，介入効果の検討では，短期間（前後比較等）の介入効果しか検討されていないこと（特に，6か月以上介入効果が持続するか評価した研究が不足），サンプルサイズが400人未満程度の小規模な研究が多いこと，準実験等の研究デザインによる報告が多くランダム化比較試験（randomaized controlled trial：RCT）のようなエビデンスレベルの高い研究が少ないことなどの課題が示されている。今後，質の高い研究の集積が求められる[7]。

❷職場の社会的環境

　社会的環境要因として，身体活動を促進するプログラムの提供，身体活動の促進と関連づけたインセンティブ，フレックスタイムの導入などが挙げられる。

　運動施設の提供に加えて，健康教育（生活習慣病対策への指導や健康問題に関する知識の普及啓発活動等）を実施したり，個人的カウンセリングを充実させたりするなどの様々なプログラムを用意することは，身体活動の促進に効果的であるとされている[6]。また，職場において体力測定やカウンセリングなどのサービスが利用できる労働者は，そうでない労働者に比べて1.9倍，身体活動ガイドライン（中高強度身体活動150分／週）を満たしやすいと報告されている[11]。

また，フィットネスクラブの会員になるための費用を助成することは，労働者の余暇における身体活動レベルと強い関連があるとされ，助成金を出すことは労働者が身体活動を増加させるための経済的なバリアを減らすことにつながると期待される[12]。

　ただし，社会的環境要因への介入が身体活動に及ぼす効果や継続性に関する研究は十分とは言えず，今後さらなる検討が必要である。また，前述したような物理的環境要因を整備するだけでは，身体活動促進に及ぼす効果は限定的な可能性がある。そのため，物理的環境の整備と合わせて組織の方針や社会的環境への介入を組み合わせて行うことで，身体活動の促進がより効果的に行えるかもしれない。WHO（世界保健機関）も複数の要素（設備の提供や家族も含めたプログラムの提供等）を含む職場環境への介入が最も成功しやすいことを報告している[13]。

3-2　地域環境（外部的環境要因）と身体活動

　従来の特定保健指導等の指導現場では，生活習慣改善としての運動を平日の余暇時間（仕事前，あるいは仕事後の時間）や休日に行うことを前提に指導している場合が多い。さらに，労働者自身も，運動する時間を増やしたり，あるいは生活活動を増やそうとしたりする場合，自分自身の時間である余暇時間や休日を利用することが多いと考えられる。こうしたことから，身体活動の促進対策を考える場合には，労働者が日常生活を過ごす自宅近隣の地域環境や通勤経路上の環境についても考慮する必要がある。

　表11-3 および 表11-4 に，これまでの研究で検討されてきた身体活動を支援する地域環境要因の例，およびオーストラリア心臓財団による歩行環境の要約を示す[14,15]。

　一般に，人々の身体活動が高まる地域の特徴として，人口密度が高いこと，多様な土地利用が混在していること（その結果として，自宅周辺に商店街などの歩いて行ける目的地が多いこと），道路の接続性がよいこと，公共交通が整っていること，景観がよいこと，交通面・治安面で安全性が高いこと，運動場所が近くにあること，などが指摘されている 表11-3 。

　また，これらの地域環境要因と歩行習慣の関連については，歩行の目的（通勤，買い物など移動のための歩行なのか，散歩やウォーキングなどのように余暇として行う歩行なのか）によって，関連する環境要因が異なっていることが指摘されている 表11-4 。すなわち，余暇歩行（散歩，ウォーキング）と関連する要因としては，歩道等の歩行者インフラ，景観，安全性，公園等の運動場所への近接性などが指摘されている。それに対して，移動歩行と関連する環境要因としては，目的地への近接性（混合土地利用），道路の接続性，人口密度などが指摘されている。こうした知見の多くは欧米の研究により得られた結果であるが，日本における研究結果も概ね先行研究と一致する関連が報告されている[16]。

　労働者の身体活動・運動指導に際して，居住地周辺あるいは職場周辺の地域環境を考慮することは有益であろう。例えば，日常生活（買い物や通勤等）で歩く機会の多い地域に居住したり，勤務したりしている労働者であれば「普段から歩くように努めましょう」「歩数計を着けてみましょう」「自家用車による通勤から自転車や公共交通に替えてみましょう」といった指導が可能であり，効果的かもしれない。一方，歩く機会の少ない地域（地

表11-3　身体活動支援環境の例

環境要因	身体活動に好ましい地域
住居密度	人口密度，住居密度が高い
土地利用の多様性	住居，商業，就業，教育等の機能が混在した土地利用となっている。多様性の高い地域では，例えば商店街や職場が近接していて歩く機会が増えると考える
公共交通機関の利便性	駅，バス停等へのアクセスがよく，公共交通機関が整っている
道路の連結性	交差点密度が高く，目的地まで最短距離で行ける
歩道・自転車道	歩道の存在，自転車道の存在，整備状況がよい
景観	地域の景観がよい。景観は単に自然の景色だけでなく，街並みが美しい，興味深い建物がある，清掃が行き届いているといったことも含まれる
交通安全	安全に歩いたり自転車に乗ったりできる
治安	犯罪が少なく安心して外出できる
運動場所へのアクセス	運動施設，遊歩道，公園等の利便性がよい

（文献14より作成）

表11-4　身体活動を支援する地域環境要因

移動歩行は一貫して以下の要因と関連している	余暇歩行は一貫して以下の要因と関連している
・商店や公共交通等の目的地への近接性 ・用途が混在した土地利用計画 ・道路の接続性 ・人口密度 ・Walkability（通常上記の要因の関数）	・海岸，運動が行える施設，公園への近接性 ・歩行者インフラ（歩道など） ・景観

（文献15より作成）

方に多い）では，日常生活で歩くように努めるといったことだけでは，大きな成果を得ることが難しいかもしれない。そのような場合には，時間をつくって行う「運動」の推奨にも力を入れる必要があるのかもしれない。日常生活で歩く機会がほとんどなく，特別な運動も行わずに，かつ仕事が座業中心の場合には，身体活動を行う場面がほとんどないことになってしまう。いつ，どこで身体活動を増やせるのか，地域・通勤環境と職場環境を考慮して指導すると効果的だろう。

4　座位行動を減少させる職場環境づくり

　ここまで，身体活動を促進する環境要因について述べてきた。ここで言う身体活動とは，主に身体活動ガイドライン（身体活動指針）で推奨されている中強度以上（3メッツ以上）の身体活動を想定していた。しかし，一般的に1日の覚醒時間における身体活動の強度別時間を考えると，中強度以上の身体活動時間は1日のうちの5％程度に過ぎない。つまり，覚醒時間の残り時間のほとんどは，座位行動（1～1.5メッツ）と低強度身体活動（1.6～2.9メッツ）で構成されている 図11-3 [17]（次頁）（第9章で詳述）。

　近年，座位行動が中強度以上の身体活動とは独立して生活習慣病のリスク行動であることが注目されており，座位行動を減少させる職場環境づくりも身体活動を促進する職場環境と同様に重要である。そこで，座位行動を減少させる職場環境づくりについて述べる。

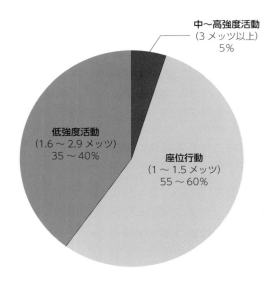

図11-3　1日の覚醒時間に占める各強度の活動の割合　　　　　　　　　　（文献17より作成）

4-1　座位行動に関連する職場の物理的環境

　座位行動を減少させる物理的環境として最近注目されているのは，座位・立位の調節が可能なスタンディングデスクである。また，トレッドミルあるいはペダリング付きのワークステーションが開発されている。ランダム化比較試験における介入効果の有効性を系統的に評価した最近のコクラン・レビューによると，スタンディングデスクの使用により，勤務中の座位時間が30分から2時間程減少することが報告されている[18]。さらに，スタンディングデスクの使用により，筋骨格系障害（首や肩，腕，背中の痛み）を軽減させる効果も示されている[18]。しかし，スタンディングデスクをすべての労働者に対して導入するには，費用やスペースが必要である。また，スタンディングデスクの導入により仕事の生産性がどう変化するのかについては，十分に明らかにされていない。この点について，スタンディングデスクの導入によって仕事の生産性が向上する可能性を示唆する報告[19]や，生産性は向上させなくとも悪影響（低下）は与えないとするシステマティック・レビュー[20]がある。しかしながら，生産性を副次的アウトカムとして評価している研究が多いことや，ランダム化比較試験による検証が不足している点に課題が残る。

　さらに，ワークステーションの導入を単独で行っても，座位行動を改善する効果は限定的であり，ワークステーションと個人介入（個人面談および電話・メール支援等）や組織介入（上級管理職もメール支援等に協力するなど職場の関与）を組み合わせた包括的な介入が必要であることを示唆する報告もある[21]。

　座位行動を減らすことを主目的とした介入研究は比較的新しく，現在様々な研究が進められている。柴田ら[22]は，座位行動の介入研究のシステマティック・レビューを行っているが，これによればランダム化比較試験の介入期間は5日から12週間と短いものが多い。今後は，長期的効果をエビデンスレベルの高い方法で検討する必要がある。

4-2 座位行動に関連する職場の社会的環境

　座位時間に関連する職場の社会的環境として，（メールや電話ではなく）対面によるコミュニケーションをとる職場風土，スタンディング／ウォーキングミーティング，教育的プログラムの提供などが挙げられる[18,23]。オーストラリア人のオフィスワーカーを対象としたランダム化比較試験では，これらの社会的要因へのアプローチにより，勤務日・勤務時間中の座位時間の減少と座位時間の中断（ブレイク）の増加が見られた[24]。

　対面式のコミュニケーションやスタンディング／ウォーキングミーティングによって，長時間継続する座位時間を中断することが可能だが，労働者へのインタビュー調査では，メールのように議論の内容が残らないことが課題として指摘された。座位行動を減少させる社会的環境へのアプローチは，物理的環境へのアプローチに比べてコスト面からは実行可能性が高いとも考えられるが，ランダム化比較試験による研究数が少なく，今後さらなる検証が必要である[18]。

---

column11-1　身体活動のトロント憲章

　「身体活動のトロント憲章」は，2010年5月に国際身体活動公衆衛生会議において，世界各国の主要な身体活動推進に携わる研究者・専門家・政策決定者1,200人以上が参加し，採択された。本憲章では，身体活動の推進が，健康，社会の持続的発展，経済発展に対して恩恵をもたらすことが述べられ，身体活動推進のための具体的な9つの指針と，これに沿ってどのような行動がとられるべきかが4つの行動（対策）として示されている。

　これらの指針の1つに，身体活動を規定する環境要因に対する環境整備が含まれており，環境づくりが重視された内容となっている[25,26]。また，本憲章では指針に基づく行動（対策）の中に，国家施策，行動計画の策定が示されている。日本では，健康日本21（第二次）において，「住民が運動しやすいまちづくり・環境整備に取り組む自治体数の増加」が目標項目として掲げられている。わが国でも身体活動を推進する環境整備に向けた社会的な基盤づくりが始まっていると言える。

5　今後の課題

　労働者の身体活動の促進および座位行動の減少には，職場環境への介入が有効と考えられる。しかし，職場環境づくりは，主体となる事業主側の理解と協力が必要であり，産業保健専門職だけで環境整備を進めることは難しい。実際，座位行動を減少させる包括的介入を実施した事例では，職場（上級職）の積極的な関与を含むプログラムが多い。職場環境づくりは，職場の組織全体における協働の上に成り立って初めて実現し得る介入と言える。

　こうした職場全体の協働を推進するには，健康管理部門が自分自身の課題のみに関心をもつのではなく，他部門の課題や職場組織全体が抱えている課題等に幅広く関心をもち，健康管理部門としてどのように貢献できるかを考えることが有効である。例えば，会議を

効率化して生産性（業務への集中力など）を高めることに関心の高い職場で，スタンディングミーティングを提案してみるといったことが考えられる．エコ通勤（公共交通の利用推進）に取り組む職場であれば，エコ通勤が身体活動量の増加に役立つことに着目して，エコ通勤を実施している部門と連携し，健康増進の一環としても公共交通の利用を推奨するように労働者に働きかけることが可能だろう．

このような他部門との協働のためには，日頃から他部門と交流を深めておく必要がある．WHOは「ノンヘルスセクター・アプローチ」と呼ばれる取り組みを推奨している．これは，経済，労働，開発など保健医療以外の分野（ノンヘルスセクター）における方針や政策が健康に大きな影響を与えていることを認識し，「すべての政策の中に健康」を入れ込むアプローチである[27]．職場においても，他部門が掲げる方針の中に「健康」という価値観が含まれ，それが職場の部門間で共有され，労働者の身体活動を促進する包括的な対策が部門間で評価，実行されるようになれば，職場環境を大きく改善することができると考えられる．

（福島教照，天笠志保，井上茂）

参考文献

1. ジェフリー・ローズ（著），水嶋春朔（訳）．予防医学のストラテジー：生活習慣病対策と健康増進．医学書院，1998．
2. Division of Nutrition, Physical Activity, and Obesity, National Center for Chronic Disease Prevention and Health Promotion;
   https://www.cdc.gov/nccdphp/dnpao/state-local-programs/health-equity/framing-the-issue.html（accessed: 2017.4.13）
3. Sallis JF, et al. Health behavior and health education: theory, research, and practice 4th edition. New York: Jossey-Bass A Wiley Imprint, 2008.
4. Hipp JA, et al. Review of measures of worksite environmental and policy supports for physical activity and healthy eating. *Prev Chronic Dis*. 2015; 12: E65.
5. 渡辺和広，他．労働者の身体活動を促進する職場環境．産業医学ジャーナル．2016; 39: 100-4．
6. Matson-Koffman DM, et al. A site-specific literature review of policy and environmental interventions that promote physical activity and nutrition for cardiovascular health: what works? *Am J Health Promot*. 2005; 19: 167-93.
7. Mozaffarian D, et al. Population approaches to improve diet, physical activity, and smoking habits: a scientific statement from the American Heart Association. *Circulation*. 2012; 126: 1514-63.
8. Soler RE, et al. Point-of-decision prompts to increase stair use. A systematic review update. *Am J Prev Med*. 2010; 38: S292-300.
9. Bellicha A, et al. Stair-use interventions in worksites and public settings - a systematic review of effectiveness and external validity. *Prev Med*. 2015; 70: 3-13.
10. Nicoll G, Zimring C. Effect of innovative building design on physical activity. *J Public Health Policy*. 2009: 30: S111-23.
11. Dodson EA, et al. Worksite policies and environments supporting physical activity in midwestern communities. *Am J Health Promot*. 2008; 23: 51-5.
12. Lucove JC, et al. Workers' perceptions about worksite policies and environments and their association with leisure-time physical activity. *Am J Health Promot*. 2007; 21: 196-200.
13. WHO. Interventions on Diet and Physical Activity: What Works: summary report.
    http://www.who.int/dietphysicalactivity/summary-report-09.pdf（accessed: 2017.4.13）

14. 井上茂，他．生活習慣病と環境要因：身体活動に影響する環境要因とその整備．医学のあゆみ．2011; 236: 75-80.
15. The Heart Foundation's National Physical Activity Committee. Position statement : The built environment and walking. 2009.
16. Inoue S, et al. Association between perceived neighborhood environment and walking among adults in 4 cities in Japan. *J Epidemiol*. 2010; 20: 277-86.
17. Dunstan DW, et al. Too much sitting--a health hazard. *Diabetes Res Clin Pract*. 2012; 97: 368-76.
18. Shrestha N, et al. Workplace interventions for reducing sitting time at work. *Cochrane Database Syst Rev*. 2016; 3: CD010912.
19. Thorp AA, et al. Breaking up workplace sitting time with intermittent standing bouts improves fatigue and musculoskeletal discomfort in overweight/obese office workers. *Occup Environ Med*. 2014; 71: 765-71.
20. Karakolis T, et al. The impact of sit-stand office workstations on worker discomfort and productivity: a review. *Appl Ergon*. 2014; 45: 799-806.
21. Neuhaus M, et al. Workplace sitting and height-adjustable workstations: a randomized controlled trial. *Am J Prev Med*. 2014; 46: 30-40.
22. 柴田愛，他．成人を対象とした座位時間を減らすための介入研究のシステマティックレビュー．運動疫学研究．2014; 16: 9-23.
23. Gilson ND, et al. Do walking strategies to increase physical activity reduce reported sitting in workplaces: a randomised control trial. *Int J Behav Nutr Phys Act*. 2009; 6: 43.
24. Parry S, et al. Participatory workplace interventions can reduce sedentary time for office workers--a randomised controlled trial. *PLoS One*. 2013; 8: e78957.
25. 井上茂，他．身体活動のトロント憲章日本語版：世界規模での行動の呼びかけ．運動疫学研究．2011; 13: 12-29.
26. 岡浩一朗，他．「非感染性疾患予防：身体活動への有効な投資」日本語版の紹介．運動疫学研究．2013; 15: 17-30.
27. WHO. Adelaide Statement on Health in All Policies.
    http://www.who.int/social_determinants/hiap_statement_who_sa_final.pdf（accessed: 2017.4.13）

第12章

健康格差を見据えたヘルスプロモーション戦略

キーポイント

・健康格差とは何か
・健康づくりを個人だけに任せてよいのか
・思わず健康になる戦略とは

1 はじめに

「知識はついたが，実行が伴わなかった」おそらくこれが，2001年から10年間にわたり，「健康寿命の延伸」を目標として展開された「健康日本21」の取り組みを総括する一言である。

健康日本21は，数値目標を定めてヘルスプロモーション活動を「マネジメント」していくことを目指した画期的なものであった。その設立趣旨書には，次のように書いてある。

> 健康づくりは，結局は，<u>国民一人一人が正しい知識を持ち，自ら自覚し，自らの意志で生活習慣の行動変容を遂げなければ効果を上げることはできない。</u>こうした個人の力と併せて，社会全体としても，個人の主体的な健康づくりを支援してゆくことが重要である。（下線筆者）

健康という価値は相対的なものであるから，目指すゴールも人それぞれである。したがって，個人が主体的に健康づくりを進めるという前提は至極納得がいくものであり，WHO（世界保健機関）の提唱するプライマリ・ヘルスケアの概念とも矛盾しない。

しかし，違和感もある。特に上記の下線を引いた部分である。自覚的に行動しないと効果をあげられない，という趣旨だが，これが真であるならば，健康づくりに無関心な人は無視せざるを得ないことになる。あるいは，そういう人たちには，健康づくりに関心が芽生えるまで辛抱強く説得して，自ら「動きだす」のを待つしかやりようがない，そうなるまでは本人の健康リスクが蓄積していこうが，それは仕方ないこととなる。果たしてそれでよいのだろうか。

案の定，健康日本21の結果は芳しくなかった。59の目標のうち，達成できたのは17%にとどまり，15%は悪化してしまった。その具体的な項目を見てみると，達成できたのは「メタボリックシンドロームを認知している割合」といった知識の普及に関するものが大部分で，実際の健康アウトカムの目標達成は追いつかなかったと言える。

そこで登場したのが健康日本21（第二次）である。健康寿命の延伸に加え，「健康格差の縮小」が目標に加わった。健康格差を縮小するには，現在不健康だが健康づくりにも積極的になれない人々に対して効果的にアプローチすることが必要である。しかし，社会的に不利な状況にある人ほど，健康づくりに関心をもちにくい。従来式の啓発活動でアピールするような，「健康は大切です」というメッセージはそういう人々の心には届きづらい。

健康づくりの動機づけがされていない人，健康に無関心な人でも健康になれる方法はないものか。健康格差対策においては，この視点が重要となろう。本章では，健康格差対策に焦点を当て，健康日本21（第二次）を含めたこれからのヘルスプロモーション施策をどう進めるべきかについて，その理論面を解説する。

2 健康格差の観点はなぜ重要なのか

2-1 健康格差とは

「健康格差」とは，個人が置かれた社会的・地理的状況により健康状態が異なることである。所得や雇用形態，学歴，人種，居住地といった社会属性により，健康アウトカムに違いが見られることを言う。

「健康格差」は，いつの時代も，どういった状況にでも見られる。遠い国々の話ではなく，日本をはじめとする豊かな国にも歴然として存在する。例えば，労働者の健康格差については，イギリスのホワイトホール研究が有名である。ホワイトホールとは，日本で言う東京の霞が関のような官公庁街のことで，社会疫学者マーモットらは，ホワイトホールの労働者数千人を長年にわたり追跡する疫学研究を続けてきた。そこからわかった最も重要な知見は，職位が低い人ほど不健康で寿命が短いということであった 図12-1 [1,2]。

生きるために必要なもの，つまり衣食住に事欠けば当然命が脅かされる。しかし，そのような「絶対的貧困」，あるいは「極貧」と呼ばれる状況は，日本やイギリスのような豊かな国にはほとんどない。ホワイトホール研究が注目されたのは，豊かな国の国家公務員という，社会保障も雇用も安定している人たちの間にもこのような「健康格差」が見られた，ということである。衣食住だけでは語れない「何か」が，健康格差をつくり上げている可能性を示している。

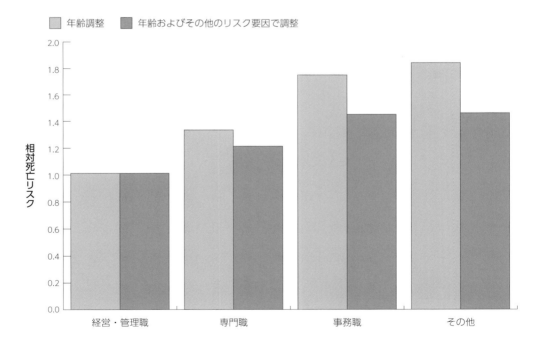

図12-1 ホワイトホール25年の追跡結果 （文献1，2より）

2-2 健康は自己責任では語れない

「健康の社会的決定要因」の考えに基づけば，その「何か」とは，職業や社会階層，教育といった社会経済状況であり，人とのつながり（社会関係）や住んでいる住宅，地域の環境である．加えて，そういった状況をつくり出している社会のあり様，すなわち文化や制度・政策，景気動向も関係する 図12-2 ．

これまでの社会疫学研究によって，生まれ育った国や地域，家庭環境の違いによりそれぞれの生活習慣や考え方が身につき，生涯の健康に影響することが示されている．また，

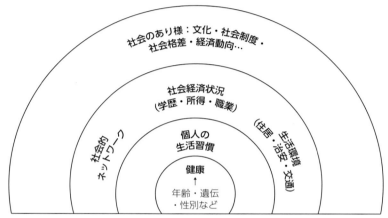

健康は遺伝や生活習慣だけでなく，それを取り巻く多重レベルの社会的要因によって決まる．

図12-2　健康の決定要因

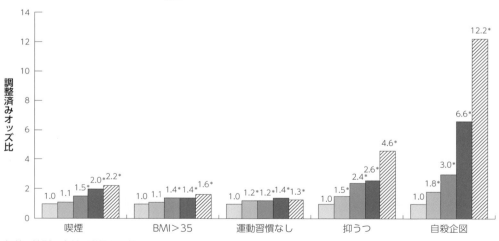

年齢，性別，人種，学歴を調整

図12-3　子ども時代の逆境体験の数と成人期の健康の関連（アメリカ）　　　　（文献3より）

幼少期に受けた逆境体験が多いほど，成人してからも肥満や運動不足などあらゆる生活習慣リスクが高く，早世するリスクも高いことが明らかとなっている 図12-3[3]。私たちは，この世に生を受ける時，国や場所そして両親を選ぶことはできない。自分の力ではどうしようもないものによって，生涯の健康リスクはある程度決まってしまうのである。

現代の日本において問題となる貧困は，「相対的貧困」と呼ばれるものである。生きていくための衣食住は足りていても，社会一般で当たり前と思われている活動が制限されているようなストレスフルな状況のことを指す。例えば，知人とお茶を楽しんだり，冠婚葬祭に参加したりする経済的なゆとりがなければ，周囲との良好なつながりを維持できず孤立していく。社会の中で孤立することは，喫煙に匹敵するほどの健康リスクであることが知られている[4]。ヨーロッパの多くの国では，相対的貧困の考えに基づき1人ひとりが良好な社会関係を保つことができるように，という観点で社会保障がデザインされている。

一方で，「自堕落な生活を送ってからだを壊した人は自己責任だ，社会が救う必要はない」というように考える人々もいる。このような，いわば「健康自己責任論」は，極めて安直な発想に基づくものであり，保健制度を考える際，何の役にも立たない。その理由は主に2つある。1つは，100％自己責任で不健康になった人は存在せず，それを科学的に実証し，自己責任か否かを線引きすることは不可能であることである。もう1つは，仮に100％自己責任で不健康になった人がいたとしても，放置すれば社会が混乱することである。からだを害して働けない人に対して何の社会保障も施さなければ，それこそ文字通り路頭に迷う人が増え，犯罪に走る人も出てくるだろう。

3 健康の社会的決定要因とヘルスプロモーション

3-1　WHOからの3つの推奨

では，健康格差の問題にどう対応すればよいのだろうか。WHOの「健康の社会的決定要因に関する特別委員会」の最終報告書は，3つの推奨事項を挙げている[5]。平易な言葉に訳すと，次のようになる。

❶生活環境を改善する

健康づくりに関心をもてない人に，「健康づくりをしましょう」といった「直球の」メッセージを投げるだけでは，大きな効果は期待できない。疾病の「原因の原因」，つまり不健康な生活習慣をせざるを得ない原因を見出し，そこを解決することである。身体活動に関して言えば，例えば，孤立や住環境，身体活動のための金銭的コストである。

❷連携によって，誰もが健康になれる制度や環境を設計・調整する

上記のような生活の場面に踏み込んだ対策を「健康づくり」の専門家が単独で行うことはできない。職場に関して言えば，給与や就労の制度や規範，職場の人間関係について，人事担当部署や労働組合，そして経営幹部と課題を共有して一緒に取り組んでいく必要がある。雇用・労働制度について言えば，時に国の法律や政府主導の働き方に関する制度改革の議論に参加すること，現場の立場から議論の土台をつくるために声をあげ，アドボカ

シーを進めることも必要である。

❸健康格差のモニタリング（見える化）

健康格差を測定して「見える化」することは，課題を抽出し，関係者間で共有し，対策を進め，そして対策を評価するというPDCAのあらゆる段階において不可欠である。職場であれば，部署やラインごと，仕事内容や雇用形態ごとに健康状態を評価して，環境や制度のせいで不健康になっている部署がないかを明らかにする。

まとめると，データをもとに健康格差の現状を把握し，多様な人々と共有し，幅広い連携で生活環境を整える。そうすることで，健康づくりに積極的になれない人でも自然と健康になれるような環境をデザインするということだ。

3-2　健康格差対策の考え方

したがって，健康格差対策においては，1人ひとりの健康リスクを把握して対応するハイリスク・アプローチではなく，地域や社会全体を相手にする「ポピュレーション・アプローチ」が基本となる。しかし，集団全体を相手にすると言っても，健康の大切さを広く社会に漫然と訴えるような「知識の啓発」だけでは，かえって格差を広げてしまいかねない 図12-4 。健康に無関心な社会弱者は，そのようなメッセージにも無関心であることが多いため取り残されてしまう一方，生活にゆとりのある人々は，いち早くそういった知識を吸収して実践に移しやすいからである[6,7]。

❶「弱者に特化したポピュレーション・アプローチ」で底上げ

そこで健康格差を縮小する際に重要なのが，「社会弱者に特化したポピュレーション・アプローチ（vulnerable population approach）」である。集団全体の中で特に不健康な人々や，環境のせいで不健康になっている人々に向けた特別プログラムを提供することで，健康状態を底上げして，全体として健康格差を縮小するのである。例えば，あなたの会社に

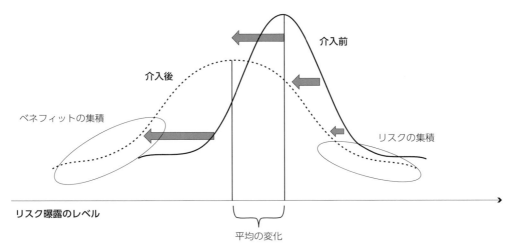

知識啓発型のポピュレーション・アプローチだけでは，平均値は下がっても格差は広がってしまう可能性がある。

図12-4　ポピュレーション・アプローチに潜む危険性

は運動を奨励するための補助金制度などがあるが，派遣社員や非正規雇用の社員には適用されないとする。ある年の一般健診で，非正規雇用者にメタボリックシンドロームの該当者がとても多いことがわかった。そこで，非正規雇用者向けの特別なスポーツ施設利用のための補助制度を創設した，といった活動が当てはまる。

ただし，この社会弱者に特化したポピュレーション・アプローチは，ターゲットを絞り込むことで効果をあげやすい一方，対象者を選別することにより<u>「社会弱者」というレッテル張りをしてしまい，周囲からの差別や，自身のスティグマ（自分は社会弱者であるという「引け目」を自覚すること）を助長する可能性がある</u>ため，注意が必要である。

❷「傾斜をつけたユニバーサル・アプローチ」

そこで大切なのが，選別をしない，全員を対象とした「ユニバーサル」なポピュレーション・アプローチである。重要なのは，漫然と全員に「健康になりましょう」というメッセージを投げかけるのではなく，集団の中の社会背景の違いを意識して，社会的に不利な度合いに応じて介入を強めるのである。これは，「傾斜をつけたユニバーサル・アプローチ」[8]あるいは「比例的普遍主義（proportionate universalism）」[9]という言葉で概念化されている 図12-5 。

3-3 連携と合意形成に役立つツールの活用

WHOの推奨事項にあるように，生活環境を整えるためには，様々な機関や組織と連携して取り組んでいく必要がある。とはいえ，健康づくりが目的ではない組織に「健康づくりしましょう」と持ち掛けるのは，健康に無関心な人に「健康づくりしましょう」とアピールするのと同じくらい無意味である。また，目的の違う様々な人たちと合意形成をしていかなければならない。そもそもどの組織と連携を進めるべきかを，まず考える必要がある。大事なのは，お互いにwin-winの関係を目指すことである。

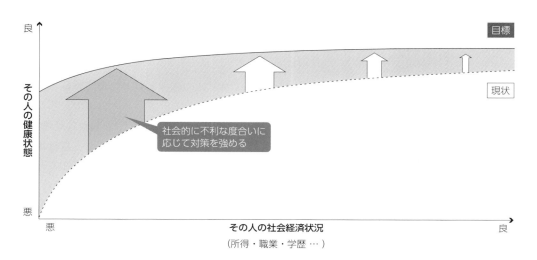

図12-5　傾斜をつけたユニバーサル・アプローチの概念図　　　　　　　　　　　（文献10より）

❶健康影響予測評価（Health Impact Assessment）

　健康づくりの取り組みにしろ，雇用対策にしろ，地域や社会で何らかの介入が行われる時は，様々な集団に多様な影響が及ぼされる。大多数にはメリットのある活動と思われるものでも，思わぬ集団に不利益が生じる可能性もある。健康影響予測評価（Health Impact Assessment）は，その取り組みに関係しそうなあらゆるグループの代表者（利害関係者）同士で話し合い，どのような集団にどのような影響が生じる可能性があるかを明らかにする取り組みである。時に対立することもある利害関係者同士が「健康への影響」をテーマに話し合い，より公正で効果的な介入とするための改善提案をまとめ上げる。このことで，利害関係者同士の「合意形成」を進めることが，最大の目的である。日本公衆衛生学会などがガイドラインを公開しているので，活用するとよい[11]。

❷アクションチェックリスト

　地域や職域で何らかの取り組みをスタートさせる時は，まず，連携すべき部署や組織がないかを明らかにするといいだろう。他の部署がすでに実施していることかもしれないし，win-winの関係が築けるかもしれない。どのような部署や組織と優先して連携すべきかを簡単にチェックできるのが，「健康・介護施策における部署間連携のためのアクションチェックリスト（第一版）」である[12]注1。

4　健康に無関心な人を「動かす」仕組みとは

　以上のように，健康格差対策の観点では，健康になろうという個人の努力を支援するアプローチだけでなく，健康に無関心な人でも健康になれる仕組みが重要である。長い人生，危機はいつ訪れるかわからない。健康保険や老齢年金，失業保険，生活保護といった社会保障は，不測の事態が起きても社会から転落しないためのセーフティネットであり，それがヘルスプロモーションにおいても極めて重要な仕組みである。

　ただし，「最悪の事態」から身を守ってくれるような最低限のセーフティネットだけでは，心許ない。できればよりポジティブに，誰もがさらに健康になれるような仕組みや仕掛けをつくりたいものである。

　また，直接的な社会保障制度だけでなく，交通アクセスの確保といった環境整備も役立つ。ここで，高齢者の「閉じこもり」の問題を例に考えてみる。東日本大震災で大きな被害を受けた岩手県陸前高田市では，津波の被害を受けた市街地の住民が中山間地に避難し，不便な生活を余儀なくされた。交通環境が整わず，買い物に行きづらくなった。農村地域の高齢者にとって，買い物には「井戸端会議」のような役割がある。買い物先で知人と会い，おしゃべりに花が咲く。震災後，陸前高田市では被災によって買い物の機会が奪われ，閉じこもりがちになっている高齢者の増加が懸念されていた。実際，Hiraiらの研究[13]では，買い物環境までの距離が遠くなるほど，閉じこもり状態の高齢者が多くなっている現状が明らかになった 図12-6 。こうした状況に対し，同市では買い物バスや移動販売車のルートを調整するといったことが官民で連携して行われ，いわば「買い物難民」と呼ばれるべき人々の閉じこもり対策として機能していた。

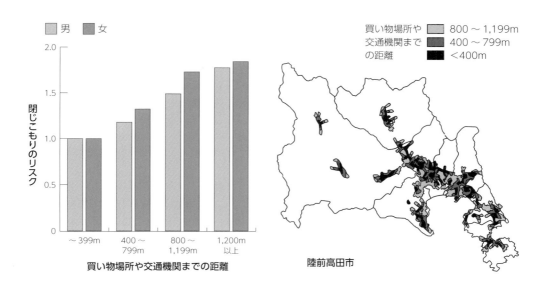

図12-6 買い物場所や交通機関までの距離別の閉じこもりのリスク （文献3より）

4-1 思わず健康にする戦略

人を「動かす」仕組みとして近年注目されているのが，「ナッジ（nudge）」の概念である。ナッジとは，肘などで突いて「そっと後押しする」という意味の英語である。健康に限らず，より"よい"選択を1人ひとりが行いやすくなるように環境を「デザイン」する（「行動アーキテクチャ」を整える），という考え方である。ポイントは，法やしきたりによって強く規制したり強要したりせず，あくまでも選択は本人が行うことである。

典型例は，タバコの値上げである。タバコを値上げしても，買いたい人は買うことができる。しかし，値上げすることで買うことをためらう人が増える。こうして，禁煙する方向にナッジするのである。値上げの心理的影響は所得が低い人ほど大きいため，「傾斜をつけたユニバーサル・アプローチ」の考えにも当てはまることが理解できるだろう。前述した買い物環境の事例も，外出しやすくなる環境をデザインするという観点で言えばナッジと言っていい。

世界一肥満者が多い国であるメキシコでは，ユニークな取り組みが行われた。肥満者の身体活動を増やすためのナッジ戦略である。具体的には，地下鉄の入り口に，図12-7のようなスクワットマシンが置かれていて，画面の

10回スクワットすると地下鉄の乗車券が出てくる

図12-7 メキシコシティの地下鉄のスクワットマシン

第12章 健康格差を見据えたヘルスプロモーション戦略 | 143

前で10回スクワットすると，地下鉄の乗車券が手に入るという仕組みが導入された。スクワットをするかしないかは本人の意思であるが，思わずスクワットしたくなる「仕掛け」である。また，スウェーデンには階段がピアノの鍵盤になっている駅がある。しかも，階段を上ったり降りたりする際，実際に音が出るようにしてあるという。これは，思わず階段を上りたくなる「仕掛け」である。

4-2　認知バイアスを利用する

　ナッジが依拠しているのは，人々の一見不合理な行動の"クセ"を逆手にとって，それを活用することである。合理的選択を「効用を最大化する選択」，つまり「得られる（あるいは損をする）価値の大きさとそれが起きる確率の掛け合わせを最大（損失であれば最小）にする選択」と捉えた場合，私たちは日々，実に多くの"不合理な"選択をしていることになる。認知のバイアス（ゆがみ）によって，理屈で考えれば損をするような選択を思わずしてしまうのである。

　社会心理学や認知行動科学の長きにわたる成果の蓄積により，そういった行動のクセを個人や社会の改善に効果的に応用できることがわかってきた。それをわかりやすい言葉で表現したのが，ナッジという概念である。

❶フレーミング効果

　認知バイアスを生み出すメカニズムの中でも有名なのは，「フレーミング効果」である。具体例で説明しよう。あなたは重病を患い，医師から手術の提案があったとする。外科医Aが，あなたに次のように説明した。

　　「これまでのデータによると，この手術を受けた場合，100人のうち10人が5年以内に死亡します。この手術をしますか？」

　この言葉を聞いたあなたは，おそらく青ざめて考え込んでしまうだろう。藁をもつかむような思いで，別の外科医Bに相談してみた。すると，

　　「この手術を受けた場合，90％の確率で5年以上生存します」

との説明であった。あなたはほっと胸をなでおろし，「それなら手術をしようかな」と思うかもしれない。

　実は，外科医Aも外科医Bも，言っていることはまったく同じである。つまり，死ぬか，生きるか，というどちらのフレームで話をするかによって印象がまったく異なり，それが行動選択に大きく影響するのである。

　フレーミング効果は，小売り戦略の常套手段である。今やホテルの予約はインターネットが主流であるが，たくさんの宿泊プランがあって目が回りそうになることがある。そんな中，あるホテルが次の2つのプランを並列して提示していたとしよう。

- 格安プラン：1泊4,500円
- ポイント応援プラン：1泊5,000円＋今だけ！ポイント10倍

　ちなみに100円につき1ポイントで，1ポイントは1円分として今回の予約を含め，宿泊料金の支払いに利用できるとする。あなたならどちらを選ぶだろうか。
　これも上記の手術の例と同様，価値としてはまったく同じである。しかし，人によっては後者の方を「お得」と感じてしまうかもしれない。ただし実際は，「ポイント応援プラン」で損をしないためには，ポイントを使用するための追加の手間（時間や心理的コスト）を要する。ネット予約百戦錬磨の聡明な出張族であれば，迷わず「格安プラン」を選ぶだろう[注2]。

❷損失回避バイアス

　「損失回避バイアス（risk aversion bias）」も，よく知られている認知バイアスである。同じ価値でも，得をする場合と損をする場合とでは，損をする（現在保有しているものを失う）場合の方を大きく見積もってしまう。例えば，「今だけ半額」セールは，「今買わなければ損」というメッセージと言っていいだろう（実際は年に何度も「今だけセール」があったりする）。つまり，損失回避バイアスへ訴える戦略である。
　いずれにせよ，こういった認知のクセを知ることで，ナッジ戦略をうまく活用できる可能性がある。

4-3　デフォルトの選択肢を変える

　選択肢には，「何もしない場合に自動的に選ばれる：デフォルト」のものがある。日本では臓器移植が決して普及しているとは言えないが，臓器提供の意思表示者が少ないことがその最大の要因であろう。これは，日本の臓器提供の意思表示が「オプトイン式」，つまり本人が「提供します」と意思表示してサインしておかないと認められないことが関係している。デフォルトが，「提供しない」なのである。日本の臓器移植意思表示者を劇的に増やすのは，ごく簡単だ。ヨーロッパなどのいくつかの国がすでに採用しているように，デフォルトを「提供する」にすればよい。要するに，提供したくなければ，「提供しません」とする文章にサインをする形式にするのである。
　また，食べる量を調整する時は，デフォルトの提供サイズを調整することが効果的である。世界企業googleの社内食堂には，ひねるとM&Mチョコレートがばらばらと出てくるサーバーがあり，社員は好きなだけ食べることができる。同社は，食べ過ぎの社員が続出することを心配し，ある時，小袋に入れた状態でサーブするようにした。すると，平均して1回当たりの摂取量が58％減少，具体的には308 kcalから130 kcalへと激減したという[14]。

4-4　マーケティングしよう：時代に即した"商品"開発を

　健康格差対策を見据えたヘルスプロモーションにおいて，マーケティングは重要である。

第12章　健康格差を見据えたヘルスプロモーション戦略

「顧客」は誰か，顧客の求めるものは何かを明らかにして，顧客の求めに沿うように"商品"をつくり込み，"売り方"を工夫するのである。顧客を行動様式別に「セグメンテーション（分類）」すること，各セグメント（行動様式の異なる集団）に的を絞り（ターゲティングして）対応することである。

そして，徹底的に製品の魅力の向上と売り込み方の工夫をする[15]注3。すなわち，「プロモーション」である。ヘルスプロモーションにおける"商品"とは，健康という価値，あるいは健康サービスや健康行動（身体活動の増加など）と考えればいいだろう。

保健"商品"としてのプロダクト開発においては，技術革新の恩恵を最大限に活用したい。特定の行動を引き出すため，新しいインターフェースやメディアを活用するのである。例えば，「スマホ世代」には，スマートフォンというインターフェースを存分に活用したい。

物事をゲーム仕立てにすることで，個人のコミットメントを増やす「ゲーミフィケーション（ゲーム化）」の応用には期待がもてる。オンラインゲームが普及したことにより，人を情報端末上で起きる特定の行動（ゲーム）に「はめる」技術やノウハウが急激に蓄積してきた。人を健康行動に「はめる」ことができるか。ここに大きなヒントがある[16]。

column12-1　「仕掛け」とは

これまで「仕掛け」という言葉を何度か使用した。仕掛けとは何だろうか。松村によれば，仕掛けには3つの要件があるという。「公平性：誰も不利益を被らない」「誘因性：行動が誘われる」「目的の二重性：仕掛ける側と仕掛けられる側の目的が異なる」である[17]。特に，目的の二重性は重要だろう。これまでの様々な事例を振り返ってみてほしい。例えば，メキシコのスクワットマシンにおいて，仕掛ける側の目的は「スクワットすること」，仕掛けられる側の目的は「タダの乗車券を入手すること」である。仕掛けのデザインには，仕掛けられる側が求めるもの（デマンド）をいかに察知し，こちらが提供したいもの（健康）と結びつけられるかがポイントになる。

5　まとめ

健康格差・健康の社会的決定要因という「視点」をもつことで，今後のヘルスプロモーション施策をより効率的に，かつ公正に進めるためのヒントが見えてくる。身体活動を増やす，特にそれを継続していくことは，なかなかハードルが高い。マーケティングのセンスをもって，自然とからだを動かしたくなるような多様な仕掛けや仕組みを職場や地域に構築していくことが求められる。

（近藤尚己）

注1：主に介護予防や地域包括ケアに関する連携を想定してつくられたものであるが，他の場面にも応用可能。
注2：実際こういう事例はよくあり，ホテルがマーケティング実験として行っているのだと思われる。
注3：マーケティングの4P（product, price, promotion, place）のこと。

参考文献

1. マイケル・マーモット（著），鏡森定信，橋本英樹（訳）．社会格差という病：ステータス症候群．日本評論社，2007.
2. Berkman LF, Kawachi I. Social epidemiology. New York: Oxford University Press, 2000.
3. Felitti VJ, et al. Relationship of childhood abuse and household dysfunction to many of the leading causes of death in adults. The Adverse Childhood Experiences(ACE)Study. *Am J Prev Med*. 1998; 14: 245-58.
4. Holt-Lunstad J, et al. Social Relationships and Mortality Risk: A Meta-analytic Review. *PLoS Med*. 2010; 7: e1000316.
5. WHO Commission on Social Determinants of Health. Closing the gap in a generation: health equity through action on the social determinants of health. Final Report of the Commission on Social Determinants of Health. Geneva: World Health Organization, 2008.
6. Frohlich K, Potvin L. Transcending the known in public health practice: the inequality paradox: the population approach and vulnerable populations. *Am J Public Health*. 2008; 98: 216-21.
7. 福田吉治．ポピュレーションアプローチは健康格差を拡大させる？ vulnerable population approachの提言．日本衛生学雑誌．2008; 63: 735-8.
8. 近藤尚己．健康格差対策のすすめ方：効果をもたらす5つの視点．医学書院，2016.
9. Marmot M, et al. Fair Society, Healthy Lives: The Marmot Review, strategic review of health inequalities in england post-2010. London; 2010.
10. 近藤克則，他．健康格差対策の7原則 第1.1版（2015年）．公益財団法人医療科学研究所自主研究委員会，2015.
11. 日本公衆衛生学会（公衆衛生モニタリング・レポート委員会）．健康影響予測評価ガイダンス（2011年版）．2011.
12. 藤野善久，他．健康・介護施策における部署間連携のためのアクションチェックリスト（第一版）．2016．ダウンロード先：近藤尚己ウェブサイト（http://plaza.umin.ac.jp/~naoki_kondo/index.html）のコラム欄またはJAGESウェブサイト（https://www.jages.net/?action=common_download_main&upload_id=543）
13. Hirai H, et al. Distance to retail stores and risk of being homebound among older adults in a city severely affected by the 2011 Great East Japan Earthquake. *Age Ageing*. 2015; 44: 478-84.
14. Chance Z, et al. How Google Optimized Healthy Office Snacks. *Harvard Business Review*; MARCH 03, 2016.
15. McCarthy EJ. Basic Marketing: A Managerial Approach. R.D. Irwin, 1960.
16. ニール・イヤール，ライアン・フーバー（著）．Hooked翻訳チーム，他（訳）．Hooked ハマるしかけ：使われつづけるサービスを生み出す［心理学］×［デザイン］の新ルール．翔泳社，2014.
17. 松村 真．仕掛け学：人を動かすアイデアのつくり方．東洋経済新報社，2016.

第 **13** 章

身体活動・運動の
リスク管理

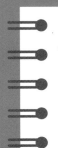

キーポイント

・身体活動・運動の実施が身体にもたらすリスクとは
・身体活動・運動のリスクを軽減させるために欠かせない点は

1 身体活動・運動に伴うリスクとその管理

　身体活動・運動には多くの利益がある。その利益を最大限に活かすためにも，身体活動・運動に伴うリスクを知り，管理することは重要である。2008年から特定健康診査・特定保健指導が始まり，職場においても運動指導を行う機会は増えてきている。特定保健指導の対象となる人は，メタボリックシンドローム該当者やその予備群であり，心血管リスクの高い集団でもある。リスクを見積もり，その対策を考える一連の流れは，産業保健の場における労働安全衛生リスクマネジメントにも通じる考え方である。

1-1　運動による突然死等のリスク

　身体活動・運動に伴う最も重篤なリスクは，運動に起因した突然死である。運動による突然死について調べた21年間のコホート研究[1]では，35歳以下の若者1,386,600人（うち112,790人が運動選手）を対象とし，運動選手と一般の人を比較している。その結果，観察された300人の突然死の55%は運動選手で生じており，10万人年当たり2.3人であった。一般の人では10万人年当たり0.9人であり，運動選手に比べおよそ5分の2程度の頻度であった。運動選手では89%が運動に関連した突然死であったが，一般の人では運動に関連した突然死は9%に過ぎなかったと報告されている。運動に伴う突然死のリスク増加は確かにあるが，運動自体が原因ではなく，運動中に致死性の心室性不整脈を引き起こすような心血管状態にあったことに影響されると考察されている。

　アメリカスポーツ医学会による『運動処方の指針（原書第8版）』[2]においても，運動に伴うリスクとして，一般に心血管系が正常である健常者では，運動が心筋梗塞や狭心症などの心血管系の疾患を引き起こすことは極めて稀だとしている。健常者が行うような中強度の活動では，心停止あるいは心筋梗塞のリスクは非常に低い。しかし，激しい運動をする人では，心臓突然死や心筋梗塞のリスクが急性かつ一時的に高まるとしている。

　運動に伴うけがや痛みの発症については，わが国で行われたメタボリックシンドロームおよびその予備群を対象とした研究で，非監視下で1日15分程度の歩行の増加を1年間継続したことにより，平均5 kg程度の減量が見られたが，17%の対象者が運動器にけがや痛みを感じたことが報告されている[3]。Guhら[4]によると，肥満者が身体活動・運動による減量に取り組むことで，関節症の相対危険度が男性で2.76倍，女性で1.80倍，慢性腰痛では男女とも1.59倍となることが報告されている。

　安全対策としては，アメリカスポーツ医学会[2]によると，激しい運動に関連した心血管系の疾患発症の頻度は低いため，これらの疾病の発生を減少させる方策の有効性を検証することは非常に難しいとされる。一方で，アメリカ心臓協会（American Heart Association：AHA）の最近の見解[5]では，「習慣的身体活動の有益性はリスクを十分に上回っており，医師は運動のリスクを過大評価すべきではない」としている点は興味深い。

　近年の職場における労働衛生上の課題として，生活習慣病をもつ労働者の増加が挙げられる。労働者人口の高齢化に伴い，その割合は今後も増加すると考えられる。運動による

突然死等のリスクは，集団の心疾患の罹患率が高ければ増加することになる。職場における運動指導に伴う心血管系の疾患発症などの事故の発生は，職場の健康増進活動の実践を停滞させる要因にもなり得る。

できるだけ多くの人が適度な強度の運動習慣を身につけることは予防医学において大きな意義をもつため，運動による不利な心血管系の疾患発症のリスクが高い個人を見極める過程を経ることは重要である。しかし，繰り返すが，リスクの層別化を行うことが運動参加の妨げになることは避けなければならないという視点も重要である。

1-2　リスクの把握と層別化

運動習慣のなかった40歳以上の男性，50歳以上の女性，心血管疾患で高いリスクをもつ人が，これまで経験したこともない高い強度の運動プログラムを始める時は，まず医師に相談すべきである[2]。身体活動レベルを高めることを希望する人たちのリスク層別化のガイドラインとして，次のような目的が挙げられている[2]。

- 身体の状態が改善し，コントロールされるまで，運動プログラムを控えるべき医学的禁忌条件をもつ個人を見極めること。
- 医学的監視をつけた運動プログラムに参加すべき明らかな病気や（身体）状態の人を識別すること。
- 年齢や症状やリスク因子から，運動トレーニングを始める前や実施中の運動プログラムの頻度，強度，時間を増やす前に，医学的検査や体力測定を受ける方がよいと思われる疾患リスクの高い個人を見つけること。
- 体力測定や運動プログラムの作成に影響し得る個々人の特別なニーズを識別すること。

これらを目的とした自己判定用の質問紙も存在しており，世界的にはPhysical Activity Readiness Questionnaire（PAR-Q）[2]が有名である。また，AHA/ACSM健康/体力づくり運動参加前簡易スクリーニング質問票（health/fitness facility pre-participation screening questionnaire）[2]も有用であろう。

わが国では「健康づくりのための身体活動基準2013」[6]に，保健指導の一環としての運動指導の可否を判断する際の留意事項が，手順も含め詳しく記載されている。図13-1（次頁）および表13-1（次頁）にあるように，生活習慣病予備群を対象者とした場合の運動指導の実施を決定するまでのフローチャートが掲載されており，現場で運動指導を行うに当たっての利活用が望まれる。

血糖，血圧および脂質が基準範囲内の対象者については，健康づくりのため積極的に身体活動に取り組むことを推奨すべきで，その際には，「運動開始前のセルフチェックリスト」図13-2（p.153）を各自で活用するとよい。

対象者の指導に当たる人は，表13-1にある血圧，脂質，血糖についての検査値の基準をもとに，受診勧奨レベルかどうかの判断を行い（手順1），受診が必要であれば，医療機

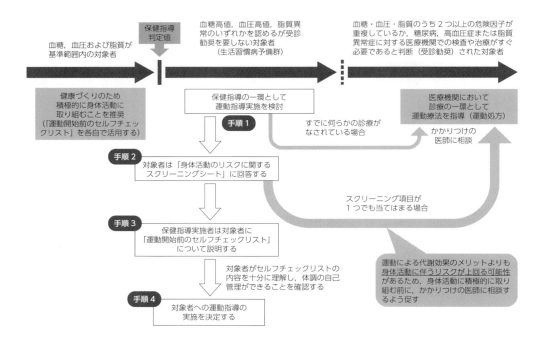

図13-1 生活習慣病予備群の対象者に対する運動指導の可否の考え方

(文献6より)

表13-1 血圧高値，脂質異常，血糖高値に関する具体的な検査値

	基準範囲内 (保健指導判定値を 超えないレベル)	保健指導判定値を超えるが すぐには受診を要しないレベル	すぐに受診を要するレベル※
血圧 (mmHg)	収縮期血圧<130 かつ 拡張期血圧<85	130≦収縮期血圧<160 または 85≦拡張期血圧<100	収縮期血圧≧160 または 拡張期血圧≧100
脂質 (mg/dL)	LDL<120 かつ TG<150 かつ HDL≧40	120≦LDL<180 または 150≦TG<1,000 または HDL<40	LDL≧180 または TG≧1,000
血糖	空腹時血糖(mg/dL)≦99 HbA1c(NGSP)≦5.5%	100≦空腹時血糖(mg/dL)≦125 5.6≦HbA1c(NGSP)≦6.4%	空腹時血糖(mg/dL)≧126 HbA1c(NGSP)≧6.5%

※必ずしも，特定健診における受診勧奨判定値を超えるレベルとは同一ではない。

(文献6より)

関において診療の一環として運動療法の指導を受けるように勧める。受診勧奨レベルでなければ，図13-1にある手順2に従い，「身体活動のリスクに関するスクリーニングシート」図13-3（p.154）を用いて，対象者がこれらの項目に1つでも該当する場合は，得られる効果よりも身体活動・運動に伴うリスクが上回る可能性が高いため，身体活動・運動に積極的に取り組む前にかかりつけの医師に相談するように促す。「身体活動のリスクに関するスクリーニングシート」のどの項目にもチェックがない場合は，手順3に従い「運動開

健康づくりのための運動に取り組むときには，体調の確認が大切です。
自分でチェックする習慣をつけましょう。

	チェック項目	回答	
1	足腰の痛みが強い	はい	いいえ
2	熱がある	はい	いいえ
3	体がだるい	はい	いいえ
4	吐き気がある，気分が悪い	はい	いいえ
5	頭痛やめまいがする	はい	いいえ
6	耳鳴りがする	はい	いいえ
7	過労気味で体調が悪い	はい	いいえ
8	睡眠不足で体調が悪い	はい	いいえ
9	食欲がない	はい	いいえ
10	二日酔いで体調が悪い	はい	いいえ
11	下痢や便秘をして腹痛がある	はい	いいえ
12	少し動いただけで息切れや動悸がする	はい	いいえ
13	咳やたんが出て，風邪気味である	はい	いいえ
14	胸が痛い	はい	いいえ
15	（夏季）熱中症警報が出ている	はい	いいえ

昭和63年度 日本体育協会「スポーツ行事の安全管理に関する研究」より引用改変

運動を始める前に1つでも「はい」があったら，<u>今日の運動は中止してください。</u>

すべて「いいえ」であれば，<u>無理のない範囲で</u>※運動に取り組みましょう。

（注）このセルフチェックリストでは，分かりやすくするために「運動」としていますが，生活活動（運動以外の身体活動）の場合も，強度が強い場合は同様の注意が必要になります。

＿＿＿年＿＿月＿＿日

※運動中に「きつい」と感じる場合は，運動強度が強すぎるかもしれません。適切な運動強度を知るためにも，自分で脈拍数を確認する習慣をつけましょう。
（例）あなたが40〜50歳代で脈拍数が145拍／分以上になるようなら，その運動は強すぎる可能性があります。
※無理は禁物です。運動中に「異常かな」と感じたら，運動を中止し，周囲に助けを求めましょう。

説明担当者 氏名：＿＿＿＿＿＿＿＿
（保健指導実施者）

実践者 氏名：＿＿＿＿＿＿＿＿
（保健指導対象者）

図13-2 運動開始前のセルフチェックリスト　　　　　　　　　　　　　　　　　（文献6より）

保健指導の一環として身体活動（生活活動・運動）に積極的に取り組むことを検討する際には，このスクリーニングシートを活用してください。

	チェック項目	回答	
1	医師から心臓に問題があると言われたことがありますか？ （心電図検査で「異常がある」と言われたことがある場合も含みます）	はい	いいえ
2	運動をすると息切れしたり，胸部に痛みを感じたりしますか？	はい	いいえ
3	体を動かしていない時に胸部の痛みを感じたり，脈の不整を感じたりすることがありますか？	はい	いいえ
4	「たちくらみ」や「めまい」がしたり，意識を失ったことがありますか？	はい	いいえ
5	家族に原因不明で突然亡くなった人がいますか？	はい	いいえ
6	医師から足腰に障害があると言われたことがありますか？ （脊柱管狭窄症や変形性膝関節症などと診断されたことがある場合も含みます）	はい	いいえ
7	運動をすると，足腰の痛みが悪化しますか？	はい	いいえ

【参考】Physical Activitiy Readiness Questionaire（PAR-Q）

「はい」と答えた項目が1つでもあった場合は，身体活動による代謝効果のメリットよりも身体活動に伴うリスクが上回る可能性があります。
身体活動に積極的に取り組む前に，医師に相談してください。

すべて「いいえ」であった場合は，図13-2に例示する「運動開始前のセルフチェックリスト」を確認した上で，健康づくりのための身体活動（特に運動）に取り組みましょう。

_____年___月___日

説明担当者 氏名：_____　　実践者 氏名：_____
（保健指導実施者）　　　　　　　　　　　　　　（保健指導対象者）

※ここでは，血糖・血圧・脂質のいずれかについて保健指導判定値以上（HDLコレステロールの場合は保健指導判定値以下）であるが受診勧奨は要しない状態の人について活用することを主に想定していますが，こうしたリスクは健診で見出されないこともあるため，健診結果に問題がない人であっても積極的に活用することが望まれます。
なお，保健指導判定値等については，表13-1や「標準的な健診・保健指導プログラム（改訂版）」を参照してください。
（注）健診結果を踏まえ，すぐに医療機関を受診する必要があると指摘された場合は，かかりつけの医師のもとで，食事や身体活動等に関する生活習慣の改善に取り組みつつ，必要に応じて薬物療法を受ける必要があります。

図13-3　身体活動のリスクに関するスクリーニングシート　　　　　　（文献6より，一部改変）

始前のセルフチェックリスト」図13-2（p.153）の説明を行い，対象者がセルフチェックリストの内容を十分に理解し，体調の自己管理ができることを確認し，対象者への運動指導の実施を決定する流れになっており，現場で運動指導を実践する際にとても有用である。

1-3　身体活動・運動に安全に取り組むための留意事項

　たとえ以上のようなスクリーニングを行った場合でも，特に職域では，近年大きな課題となっている過重労働の存在は心血管系疾患の大きな危険因子の1つとされており，労働者に対する運動指導に際しては留意が必要である。したがって，スクリーニングシートでは把握しきれない，対象者の生活上・労働生活上の背景も十分に考慮すべきであろう。

　「健康づくりのための身体活動基準2013」[6]には，身体活動に安全に取り組むための留意事項として，服装や靴の選択，前後の準備・整理運動の実施方法の指導，種類・種目や強度の目安，正しいフォームの指導，足腰に痛み等がある場合の配慮，身体活動中の体調管理，救急時のための準備についても触れられており，大変参考になる。

　特に運動強度は，安全で効果的に身体活動・運動を実践するためには重要な要素である。運動強度の目安としては，対象者本人にとっての「きつさ」の感覚，すなわち自覚的運動強度（Borg Scale）が有用である 図13-4（次頁）。これは，6から20の数値間に「非常に楽である」から「かなりきつい」までを割り振った単純なスケールであるが，この数字を10倍すると健常な20代の脈拍数に相当し，運動強度を指導するには非常に有用なスケールである。

　表13-2（次頁）にある通り，生活習慣病患者等には，有酸素運動の強度に相当する「楽である」から「ややきつい」と感じる程度の強さの身体活動が適切であり，「きつい」と感じるような身体活動は避けた方がよいとされている。

1-4　身体活動・運動の強度と酸化ストレス

　ここで，身体活動・運動の強度が身体に及ぼす影響について，多くの生活習慣病やがんとの関連が示唆されている酸化ストレスの視点から考えてみる。低強度（体力の25％程度），中強度（体力の50％程度），高強度（体力の75％程度）の3種類の運動強度の違いによる血管内皮機能に対する影響が報告されている[7]。中強度の運動では，12週間の運動により血管内皮機能が向上したが，高強度の運動ではその効果は認められず，むしろ酸化ストレスの指標が増加した。つまり，酸化ストレスの視点から見ると，健康増進目的の場合は強過ぎる負荷は避けるべきであると考えられる。実際，運動による効果として12週間の有酸素運動，つまり中強度を中心とした運動によって血中の酸化ストレス指標が有意に減少したことが報告されている[8]。

　表13-2には，年代別の脈拍数の目安が記載されている。指導に際して脈拍数の計り方を対象者に説明し，自己管理できるようにしておくとよい。最近では，脈拍を測定するウェアラブルデバイスも手に入るようになっており有用であろう。ただし，年齢別の脈拍数は個人差があるので，あくまでも目安であること，降圧剤として用いる薬などによっては脈拍数が影響を受ける可能性があることに留意する必要がある。

```
6
7   非常に楽である
8
9   かなり楽である
10
11  楽である
12
13  ややきつい
14
15  きつい
16
17  かなりきつい
18
19  非常にきつい
20
```

図13-4 自覚的運動強度（Borg Scale） （文献2より）

表13-2 運動強度の感じ方と年代別の脈拍数の目安

強度の感じ方 (Borg Scale)	評価	1分間当たりの脈拍数の目安（拍／分）				
		60歳代	50歳代	40歳代	30歳代	20歳代
きつい～かなりきつい	×*	135	145	150	165	170
ややきつい	○	125	135	140	145	150
楽である	○	120	125	130	135	135

＊生活習慣病患者等である場合は，この強度の身体活動は避けた方がよい。

（文献6より）

1-5 生活習慣病および整形外科的疾患がある場合の留意点

　日本医師会の『日常診療のための運動指導と生活指導 ABC　健康スポーツ医からのアドバイス』[9]では，生活習慣病や整形外科的疾患がある場合の運動指導の適応と禁忌，留意事項について述べている。

　例えば，高血圧症における運動指導の禁忌は，180/110 mmHg以上のⅢ度高血圧，高血圧以外のリスクが3個以上ある，Ⅱ度高血圧（160－179/100－109 mmHg）で高血圧以外の1個以上のリスクがあるか，メタボリックシンドロームの場合となっている。また，肥満症およびメタボリックシンドロームでは，BMI 30以上の肥満症で運動指導は禁忌となっており，その場合は食事療法による減量を重視することになっている。以上のような事例では，実際に運動指導を行うに当たって事前に医師に相談する必要がある。

　整形外科的疾患については，以下のような注意点が挙げられている。腰痛患者への運動指導は歩くこと，歩行訓練につきるとされている。正しい姿勢でやや速歩にすることで，

体幹筋の筋力増強と柔軟性が獲得できる。

　変形性膝関節症では大腿四頭筋の訓練が必要で，疼痛が比較的強い場合や関節に水がたまっている場合は，仰向けに寝て膝を伸ばしたまま踵を床から15 cm位上げて5秒間キープするような等尺性運動が適している。比較的若年で症状が軽く，筋力のある患者に対しては上記に加えて1〜2 kgの重りを足首に着けて行う等の抵抗を加えた等尺性運動が有効である。

　五十肩では，肩甲周囲筋群の拘縮の改善，肩関節の可動域の改善を目的としたストレッチングを主体とし，ゆっくりと，疼痛のない範囲で繰り返し行うことが大切である。症状が改善した後は，再発予防のためにも筋力アップを目的とした運動も追加する。

　頸部痛に対しては，ストレッチングとして頸椎の前後屈，側屈，回旋を行う。目安としては10回を1セットとし，1〜3セットを目標とする。肩こりに対しては，僧帽筋や肩関節周囲筋群のストレッチングを行う。目安としては10回を1セットとし，1〜3セットを目標とする。また，等尺性の項筋体操による筋力強化訓練も必要に応じて行う。なお，項筋とは頸部後方の僧帽筋を中心とした筋群を指す。

　身体活動・運動の実施中は，「無理をしない，異常と感じたら運動を中止し，周囲に助けを求める」ことを対象者に周知徹底する。保健指導実施者が身体活動・運動の場に立ち会う場合は，身体活動・運動中の対象者の様子や表情等をこまめに観察することが望ましい。

　「健康づくりのための身体活動基準2013」[6]には，救急時のための準備についても触れられている。保健指導実施者は，指導現場における身体活動・運動時の傷害や事故の発生に備えて，緊急時の連絡体制や搬送経路を確立し，指導現場に立ち会う保健指導実施者の救急処置のスキルを高めておく必要がある。

2　メディカルチェック

2-1　運動負荷試験のリスク

　運動負荷試験を行う目的は，運動を行うことの安全性の確認や，その人に合った運動指導内容を指示できるようにすることであるため，実施可能な環境下であれば行うことが望ましい。潜在性の冠動脈疾患の発見や運動時の安全性の確認ができ，運動時の血圧等の反応を運動指導に活かすこともできる。

　運動負荷試験は，問診，診察，諸検査の結果を見て，必要な場合に実施すべきである。日本医師会では，①冠動脈危険因子（虚血性心疾患あるいは突然死の家族歴，喫煙，高血圧，高コレステロール血症，低HDLコレステロール，耐糖能異常，肥満）2個以上，②男性50歳以上・女性60歳以上，③最大酸素摂取量60％以上の運動の際には実施，④狭心症の疑い・安静時心電図の異常がある場合は，医療機関で運動負荷試験を実施すべきであるとしている[9]。

　運動負荷試験中の心臓合併症のリスクとしては，試験10,000回当たり6件の心血管系の疾患発症とある[2]。ただし，そのデータ元の大多数は症候限界性（何らかの自覚症状が

出現するまで運動を続けること）の運動負荷試験に関するものであり，同じ集団で行った場合でも最大下試験のリスクはより低いと考えられる。

運動負荷試験中の事故を回避するため，運動負荷中は自覚的・他覚的所見を注意深く観察し，胸痛，息切れ，めまい，ふらつきなどの自覚症状，顔面蒼白，歩行障害などの他覚症状，収縮期血圧 250 mmHg 以上に至る血圧の上昇や，運動中の血圧低下，心筋の虚血性の変化等を疑う ST 低下・上昇といった心電図変化や期外収縮の頻発，心室頻拍などの不整脈の出現などが見られた場合には，中止することが重要である。

> ### column13-1　運動負荷試験で心血管疾患を発見
>
> 筆者がある自治体における健康増進事業において，運動強度を設定するために実施する運動負荷試験で経験した例を挙げる 図13-5。本例は，運動負荷試験中の心電図において，1年前（図上段）は認めなかった，心臓の筋肉に酸素の供給が不十分な時に起こるような変化を，1年後（図下段）に認めた症例である。
>
> 精査を受けたところ，心臓の筋肉に血液を供給する血管である冠動脈の主要なすべての血管が詰まりかけている，いわゆる三枝病変で，バイパス術による外科的治療を要する重篤な心血管疾患であった。自覚症状はまったくなく，運動負荷試験中も自覚症状は認めず，運動強度の調整のために行った運動負荷試験を実施したからこそ見つかった，まさに命拾いをした症例である。
>
>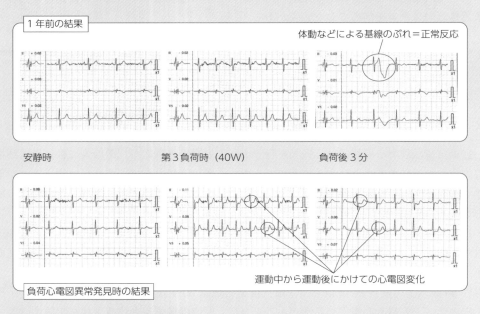
>
> 上段：異常を認める1年前の負荷心電図
> 下段：異常を認めた負荷心電図（特にⅡ誘導に負荷後も残る ST 低下を認める）
>
> **図13-5　自覚症状を認めなかった冠動脈疾患の例（72歳，女性，運動負荷心電図の結果）**

2-2 整形外科的メディカルチェック

日本医師会によると，整形外科的メディカルチェックは，運動を行うに当たって，骨・関節・筋肉などの運動器に問題がないかをチェックして，もしも異常がある場合には予防策を講じるために行われる，とある[9]。

内容としては，脊柱や四肢のアライメント（骨格の並び方）は正常か，動きの悪い関節はないか，筋力が弱い筋肉はないか，柔らか過ぎる不安定な関節はないか，硬過ぎる筋肉はないか，などをチェックしていく．また，高齢者では，timed up & go test という機能的移動能力を評価するもの，functional reach test という動的バランス能力を評価するもの，片脚起立時間という静的バランス能力を評価するもの，健脚度という普段の生活に必要な脚の力や身体のバランス能力を調べる10 m全力歩行時間，最大一歩幅，40 cm踏み台昇降の3項目で評価するもの等が推奨されている．

まとめると，身体活動・運動による利益を最大限に活かすためにも，それらに伴うリスクを理解し，リスクの層別化を行い，個々に適した対応を行うことが大切であろう．一方で，予防医学の観点から身体活動・運動を実践する上でリスクを過大評価することなく，多くの人が実践できるようにサポートしていくことが望まれる．

（太田雅規）

参考文献

1. Corrado D, et al. Does sports activity enhance the risk of sudden death in adolescents and young adults? *J Am Coll Cardiol*. 2003; 42: 1959-63.
2. American College of Sports Medicine（編），日本体力医学会（監訳）．運動処方の指針：運動負荷試験と運動プログラム（原書8版）．南江堂，2011．
3. 財団法人日本公衆衛生協会．高齢者福祉施策の推進に寄与する調査研究事業　介護予防に係る総合的な調査研究事業　報告書．2010．
4. Guh DP, et al. The incidence of co-morbidities related to obesity and overweight: a systematic review and meta-analysis. *BMC Public Health*. 2009; 9: 88.
5. American College of Sports M, American Heart A. Exercise and acute cardiovascular events: placing the risks into perspective. *Med Sci Sports Exerc*. 2007; 39: 886-97.
6. 厚生労働省．健康づくりのための身体活動基準2013．2013．
   http://www.mhlw.go.jp/stf/houdou/2r9852000002xple-att/2r9852000002xpqt.pdf（accessed 2017.1.31）
7. Goto C, et al. Effect of different intensities of exercise on endothelium-dependent vasodilation in humans: role of endothelium-dependent nitric oxide and oxidative stress. *Circulation*, 2003; 108: 530-5.
8. Ohta M, et al. Blood pressure-lowering effects of lifestyle modification: possible involvement of nitric oxide bioavailability. *Hypertens Res*. 2005; 28: 779-86.
9. 日本医師会（編）．日常診療のための運動指導と生活指導ABC　健康スポーツ医からのアドバイス．メジカルレビュー社，2010．

BOX 3
職場における運動指導時の事故等に関して知っておきたい法的事項

Q1 職場の保健指導担当者から職場で運動を実施するように勧められていた人が，業務の一環としてではなく，自ら職場で運動を実施している時に事故が発生して死亡（もしくは負傷）してしまいました。運動を勧めた事業主や保健指導担当者等に責任が発生しますか？ また，勤務時間中と勤務時間外（いずれも職場にて）での違いはありますか？

A1 一般的に，雇用している労働者が死亡（もしくは負傷）したことに基づいて，事業主が遺族または労働者本人に対して金銭的な補償をしなければならない法的根拠は，①労災補償責任，②不法行為責任，③債務不履行の3つである。

本ケースでは，労働者が運動していたのは業務の一環としてではなく，また事業主が故意に労働者を致死傷させた例でもないと考えられるため，②のうちの過失に基づく責任と③の成立が問題となる。

事業主は労働者に対して「安全（・健康）配慮義務」（以下，安全配慮義務とする）を負っているため（労働契約法5条），事業主が組織としてこれに違反して損害を発生させたと判断される場合，事業主には②不法行為と③債務不履行の両方が成立し，金銭補償等をしなければならなくなる。なお，当該義務違反が認められる場合，勤務時間内外という事情に左右されない。「安全配慮義務」の一般的な内容は，「対象者の安全・衛生」への「実質的な管理責任を持つ者」が，予見される災害や疾病といった危険性に対する「回避可能性」が認められる場合に，「そのための手続ないし最善の注意義務を尽くす」ことである。

本ケースで，労働者の致死傷の原因が，事業主による業務量の適切な調整ができておらず，労働者に長時間労働を課した上に運動を勧めた結果，当該労働者が疲労等で集中力が低下していて転倒等したことにあるという場合は，事業主は同義務違反としての責任を負うことになる。また，職場内の設備等に起因する場合（危険物が設置されているのに十分なスペースが確保されておらず，簡単な運動をするだけで同危険物に接触する可能性が存在した場合）は，事業主は安全配慮義務違反として当該労働者に対して責任を負う可能性が否めない（もっとも，この場合は，事業主は民法717条に基づく工作物責任というものを負う可能性もあるが，紙面の関係上，詳述は避ける）。

これに対して，保健指導担当者が労働者に対して責任を負うのは，その指導内容が客観的に合理性を欠く等，「適切な運動方法を指導し，労働者に致死傷を発生させない」という自身の注意義務に違反した場合である（上述の②，過失に基づく不法行為責任）。仮に保健指導担当者が責任を負う場合で，保健指導担当者が当該事業主に雇用されている者であった場合は，事業主も使用者責任を負う（民法715条）可能性が高い。

また，適切な運動方法を指導していたにもかかわらず，労働者が自身の判断で（もしくは理解不足で別の方法によって）運動を行い致死傷した場合，指導方法が著しく理解困難なものであった等の事情がない限り，原則として保健指導担当者が労働者に対して責任を負うことはな

い。また、これに関しても、勤務時間内外という事情に左右されない。

予防策としては、いざ損害賠償責任を負うこととなってしまった場合に備えスポーツ保険等に加入しておくことはもちろん、そもそも外部的な要因で事故が発生したとの認定を受けないよう、職場内の整理整頓や労務管理を常日頃から正常に行っておく、もしくは正常に保つよう指導しておく、ということが基本である。なお、「適切な運動方法を指導する」という面に関してはA2で触れる。

Q2

職場で外部講師を招いて身体活動・運動の実践指導を実施してもらった時に、受講中の労働者に事故が発生してしまいました。この時、責任は講師にありますか、それとも事業主に責任がありますか？

A2

運動の実施場所の状態（広さ、室温、設備、危険物の有無等）や、外部講師の依頼の経緯（何らの資格や技能も有しない者を、それと知って依頼した等）に関して問題があった場合には、事業主が労働者に対して損害賠償義務を負う可能性がある。

これに対し、資格や技能を有している外部講師が、運動の実施方法に問題があって労働者の事故を招いた場合（労働者の体力に見合わず身体に過度な負担がかかる内容を実施した等）には、外部講師のみが損害上の責任を負い、事業主は何らの責任を負わないのが原則である。

例外として、そのような通常の範囲を逸した行為をする講師であることを事業主が知っており、自社の労働者の体力には見合っていない運動指導がなされることが予見できた場合には、事業主も講師とともに責任を負うことが予想される。

このような事故等を防止するためにも、運動指導者を選任する場合は、健康運動指導士やヘルスケア・トレーナー等の有資格者に依頼するようにし、また指導者や事業者は、第13章に紹介してあるような事前のチェックを行って、対象者の身体状況を把握してから実施する習慣をもっておくことが望まれる。

Q3

就業時間内の休み時間に運動するように指導すると、休憩をとらせないことになりますか？

A3

休憩時間とは、労働者が労働時間の途中において休息のために使用者からの指揮命令から完全に解放されることを保証されている時間のことをいう（休憩時間自由利用の原則。労働基準法34条3項）。すなわち、使用者は休憩時間中の労働者の行動に制約を加えることが禁止されている。

したがって、「休み時間に運動するように指導する」というのが、単に推奨の限度にとどまり、行うか否かは最終的には労働者の自由意思に委ねられているのであれば、休憩をとらせないということにはならない。しかしながら、休憩時間中に健康体操やストレッチングの音楽やビデオを流し、労働者に強制的に運動をさせる等の事情があれば、休憩時間中の労働者の行動に制約を加えていると評価され、同時間は休憩時間ではなく労働時間である、とみなされる可能性があるため注意が必要である。

Q4
通勤時に一駅手前で降りて歩くように勧めたところ，その途中で交通事故にあったり，捻挫等のけがをしたりした場合，労働者に対して通勤災害は認定されますか？

A4 上記のような状況で通勤災害として労災認定を受けるかどうか争われ，裁判となった事例は現段階では見当たらない。現に一駅前で降りて歩いて帰る者は少なからずいると思われるが，そのような場面で万が一事故にあっても労災請求をしていないか，特に問題なく労災認定を受けている，という可能性が高い。

しかしながら，一駅前で下車をすることで，通勤時間が大幅に増える等，通勤経路が「合理的な経路及び方法」を逸脱する，ということになると労災認定がされないおそれもあるため，本人にその旨を理解してもらった上で推奨した方が無難であろう。

（泊祐樹）

（注）以上の法的事項の回答は，限られた情報に基づいて作成されているため，実際のケースでは，それぞれの状況等の違いによって解釈が異なる可能性もある。

第14章

企業における具体的な取り組み

- 企業での身体活動・運動の展開に有効な企画，実践，評価の方法は
- 労働者自らが身体活動・運動に取り組める持続的な展開へのコツは

1 ブラザー工業株式会社の取り組み

1-1 企業における健康づくり活動

❶現状と課題

近年,労働者の健康問題としてメンタルヘルスや過重労働による健康障害などが重要視されていく中で,企業におけるトータル・ヘルスプロモーション・プラン(total health promotion plan:THP)の取り組みは,やや低調となってきている。THP は,心身両面の健康に着目する総合的な健康増進プログラムになっているが,そのすべてを実施するためには多くの予算と労力を費やすことが,低調になってきた一因と思われる。ブラザー工業株式会社においても同様で,従業員の健康の保持増進のためという目的だけでは,大規模な活動を展開できる状況にはない。

一方,運動をはじめとした身体活動の重要性に変わりはなく,糖尿病,高血圧,脂質異常症といった生活習慣病やメタボリックシンドロームの予防に不可欠であることから,対象や目的を限定した形で活動を展開するニーズはある。さらに,心の健康に関連するストレスの解消や睡眠の改善効果に着目し,メンタルヘルス対策の一環と位置づけて活動を展開するニーズもある。THP をそのまま推し進めるのは難しいが,企業として健康づくり活動に取り組む意義や実施方法について再考することにより,健康づくり活動の有用性は高まる。

❷企業において健康づくり活動を行う際のハードル

THP のような総合的な健康増進プログラムを展開するために,運動施設や専門スタッフを確保しようとすると多くの予算が必要となり,企業にとっての効果が明確でなければ理解が得られない。企業の健康課題や労働者のニーズに対応した活動を展開していくことが重要であり,「企業活動」として位置づけることを心がけている。

また,継続的な健康づくり活動を行っていくためには,企業の理解とともにその実施体制を整えていかなくてはならない。人的資源を含めた安定的な実施体制を構築しなければ,単発の活動となり,期待する効果があげられない。さらに,労働者側の健康意識の向上や取り組みやすい環境整備も重要である。運動の効果や必要性などの正しい知識の普及と実践活動の展開,そして運動習慣の定着化支援を行うだけでなく,運動する時間の確保や運動意欲向上のためには,「働き方改革」も同時に進めなければならない。

こうしたハードルを認識した上で,健康づくりの企画をつくり上げていった。以降,どのような視点をもって企画立案を行っていくのか,実際にどのような活動を企画し展開しているのかについて述べていく。

1-2 健康づくり活動の企画と展開

❶健康づくり活動の戦略的企画

企業活動として健康づくり活動を行うためには,現状把握に始まり,現状分析,活動の

立案という流れで，戦略的に企画していくことが必要である 図14-1。企画を立案するに当たって，健康づくり活動の目的やテーマは最初に決まっている場合もあれば，現状把握や現状分析を通じて決まってくる場合もある。

「現状把握」では，事業場の従業員数や男女比，年齢分布などの基礎データに始まり，交替制勤務などの勤務形態，一般健康診断の結果，メンタルヘルス不調者の発生状況，過去の健康づくり活動の取り組み状況といった様々な情報を入手し整理する。また，予算や施設，設備，専門スタッフなどの人材といった事業場内資源や安全衛生上の課題，企業の経営状況なども重要な情報となる。

次に，「現状分析」では，得られた情報をもとに事業場および個人の健康リスクを分析し，可能な限り定量的な評価を試みる。また，安全衛生上の課題に基づいたニーズを抽出し，それらの優先順位をつけていく。例えば，デスクワークを行っている労働者の肥満が問題になっている例や，高齢労働者の転倒災害が問題になっている例があり，重要性や緊急性を考えて優先順位をつけていく。現状分析の過程においては，安全衛生委員会を活用することも検討する。問題意識の共有やニーズのすり合わせに有用であるだけでなく，活動の実施段階における協力も得られやすくなる。

最後に，健康づくり活動の「立案」では，既存の活動があればそれを見直す形で進めることも有用である。目的や対象者，実施主体などを現状把握や現状分析で得られた結果をもとに見直していく。新たな活動を企画する際には，5W1H，つまり，「いつ（When：就業時間か否か，休憩時間や休暇の活用）」「どこで（Where：実施場所の確保）」「だれが（Who：実施主体の明確化，スタッフの確保）」「なにを（What：活動内容）」「なぜ（Why：活動の目的や必要性）」「どのように（How：展開方法，段取り，評価）」を明確にしつつ立案していく。

❷企画立案の段階で考慮すべき事項

企業内で産業保健活動を行う際に，必要な時間を就業時間内で確保できるのか，就業時間として認めてくれるのかは，重要な問題である。法令に基づいた活動であれば論を待たないが，活動の根拠や目的，効果がはっきりしない場合には企業に認めてもらうことは容易でない。健康づくり活動も，企業活動として行うのであれば就業時間とするべきであろうが，従業員側の「忙しい業務の最中にやることなのか」「周囲の同僚の目があるので仕

図14-1　企業活動としての健康づくり活動の企画立案の流れ

第14章　企業における具体的な取り組み

事中に抜け出すのは気が引ける」といった意見に出くわすことがある。産業保健スタッフは，このような実情に応じて活動時間の取扱いを決めていく必要がある。

　運動などからだを動かすことを活動に取り入れる場合には，適切な場所の確保も必要となる。手軽さを重視して職場近くの広い会議室などを用意するのか，本格的な運動施設で行うのかを検討する必要がある。

　さらに重要なことは，安定的な実施体制を構築することであり，企業（安全衛生事務局，産業保健スタッフ），健康保険組合，労働組合などの組織のうち，どこが主体的に実施していくのが合目的なのか考える。人材や予算をどのくらいもっているのかということも，検討の際に考慮すべき要素となる。また，複数の組織が協働して実施することが効果的な場合も多い。

❸健康づくり活動の展開と評価

　健康づくり活動を思いつきの活動ではなく戦略的な活動にしていくためには，何を目的に，どのような活動を展開していくのか，を考える必要がある。現状分析で抽出された課題を解決することが目的となると思われるが，ここでしっかりと具体的にしておくとその後の活動の内容を考えやすい。目的を達成することが目標となり，目標達成の有無が評価となっていく。

　活動の種類は，大きく「対象指定型活動」と「イベント型活動」に分けられる。対象指定型活動は，特定の健康リスクをもった集団に対して実施していく活動であり，ハイリスク・アプローチと言える。一方，イベント型活動は，対象者を広く設定し，自由意思で参加してもらうものであり，健康意識の向上や本格的な活動につなげるための広報的な意味合いをもった活動が多く，ポピュレーション・アプローチと言える。どちらの種類の活動を展開するのかによって，募集方法や運営体制，さらには得られる効果も変わってくる。目的や目標に照らして選択していくことが大切である。

　活動内容の企画とともに，評価についてもあらかじめ決めておく。活動を展開した後に評価しようとしても，効果を測定できるようになっていなかったり，都合のよい甘い評価になったりすることが多い。次の活動につなげていくためにも，評価や振り返りをしっかりと行う必要がある。評価については，ストラクチャー評価，プロセス評価，アウトプット評価，パフォーマンス評価，アウトカム評価といったいくつかのレベルで評価するとよい 図14-2 。評価結果については，産業保健スタッフ内部にフィードバックする以外に，必要に応じて対象者や関係者，経営層にフィードバックする。

1-3　健康づくり活動の実際

❶対象指定型活動

　2013年4月に施行された改正高年齢者雇用安定法では，原則的に希望者全員の65歳までの継続雇用制度の導入が義務づけられた。今後，65歳まで働くことが当たり前となるばかりか，さらに高齢の労働者も増えてくると予想される。当社でも2006年に定年後再雇用制度を導入し，65歳まで働くことができる仕組みを整えている。

　一般的に，高齢になるにしたがって感覚機能（視力，聴力など）や運動機能（瞬発力，

脚力など）は低下しやすいことから，企業は高齢労働者が増加することによって転倒などの労働災害が増えることを懸念している．実際に，高齢労働者の労働災害の防止は第12次労働災害防止計画においても重要な課題の1つとなっており，労働災害の発生率（休業災害発生年千人率）は，20歳未満を除き年齢が高くなるほど上昇する傾向が認められている[1]．

こうした状況の中，当社の子会社の警備部門から，高齢労働者の労働災害防止のための施策を考えてほしい，という依頼があった．現状の年齢構成，転倒災害等の発生状況，健康診断の結果などを参照し，健康教室を企画した．警備部門で働く高齢労働者に対して，加齢に伴って衰えた身体機能を自覚してもらうために体力測定を行い，その後，結果の解説とともに身体機能の維持強化について講話を行った．体力測定では，平衡性チェックとして閉眼片足立ちテスト，敏捷性チェックとして棒反応時間の測定などを行った 図14-3 ．

今回行った健康教室は，今後の身体機能向上のための導入教育の位置づけであり，すぐにパフォーマンスやアウトカムが測れるものではない．そのため，自らの身体機能を自覚してもらい運動の必要性を認識してもらう，といった意識変化の程度を評価指標とした．

今後，継続的な介入プログラムを展開していくことができれば，体力測定の結果がベースライン評価となり，介入プログラム実施後に再度測定することでパフォーマンス評価が可能となる．

❷イベント型活動

ブラザー工業の従業員の健康づくりは，もともと健康保険組合が中心となって進めてきたが，2004年に健康保険組合とは別に，企業内に健康管理センターが設置され，以後ブラザー工業健康管理センターとブラザー健康保険組合が一体となって従業員の健康増進を目指す，コラボヘルスが開始された．

企業内で身体活動に着目した健康づくり活動を展開する際には，その目的が企業活動と

図14-2 健康づくり活動の評価レベルと評価指標　　図14-3 健康教室風景（閉眼片足立ちテスト）

して位置づけられ，生産性向上や労働災害防止などの目的が設定されることが多いが，健康保険組合と一緒になって行うことによって，疾病予防や医療費削減などの目的が追加され多様化する。これにより，活動の幅が広がったり，使用できる予算が増えたりすることが期待できる。

健康保険組合と協働するコラボヘルスにおける代表的な取り組み事例として，「ブラザー健康生活月間」がある 図14-4 。ブラザー健康生活月間は，10月1日から11月30日までの2か月間であり，この間，健康に関する様々な活動が行われる。

中心的な活動の1つとして「健康づくり宣言活動」があり，従業員各自がブラザー健康生活月間の期間中に取り組む健康づくり活動を宣言し，毎週その取り組み結果をチャレンジシートに記録する。宣言しやすくする工夫として，食事や運動，睡眠などの各種コースを設けて，宣言とともに登録する仕組みにしている。ウォーキングや筋力トレーニングなどの運動を目標に掲げる従業員が最も多い。

ウォーキングプログラムである「チームDEウォーク」は，職場の同僚などとチームをつくり，チームで歩数を競うものである。歩数を入力するウェブページが用意されており，随時チームや個人の歩数ランキングが表示され，参加者は競い合って歩数を伸ばしている。

その他の健康生活月間中のイベントとして，健康課題に沿ったテーマを設定して産業医や保健師による健康教室を毎年開催している。例えば，オフィスでの肩こり解消や睡眠衛生などをテーマにした健康教室を企画し，職場単位での申込みにして，産業保健スタッフが職場に出向いて教育を実施したりしている。さらには，例年11月の土曜日に「わくわく健康カーニバル」を開催し，家族や友人と楽しみながら健康測定や運動などを行う機会を設けている。その他，労働組合主催のスポーツ大会，健康クイズ，史跡や名所を一緒に歩く健康ウォークといったイベントも，ブラザー健康生活月間の期間中に行っている。

明確に対象者を絞ることなく，イベント型活動として展開しているため，従業員の参加率は30〜40％とさほど高くない。このような企業の健康風土の醸成や個人

図14-4　ブラザー健康生活月間のポスター

の健康意識の向上を目的とした活動は，参加者を増やすことが肝要である。活動の評価指標としては参加率を掲げ，イベントの募集方法や企画内容を毎年工夫するようにしている。

（上原正道）

2 伊藤忠テクノソリューションズ株式会社の取り組み

　伊藤忠テクノソリューションズ株式会社では，2013年度から健康増進イベントとして，「カラダのゆがみ測定会」という取り組みを実施している。ここでは，「カラダのゆがみ測定会」の実施に至った背景や測定会の内容，実施による効果，そして4年間継続して開催する中で見えてきたポイントについて紹介する。

2-1　2013年度から実施した独自イベント「カラダのゆがみ測定会」

❶「カラダのゆがみ測定会」を始めるに至った経緯

　当社の健康支援室（産業医，看護職，衛生管理者で構成）では，徐々に産業保健体制の整備ができつつあり，2013年度からは特に健康増進に注力していく方針を掲げた。それに伴い，産業保健施策の再構築や保健師の増員，健康増進施策のための予算確保なども合わせて行った。

　健康増進の取り組みで何を実施するのかを検討するに当たり，健康増進に関するニーズをアセスメントするところから始めた。当社は，システム・エンジニアが従業員の7割弱を占めており，PCを中心としたVDT（visual display terminals）作業が多い。VDT作業が長時間にわたる者は，肩こりや腰痛をもつ者が多いことが示されており[2]，従業員の業務形態を考慮すると，肩こりや腰痛対策のニーズが高いことが予測された。そこで，健康増進の取り組みは肩こりや腰痛への対策を学べる内容とし，初めての取り組みとなることからイベント型の形式をとることとした。

　社内の産業保健スタッフによる簡単な肩こりや腰痛対策を教育するイベントも考えられたが，参加者にとってより専門性が高い指導を受けることができ，より魅力的なイベントとしたかったため，運動指導を専門とした外部企業の力を借りることとした。外部企業を探す際には，インターネットでの検索結果や他企業の産業保健スタッフからの口コミなどを参考にした。いくつか絞り込んだ後，打合せをして直接運動指導を体験してみることで，連携を依頼する外部企業を決定した。

　肩こり・腰痛対策イベントは，健康づくりに関心のある人のみが集まるものにはしたくなかったため，イベントの「ネーミング」には多くの検討を重ねた。その際，ソーシャル・マーケティングの視点[3]を参考に，健康づくりにあまり関心のない人でも参加してみたいと思えるよう，健康については前面に出さず「カラダのゆがみ測定会」と名づけることとした。

❷「カラダのゆがみ測定会」の内容

　測定会では，初めにアンケート調査にて肩こりや腰痛の状況などを確認し，その後，カ

ラダのゆがみを測定した。ゆがみの測定には，協力を依頼した外部企業がもつ専用の機器を用い，服の上から肘や腰などにセンサーを取り付けた上で，モニターで示されるポーズをとるものであった 図14-5 。測定時間は5分弱で，その場で身体の捩れやバランス，左右差などの結果が提示され，印刷したものを参加者に渡した。

さらに，結果をもとに外部企業のトレーナーが1人ひとりに合った運動指導を5分程度で行った 図14-6 。指導内容は，主にストレッチングや筋力トレーニングであった。そして，最後に再びアンケート調査にて感想などの記載を依頼し，終了とした。

この測定会当日に関わったスタッフは，外部企業のトレーナー2人と社内の看護職2人であった。看護職のうち1人は参加者の確認やアンケートの配布・回収，全体のサポートなどを行い，もう1人は測定会終了後，希望者に体組成（体脂肪率や筋肉量など）の測定を行った。アンケートの調査項目は，性別，年代，肩こり・腰痛の状況，測定結果の意味の理解，教わった内容を実践していく意志，イベントの全体的な満足感，感想や要望とし，1か月後にも社内イントラネットを用いて，学んだ内容の記憶，学んだ内容の実践，肩こり・腰痛の変化について調査した。

開催方法は，初めての開催であることや予算などの都合を考慮し，従業員数が特に多い2か所のオフィスで2日間ずつの計4日間，1日当たり5時間の実施で55人，合計で220人を募集することとした。待ち時間を極力少なくするため，15分ごとに募集人数の枠を設定した。さらに，キャンセルの可能性も考慮し，各枠で1人ずつの合計60人分のキャンセル待ちの枠も設定した。

❸広報活動と参加者の募集

健康支援室からは，社内にある各部門の人事担当部署に「カラダのゆがみ測定会」を実施する旨を周知し，メールにて参加者の募集を行うことを伝えた。

従業員に対しては，一斉メールでの募集を行い，この際にはメールの返信により参加登

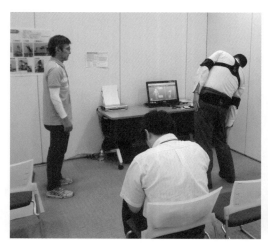

図14-5　「カラダのゆがみ」測定の様子

図14-6　トレーナーによる指導風景

録をする形式ではなく，社内イントラネットで整備されている研修参加登録システムを利用する形式をとった。募集メールを読み飛ばされないようにするために，メールの送信日時は月曜の朝は避け，水曜日の夕方とした。また，メールに測定会のチラシ 図14-7 も添付し，測定会をイメージしやすいように工夫した。

このような方法で，2か所のオフィスの従業員約2,500人に対し参加募集を行ったところ，約30分で220人の募集枠がすべて埋まった。その後，キャンセル待ちの枠もすべて埋まり，電話やメールで「すでに予約枠が埋まっているが，これは間違いではないのか？」「どうしても測定会に参加したいのだが，何とかならないのか？」といった問い合わせも10件ほどあった。参加理由について測定会の際に調査したところ，約半数の参加者から「自分の姿勢が悪いと感じている」「姿勢の評価を受けてみたかった」「肩こり・腰痛がある」という理由が挙げられていた。

❹測定会当日の状況

事前に参加申込をした220人（別枠でキャンセル待ち60人）のうち，217人（男性162人，女性53人，不明2人）が参加した。予約していた人の一部は，指定の時間になっても会場に来なかったケースもあり，その都度，看護職から確認の電話をした。参加できないことがわかった場合には，キャンセル待ちの従業員に電話をして都合がつけられるという場合には参加を促した。

参加した217人の年代は，20歳代：35人，30歳代：93人，40歳代：57人，50歳代：26人，60歳代：6人であった。このうち，測定会時の調査に209人が回答した。測定結果の意味が理解できた者は208人（回答者の99.5％），教わった内容を実践していこうと思う者は209人（同100％），イベントについて全体的に満足であった者は208人（同99.5％）であった。感想や要望には77人の回答があり，「参考になった」「わかりやすかった」といったイベントへのポジティブな感想が41人，定期的な開催希望が39人などであった。

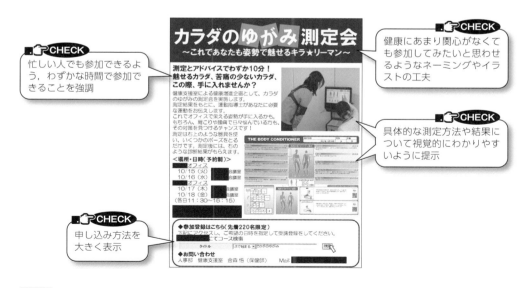

図14-7　「カラダのゆがみ測定会」のポスターとその工夫

❺実施1か月後の効果

　参加者に対して，測定会の1か月後に社内イントラネットを用いてアンケート調査を行い，156人から回答が得られた。学んだ内容の記憶がある者は137人（1か月後調査回答者の87.8％），学んだ内容を実践している者は97人（同62.2％）であった。肩こりが改善した者は30人（測定会時の肩こりが「全くなかった」「わからない」と回答した者17人を除外した139人のうちの21.6％），腰痛が改善した者は24人（測定会時の腰痛が「全くなかった」「わからない」と回答した者42人を除外した114人のうちの21.1％）であった。

❻初年度の「カラダのゆがみ測定会」のまとめ

　参加枠が募集後すぐに埋まり，参加者の満足度や感想などからも，従業員のニーズに合ったイベントであったと考えられる。肩こりや腰痛に対しても一定の効果は見られたが，より効果の高いアプローチ方法の検討や，学んだ内容の実施・継続を促す働きかけが，今後の課題であった。また，イベントによる参加者への効果をより正確に評価するためには，評価方法の改善が必要であると考えられた。

　これらの点を踏まえ，次年度以降にはストレッチングの継続を促すためのポスター 図14-8 をイントラネットやコピー機の前に掲示し，アンケート調査に先行研究で用いられているような指標（visual analogue scale など）を活用するようにしている。

図14-8　日常的にストレッチングを促すポスター

2-2　4年間継続して見えてきたポイント

❶2013年度から4年間継続実施できている理由

　2013年度から毎年1回，2016年度まで4年間にわたり，この測定会は継続して実施できている。2013年の時点では初めての実施ということでトライアルの側面もあったが，予想以上に好評だったことが継続理由の最上位として挙げられる。実際，募集の案内を出すと毎年すべての予約枠が埋まり，測定会後のアンケート調査では「また測定してほしい」という声もかなり多い。そのため，従業員のニーズに合った取り組みを行えていると考えられる。2年目以降の参加者からは，「これまで参加できなかったので，ぜひ参加したかった」「去年，同じ部署に参加した人がいて，話を聴いて自分も参加してみたかった」といった声もあり，一斉メールによる測定会の周知だけでなく，それまでの参加者による口コミが新たな測定会の参加に影響していることも考えられた。

　従業員に対して好評であること以外では，測定会による効果を人事総務室長や人事部長に報告していることが挙げられる。初年度と同様，毎年の測定会でアンケート調査を行っており，ストレッチングなどの生活習慣や肩こり・腰痛などにある程度の改善効果が見られている。それを人事総務室長や人事部長に報告することで，次年度も測定会を実施することに賛同が得られ，さらには測定機器の購入や社内での測定者の育成などの積極的な提案も得ることができた。

　また，外部企業のトレーナーに運動指導を任せることができたことも挙げられる。この測定会を企画・運営する看護職にとって，専門的な運動指導はあまり得意ではないが，このような連携により専門的かつ魅力的なアプローチができるだけでなく，看護職の負担も減らすことができ，継続につなげられたと考えられる。

❷継続することで見えてきた課題

　ここまで順調に経過しているように感じられるかもしれないが，課題も少なからず出てきている。大きなものとしては3点あり，1つ目は従業員によって参加できる機会に差があることである。この測定会は，対象にできる従業員数に限りがあり，2か所のオフィス以外ではほとんど開催できていない。開催できていない理由には，コストの問題やオフィスによって測定会に適したスペースが確保できないといった状況がある。対策として，測定機器を購入し，測定者を育成してオフィスを回る方法も考えられたが，マンパワーやコストの問題などの課題が多く，1回も参加したことがない従業員を優先的に募集するといった工夫にとどまっている。

　2つ目は，参加者のストレッチング等の継続率が低いことである。「カラダのゆがみ測定会」は単発のイベントであるため，改善のきっかけになってはいるものの，実施後4か月目の調査では，学んだ内容を実践している従業員は1か月後と比べると大幅に減っていた。この対策として，測定会後に参加者の得点分布をイントラネットに載せたり，職場のコピー機の前にストレッチングのポスターを掲示したりすることで，ストレッチング等の継続を促すようなアプローチを実施している。ただし，「人の目が気になって，職場でのストレッチングは行いにくい」という声が少なからずあるため，ストレッチングをすることは当たり前というような職場風土づくりや，時間を決めて行うストレッチングの展開な

ど，勤務時間や日常生活でも手軽に取り組みやすい働きかけが望まれる。

3つ目は，ニーズに陰りが見えてきたことである。4年間にわたり測定会を実施してきて，最初の2年間は比較的短期間で予約枠が埋まったが，その後の2年間は募集案内を再送しないと予約枠が埋まらない状況になってきた。運動の取り組みの特徴として，同じ取り組みでは飽きてしまうという「マンネリ化」が考えられるが，強く参加を希望する従業員は概ね1回以上参加し，マンネリ感が出てきた可能性がある。従業員のニーズを把握した上での新たな企画や，健康診断の事後措置と合わせた取り組みなど，産業保健施策全体の再構築や無関心層を取り込むアプローチのような能動的な活動が課題と考えられる。

（金森悟）

3 三井化学株式会社袖ヶ浦センターの取り組み

3-1 健康づくり体制について

三井化学株式会社の健康づくりは，会社の最上位方針である「レスポンシブル・ケア基本方針」に「従業員の心と身体の健康増進に積極的に取り組みます」と明記されており，社則や行動指針の中にも健康づくりについての姿勢が明言されている。その中に「社員の健康は，会社の健康に直結する」という基本理念があることと，各事業所に産業医，産業看護職，衛生管理者を配置し，専属産業医がライン長であることもあり，活動を継続することや新しい活動やトライアル的な活動を行う際にも事業所の理解が比較的得やすいという特徴がある。また，大きな方針から各事業所の取り組みに落とし込むトップダウンと同時に，一部で始まった取り組みから少しずつ拡げ，全社的取り組みへと発展させるボトムアップによる活動の展開も推奨されており，各事業所で積極的な活動が行われている。

実際に活動を進める上では，全社の方針としての労働衛生年間計画に基づき各事業所でさらに具体的な計画を立て，実行している。その重点課題の中には，生活習慣病対策の他に，メンタルヘルス対策，有害物質対策等，多岐にわたる内容が挙げられており，産業保健スタッフがこれらに取り組んでいる。また，当社ではかねてより健康づくりの取り組みを図14-9のように分類して複数のプログラムを実施し，PDCAを回していくことで，より

図14-9　健康づくりの取り組みの分類　　（三井化学統括産業医土肥誠太郎氏より許可を得て掲載）

広い層にリーチでき，効果も期待できると考えて進めてきている。長年の地道な活動によって，現在では健康づくり活動についての従業員の認知度も高く，職場が主体的に組織を挙げての活動としている所も増えてきた。

ここでは，主に事業所での取り組みから全社に展開され，さらに拡がって行った健康づくりプログラム「ヘルシーマイレージ合戦」について紹介する。

3-2 プログラムの概要

ヘルシーマイレージ合戦とは，多くの企業でも取り組まれているようなウォーキングプログラムをベースにした，健康づくりプログラムである。1年を上期と下期に分け，3か月ずつの合計6か月をイベント期間とし，個人または3～6人のチームで参加登録し，運動量や健康的な行動を数値（マイル）化し，貯めていく。3か月の期間終了時にマイル数が一定基準をクリアしていると，獲得マイルに応じたインセンティブ（景品）を受け取ることができる。例えば，ジョギング等のスポーツは10分につき2マイル，1日1万歩で3マイル，「間食をしない」等の個人で設定した目標を達成できると1マイル，長期の個人目標を達成できたら100マイル等，様々な活動でマイルが獲得できる仕組みである 図14-10。

この中で特に工夫をしているのは，チーム対抗または個人で競争する要素を入れていること，入力していくとサプライズでクイズやボーナスが出たり，「マイラーランク」という名の称号（例：初心者マイラー，カリスママイラー，マイル王等）が変わったり，とゲーム感覚で楽しめるようにしていること，そして参加者の声をもとに開催する度にブラッ

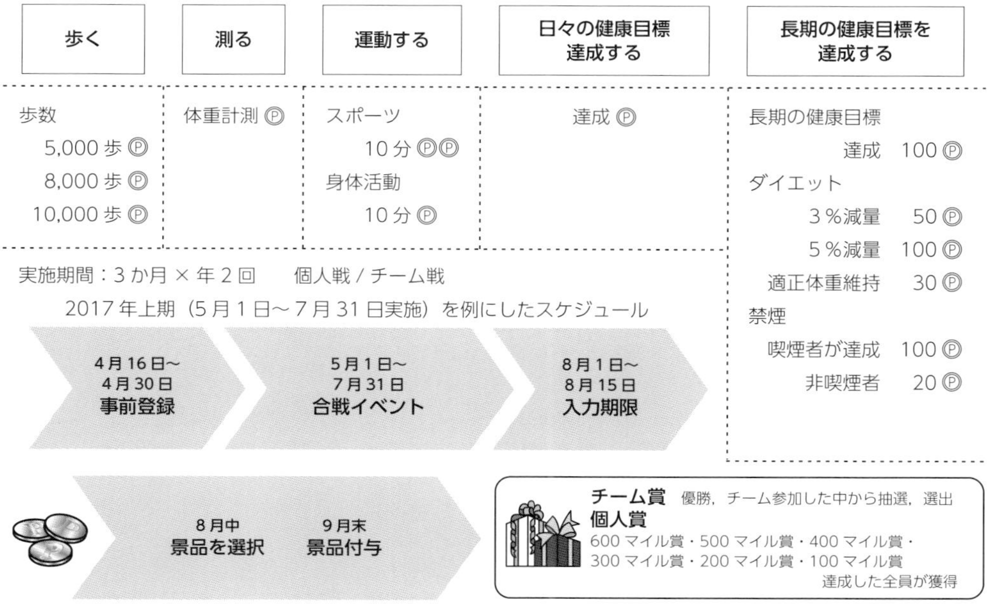

図14-10 ヘルシーマイレージ合戦の仕組み

シュアップを重ねていることである。例えば運動量の基準についても，最初は一律に10分につき1マイルとしていたが，参加者の声を参考に運動強度によって10分1マイルになるか10分2マイルになるかの差をつけた（7メッツ以上はスポーツとして2マイル，3～6.5メッツであれば身体活動として1マイル）。また，参加者の運動のレベルに応じてコースを選ぶ仕組みについても，参加者との対話の中で出てきた意見を参考に構成した。景品も当初は一律であったが，参加者の要望を取り入れマイルに応じて選択できるように変更した。景品の中身もスタッフのみでなく参加者に参画してもらい，健康に役立つもの（歩数計，ウォーキング用のライト，バランスボール，健康食品等）や定番便利品（タオル，入浴剤，家電，防災セット等），面白グッズ，会社の募金制度に組み入れた寄付等，バラエティに富んだ内容としている。他にも，マスコットキャラクターを自作し公募で名前を決める等 図14-11 ，より親しみやすく，参加しやすく，満足度の高いプログラムへと変更を重ね，運営側もそれらを楽しみながら推進している。

　また，用いる媒体（ツール）も徐々に進化してきている。開始当初は，運動時間等を手書きしたものを提出してもらい，運営側でExcelを用いて計算していた。その後，Excel版の入力

図14-11　マスコットキャラクター「へるぴよ隊長」

図14-12　TURTLEの画面

TURTLEは，三井化学のみではなく，他の企業や団体でも利用できる仕組みとなっており，すでに開発会社により広報され，導入が決まっているところもある。（参考：http://www.momentum-arc.jp/health）

（株式会社モメンタムアーキテクトより）

表を作成するようになり（この頃より，ExcelのIF関数を用いてサプライズでボーナスが発生するようにアレンジ），全社展開に伴いほぼ全従業員が使っている共通のデータベースを利用して参加できるようにした。さらには，会社での取り組みに関心をもったシステム開発会社との協力により，ウェブやスマートフォンで管理できるソフトウェア「TURTLE」を開発し，2017年度からは，全参加者がこの仕組みを用いて参加するようになっている 図14-12 。

3-3 プログラムの実施

❶開始から全社展開に至るまで

　ヘルシーマイレージ合戦を開始したきっかけは，2008年の日本産業衛生学会において他社が報告していたチーム対抗のウォーキングプログラムを知ったことである。事業所の健康診断の結果を解析したところ，運動習慣のない者に重複した所見をもっている者が多いことがわかり，運動習慣の促進が必要であると感じていた時のことであった。すでに事業所で実施していたウォーキングプログラムはあったが，参加者の固定化や参加してほしい人が参加しない等，課題があると感じていた。そこで，新しい取り組みとして他社の取り組みを参考に，チーム対抗（開始当初は個人参加はなし）のウォーキングプログラムを開催しようと思い，企画書を作成し，部内での合意形成や上司への説明を行った。企画立案時の目的は，運動習慣のない者や十分でない者の運動習慣獲得のきっかけとすること，チームで参加することによりコミュニケーションの向上を図ること，健康づくりを楽しめるプログラムを提供すること，の3つであった。これらの目的は現在も変わっていない。

　プログラムを開始できた要因をまとめると，担当者が新しい運動の取り組みの必要性を感じ，何かを始めたいと思っていたこと，前身となるウォーキングプログラムがあったこと，学会での他社の発表からヒントを得たこと，さらには，あまり多額の費用のかからない企画であった（当初の予算は6万円程度）ことが挙げられる。

　初回のプログラム開催後に参加者へのアンケートを行ったところ，継続希望の声が大きかったことにより，次年度も予算をつけて募集枠を拡げて継続開催することとなった。その後の展開については， 図14-13 （次頁）に示した通りであるが，自事業所での参加者拡大から他事業所への展開，そして全社展開へと徐々に拡がっていった。拡がっていく過程においては，実施する度にアンケート等で評価を行ったこと，全社で使えるツールを開発したこと，健康関連データを比較して評価を行ったこと，社内や社外からの関心を集めることができたこと，そしてこれらのことから健康保険組合がプログラムの開催に意義を感じるようになり，健保の予算にて開催できるようになったことが挙げられる。一部の取り組みが全社へと拡がったボトムアップの活動の典型であるが，活動を拡げていくに当たっては，事業所の一担当者としてだけでは進められるものではなかった。活動の報告の場を通じ，統括産業医が全社展開に向けて積極的に働きかけたことが大きい。また，全社への健康関連サービスの標準化や，他事業所にとっては身近な前例となったこと，手間がかかり過ぎない割に参加者の評価が高かったこと等，他事業所にとっては取り組みやすい活動となっていたように感じる。

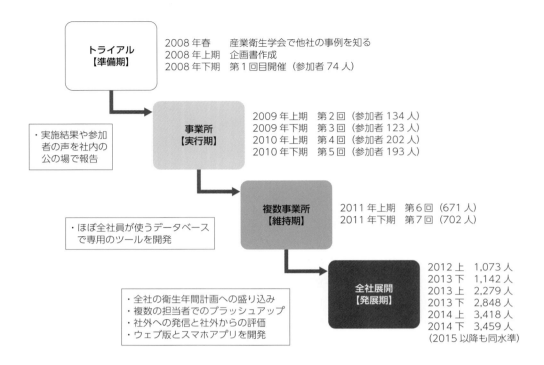

図14-13 ヘルシーマイレージ合戦の展開

図14-13に示したように，筆者はこの発展の過程を行動変容のステージになぞらえ，「準備期」「実行期」「維持期」，そして全社展開の過程は「発展期」と呼んでいる。今では，従業員の約半数が参加するプログラムとなっている。

❷参加者アンケートから

前述の通り，参加者へのアンケートを都度実施し，参加者の声を大事にし，また参考にして，プログラムの評価と改善に活かしている。2014年に実施したアンケートでは，参加者の84%が「健康増進に役立つ」，56%が「運動量が増加した」，60%が「コミュニケーション促進に役立つ」，46%が「運動以外の生活習慣が改善した」，83%が「次回も参加したい」と回答していた。また，参加のきっかけを尋ねたところ，初参加の者では「人から誘われて（職場の取り組みで）興味を持って参加した」が最も多く，職場で誘い合って参加しているということがわかる。全体では，「運動不足解消のため」と答えた人が最も多く，次いで「コミュニケーションの一環として」「体重を減らすため」となっており，プログラムの目的とも合致している。「前に参加して楽しかったから（初参加の人は楽しそうだから）」と答えている者も多かった。

一方で，「誘われて仕方なく参加した」者もいるが，その中の半数近くが「次回も参加したい」と回答している。また，参加のきっかけで前述の「楽しかったから（楽しそうだから）」と答えている者は，ほとんどが「次回も参加したい」と答えていた。これらのことから，最初の参加のきっかけは強制的なものであったとしても，プログラムに参加することで健康づくりの楽しさを感じてもらえると，継続して参加することやプログラムに参

加しなくとも運動を継続していくことにつながるのではないかと考えた。

❸健康づくりを組織の活性化に役立てる

　ヘルシーマイレージ合戦の目的には，チームで参加することによるコミュニケーションの促進が含まれており，また前述のアンケート結果でも触れたように「コミュニケーション促進に役立つ」と回答した者が多かったことからも，筆者は健康づくり活動が健康だけでなく組織の活性化にも役立つ可能性に期待している。実際，筆者の所属する事業所では職場単位で健康づくり計画を立てることが事業所の年間計画の中で定められているが，事業所内で行った調査によると，個人で取り組む活動を計画した職場よりも，職場全体で取り組む活動を行った職場の方が，職業性ストレス簡易調査票の仕事のストレス判定図における総合健康リスク，メンタルヘルス風土尺度の値，新職業性ストレス簡易調査票の職場の一体感（ソーシャル・キャピタル）が改善した職場が多かった[4]。このことから，職場の取り組みとして一体となって健康づくりに参加することにより，職場の雰囲気がよくなると考え，職場単位での活動を推進している。

3-4　健康づくり活動の発展のために

　当社は，健康経営に関し社外から高い評価を受けている。例えば日本政策投資銀行からは，健康づくり活動が計画的に行われていることやその分析を行い社外にも開示していること等から「健康への配慮が特に優れている健康経営格付けA評価」との特別表彰を受け，特別な低金利で融資を受ける対象となった。「計画的に行われている」とは，具体的には健康づくりが健康管理部門のみではなく会社全体の計画の中に盛り込まれており，事業所を跨いで横断的に行われ，PDCAサイクルをきちんと回していることを指していると考える。その際，統括産業医が全社の統計データを用いて評価し，それを報告することで健康保険組合や経営陣の理解を得ることや，現場担当者が参加者や産業保健スタッフの声をもとに評価して改善していく，というように，ここでもトップダウンとボトムアップの両軸から推進していることが活動の発展を支えている。また，これらを円滑に進めていくためには，日頃から事業所担当の産業保健スタッフが従業員と良好な関係を築き，濃密なコミュニケーションをとることや，事業所の枠を超えて産業保健スタッフ間で連携をしておくことが不可欠である。

（楠本真理）

参考文献

1. 厚生労働省．第12次労働災害防止計画．2013．
　http://www.mhlw.go.jp/bunya/roudoukijun/anzeneisei21/dl/12-honbun.pdf（accessed：2017.7.20）
2. 岩切一幸，他．VDT作業者の身体的疲労感に影響する諸因子の検討．産業衛生学雑誌．2004; 46: 201-12.
3. 松本千明．保健スタッフのためのソーシャル・マーケティング：実践編行動変容をうながす健康教育・保健指導のために．医歯薬出版，2008．
4. 楠本真理，渡瀬真梨子．組織全体で取り組む「職場の健康づくり計画」の効果．産業衛生学雑誌．2015; 57: 242.

第15章

肩こり・腰痛予防,転倒予防を目的とした職場での身体活動・運動

キーポイント

・職場における身近な体力的課題とその解決につながる具体的で簡単な身体活動・運動は

1　肩こりと腰痛の予防運動

　一般的な検査では明確な原因疾患の特定が難しい「本態性肩こり」や「非特異的腰痛」は，不良姿勢の持続や不適切な動作の反復に伴う直接的な筋骨格系への負荷をはじめ，心理的なストレスや気圧の変化等に伴う交感神経活動の亢進の結果，脳機能および自律神経のアンバランスが生じることで発症すると考えられる 図15-1 。

　このことから，肩こりと腰痛を予防するためには，同一筋肉に負荷がかかり続けることを予防するための姿勢や関節のアライメント（位置関係）の適正化，それらの適正位置を保持するための筋の刺激・強化，ストレスによる脳機能の不調および自律神経のアンバランスを改善するための運動が必要と考えられる。

1-1　筋骨格系への負荷による肩こり・腰痛の予防

❶筋骨格系への負荷が少ない理想的な座位姿勢とは

　図15-2 のような，背筋は伸ばすが，腰は反らさず，上半身は力みやこわばりがなく，自然にリラックスした良姿勢をとることで，筋骨格系への負荷を低減することができる。しかし，良姿勢を常に維持することは困難であるため，良姿勢を意識すると同時に，長時間続けての作業を避け，こまめに休憩をとるよう「時間管理」を行うことで，同じ筋肉に負

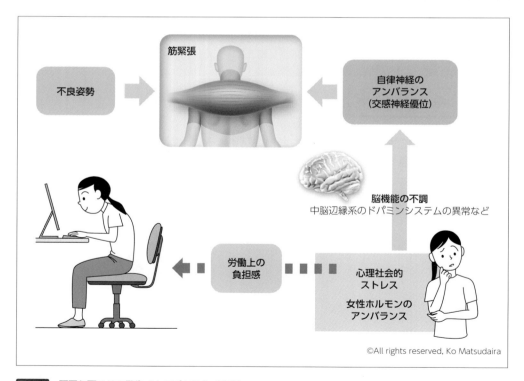

図15-1　頑固な肩こりの発生メカニズムは？（私案）

荷がかかり続けることを防止することも必要である。その際，後述する「これだけ体操®」[1~4]を実施することを推奨している。

❷良姿勢を保持するための深層筋の刺激・強化

　良姿勢を保持するためには，本来の関節の適正位置と，脊椎の安定化が必要である。筋肉は大きく分けて，浅層に存在し体幹の運動を司る浅層筋と，深部で骨と骨を連携し分節間の動きを制御する役割を担う深層筋がある。そのうち深層筋を強化することが，良姿勢保持に必要な脊椎の安定化につながる 図15-3 。

❸3秒で予防に効果的な「これだけ体操®」

　「これだけ体操®」とは，わずか3秒で，知らないうちにたまった「腰痛借金」（現代人の日常生活および多くの労働現場での作業形態上，円背や前かがみ姿勢，つまり腰椎が後弯位になり，髄核が後方にずれ，背筋が緊張した状態）を返済する予防体操である 図15-4 （次頁）。これを正しいフォームで実践すれば，後ろにずれた髄核を正しい位置（椎間板の中央）に戻すことが期待できる。また，毎日繰り返すことで，痛みへの恐怖心や不安を取り除き，緊張して凝り固まっていた背中の筋肉の血流も改善される[5]。

　ただし，腰椎を伸展することでお尻から太ももにかけて痛みや痺れが誘発される人は，腰部脊柱管狭窄症による神経症状であることが疑われるため（kemp徴候），特に片側の坐骨神経痛様症状の場合，ある一定期間，仰臥位での屈曲を保持することで，神経根の機能障害改善に役立つと考えている。また，就寝時には下腿を高くするように指導する 図15-5 （次頁）。

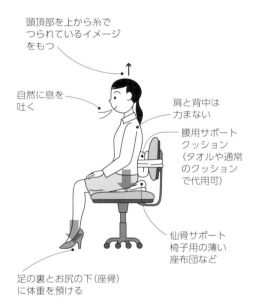

図15-2　理想的な座位姿勢

図15-3　深層筋の強化

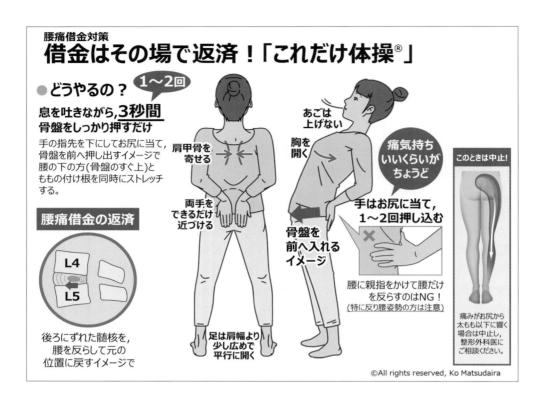

図15-4 「これだけ体操®」

膝が90度になるように布団などで高さを調節し，下腿を乗せリラックスする。

息を吐きながら膝を抱える。

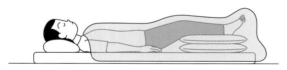
就寝時には下腿を高くする。

図15-5 Kemp徴候がある時の姿勢

1-2 ストレスによる脳機能の不調および自律神経のアンバランスを改善するために

　ストレスによって脳機能の不調や自律神経のアンバランスが起こり，その結果として肩こりや腰痛が生じている場合，「痛み」に対して敏感であったり，他の複数部位に身体症状（身体化）が見られたり，痛みのある場所を動かすことに抵抗があったりすることも少

なくない。そのため，低強度の有酸素運動から運動療法を導入することも1つの方法である。また，有酸素運動には，内因性オピオイド[6]，ドパミン[7]の分泌をはじめとする内因性鎮痛機構による疼痛緩和（exercise-induced hypoalgesia：EIH）の役割を十分に果たすことが示されている。このことから，局所への運動のみでなくウォーキングやヨガ，サイクリングなどの全身の有酸素運動を取り入れることが，肩こりと腰痛の予防にも役立つ。

　筆者らが指導を行う際には，対象者に「足腰を鍛えるだけでなく脳科学的に痛みを抑える作用があります。さらに万病のもとになる軽微な全身慢性炎症を抑え，がんやアルツハイマー病，生活習慣病などの予防に役立ちます」[8]といった説明を行い，導入と継続の動機づけを促している。まずは，1日の活動量（歩数など）を記録することから始め，特に中高年者に対しては，多くの疾病に予防効果があるとされている1日8,000歩，そのうちのべ20分の速歩習慣[9]を最終目標にしている。

1-3　座ってできる肩こりと腰痛に効果的な体操

❶肩こりに効果的な体操

　PCを使用する業務やスマートフォンの操作をしていると，ついつい前かがみになってしまい，いわゆる猫背姿勢になり肩甲帯の機能不全を引き起こす。首・肩・上肢筋の多くは肩甲骨に付着しているため，肩甲骨を動かすことで効率的に，負荷のかかった筋肉の血液循環を改善することができる 図15-6。

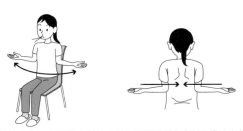

脇を締めた状態で手のひらを天井に向け，肩関節を外旋させ，両肩甲骨を寄せる動きを繰り返す。この状態で，ネックリトラクション（舌を口蓋に軽くつけた状態であごを水平方向に引く）を行う。

手を交差させて手のひらを合わせ，腕を上げて背筋から指先まで最大限に伸ばす。両手の交差を解き，全身の力をフワリと抜きかつ息を吐きながら，両手を広げていく。

肩甲骨の不動化に対しては，同側の中指を肩峰に沿え，胸部を開きつつ両肩甲骨を寄せる方向に，息を吐きながら肘頭で弧を描くように肩をゆっくり大きく回す。

図15-6　座ってできる肩こりに効果的な体操

❷腰痛に効果的な体操

　腰椎と股関節は複合的に動かすことが多く，股関節は腰椎よりも可動域がはるかに大きいため，ハムストリングおよび股関節周囲筋のストレッチングも必要である．以下の体操を実施する際には，骨盤が後傾位にならず中間位もしくは前傾位になるようにする 図15-7 ．また，左右差がある場合は，動きの硬い方を主軸に行うとよい．

椅子に浅く横向きに掛ける．膝を折り曲げ，後ろに引くようにしながら，足の付け根（腸腰筋）を伸張する．

骨盤を立てて，しっかり片方の足を伸ばし，つま先を反らす．手は足の付け根に当て，胸を張り前にかがんでいきながら，脚の裏側のハムストリングを伸張する．

骨盤を立てながら，足を開いて組み，お尻をほぐす．余裕があれば，組んだ膝を下に押すとさらに伸びる．

図15-7　座ってできる腰痛に効果的な体操

column15-1　肩こり・腰痛予防には，働きやすさの改善も必要

　筆者らが行った「日本における慢性疼痛の実態 − Pain associated Cross-section Epidemiological（PACE）survey 2009.jp −」では，慢性疼痛保有者は22.9％で，男女ともに40歳未満よりも40歳以降で保有率が高い傾向にあり，40代女性が最も多かった．部位は，腰，肩，膝，後頸部の順に多く，さらに，「慢性疼痛により社会活動に影響した」という人が，過半数の54.4％おり，そのうち欠勤した人は全体の14.3％であった[10]．

　また，腰痛や頸部痛があると，「プレゼンティーイズム」という，出勤していてもパフォーマンスの落ちた状態に陥りやすいということがわかってきている[11]．このことから，肩こりと腰痛の対策をとることが，企業においても生産性の向上に寄与し得る．

　そうした中，重症肩こり（肩こりの頻度がいつも，ほとんどいつも，たびたび，と答え，肩こりの程度が10段階のうち7以上の人）の新規発生の危険因子として挙がったのは，「女性であること」「睡眠時間が5時間以下であること」「仕事上での悩みで憂鬱な経験があったこと」であった[12]．

　仕事に支障を来す腰痛の新規発生に関しては，人間工学的要因として，「持ち上げ動作・前かがみ動作が頻繁なこと（1日の作業時間の半分以上）」，心理社会的要因として「職場の人間関係のストレスが強い」「週の労働時間が60時間以上であること」が挙げられた[13,14]．このことから，これまでのように個人への運動を促すだけでなく，組織としての働きやすさ（心身ともに）の改善もポピュレーション・アプローチとして必要と考える．

1-4　まとめ

　日本人の就労に最も影響している症状は，どの世代でも頸部痛と腰痛であったと報告されている[11]。一方，最近の再発予防を主とする腰痛予防に関するシステマティック・レビュー／メタ解析では，エクササイズ単独でも腰痛予防に役立つが，エクササイズと教育の組み合わせが腰痛の発症リスク減少に最も貢献する可能性が示された[15]。筆者らは，理論的にその意義を理解した上で運動療法を実践することが，腰痛予防とともに肩こり予防にも効果があると考えている。

（松平浩，川又華代）

2　転倒予防運動

2-1　転倒の危険性とその原因

　身体活動・運動の継続は，転倒や転倒による傷害のリスクを軽減することがわかっている[16]。近年，労働者の転倒は増加傾向にあったが，ここ数年は対策の広がりの影響からか，ほぼ横ばいになってきている。それでも2005年以降は，労働災害死傷者の原因第1位を続けている[17,18]。災害件数に占める50歳以上の割合は，転倒では62％で，それ以外の原因と比較すると高い傾向にあり 図15-8 [18]，高齢労働者の増加がその一因として考えられる。転倒の直接的な原因としては，「ひっかかる」「滑る」「つまづく」「踏みはずす」「ふらつく」などが考えられるが 図15-9，直接的な原因についての資料は非常に少ないため，傾向性はわからない。「階段，段差があった」36％，「床材，床面がすべりやすかった」19％，「穴・でこぼこ・傾斜があった」17％，「路面・床が濡れていた」13％，といった資料もある

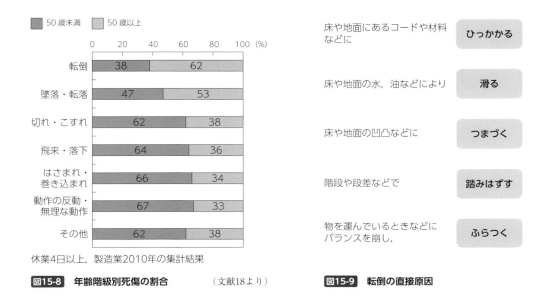

休業4日以上，製造業2010年の集計結果

図15-8　年齢階級別死傷の割合　　（文献18より）　　図15-9　転倒の直接原因

第15章　肩こり・腰痛予防，転倒予防を目的とした職場での身体活動・運動

が[19]，理由と状況説明が混在していたり，重複があったりするなど，その信頼性は十分ではなく，今後のさらなる情報が待ち望まれる。

転倒につながる要素は，環境的要素と個人の身体的要素に分けられる 図15-10。環境的要素に関してはそれらを整備することが対策として考えられるが，時間が経てばその環境に身体機能が適応してしまい，ますます体力が低下する可能性がある。例えば，転倒の危険性が高い高齢者の外出は危険を伴うが，そのリスク回避のために外出を避け，段差の少ない屋内で長く生活していると，畳の縁で転んでしまうということもある。したがって，環境整備とともに身体機能の維持・向上に取り組んでいくことが必要である。また，視力の低下や服薬も転倒につながる身体的要素に含まれるため，運動指導時にはこれらの情報も把握しておくことが望ましい。

転倒予防に関連する体力（行動体力）の要素としては，「筋力」「平衡性（バランス能力）」「敏捷性」「柔軟性」などがあり，これらが低下することで危険性が増すと考えられる。特に「筋力」と「バランス能力」は，転倒リスクとしての関連性が強く示されており

環境的要素	身体的要素
床面のコードや荷物の放置	筋力低下
滑りやすい床面の素材や水，油の漏出，放置	平衡性低下
床面の凹凸，段差，荷物の放置	敏捷性低下
無理な姿勢，高い重心を強いられる環境	柔軟性低下
職場の照度不足	視力低下
その他	服薬，その他

図15-10 転倒につながる要素

表15-1 転倒リスク（メタ解析）

危険因子	有意差のあった文献数／検討していた文献数	オッズ比（95％信頼区間）
筋力低下	11/11	4.9（1.9−10.3）
バランス障害	9/9	3.2（1.6−5.4）
歩行障害	8/9	3.0（1.7−4.8）
視覚障害	5/9	2.8（1.1−7.4）
移動能力制限	9/9	2.5（1.0−5.3）
認知機能の低下	4/8	2.4（2.0−4.7）
身体機能の低下	5/6	2.0（1.0−3.1）
起立性低血糖	2/7	1.9（1.0−3.4）

（Rubenstein LZ, et al. Intervention to reduce the multifactoral risks for falling. Gait disorders of aging: falls and therapeutic strategies. Masdeu JC, et al. ed., Lippincott-Raven, Philadelphia, 1997, p309-26. より引用改変）

（文献20より）

表15-1[20]．運動による介入効果としても「筋力トレーニング」と「バランストレーニング」の有効性が示されている[21]．

転倒予防に関連する筋力について，具体的にどの筋なのかは明確ではないが，大腿部から足指に至るまでの下肢全体の筋が関連すると考えられる．また，足関節背屈角度と転倒率との関連が示されており 図15-11 [20]，これには足関節の柔軟性や前脛骨筋の筋力が関連すると思われる．さらに，歩行速度と転倒率との関連も示されており[20]，下肢の筋力とともに敏捷性の関与も示唆される．これらの体力を総合的に高めていくことが転倒予防のために重要であると考えられる．ただし，ここで参考にした文献の多くは高齢者における結果であり，労働者のみを対象としたものではない．労働者を対象とした労働環境下での，今後の研究の進展が望まれる．

2-2 転倒予防を意図した運動

❶スクワット運動

体重を支えるための最も多くの筋群が集中している臀部から大腿部の筋群を強化することは重要であり，その方法として多くの人に知られているのはスクワット運動である．この運動時に留意する点として，臀部をできるだけ後ろ側に突き出すこと，上体は斜め前方に伸ばすこと，膝はつま先より前に出さないようにすることが挙げられる．これにより，腰部や膝部への過負荷を避けながら大腿部にしっかりと負荷がかかるようになる．また，つま先の方向と膝を曲げる方向が一緒になるように（膝に捻りが入らないように）実施することが望ましい 図15-12 （次頁）．

❷ランジ運動

ランジ運動は，片足を一歩前に踏み出しながら腰を十分に落とす運動である．脚が前後

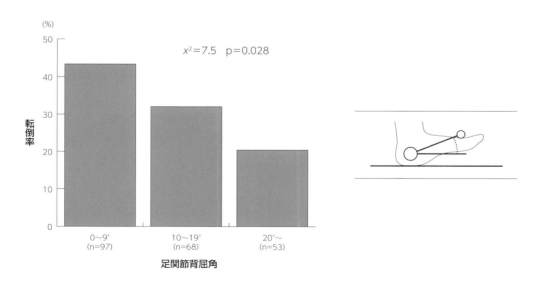

図15-11　足関節背屈角度と転倒率　　　　　　　　　　　　　　　　　　　（文献20より，一部改変）

した不安定な姿勢となるため，横へのふらつきを抑えるように踏ん張ることでバランス機能の向上と足指の筋を強化する運動にもなる 図15-13。

❸**下肢外転運動**

　下肢外転運動は，足を伸ばして横に上げる運動で，中殿筋の強化や股関節の柔軟性向上が期待できる。また，バランス能力も強化され，転倒予防に寄与すると考えられる 図15-14。

両足を大きく広げ，腰を落とす　　　　　　　片足を大きく踏み出し，腰を深く沈める

図15-12　スクワット運動　　　　　　　　　図15-13　ランジ運動

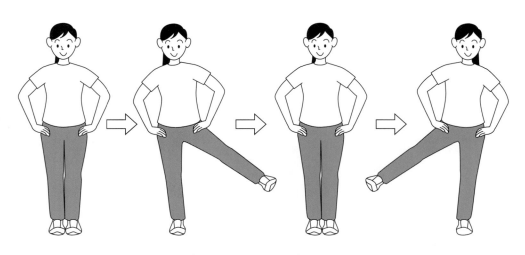

足を伸ばして横に上げる（上体が倒れないように）

図15-14　下肢外転運動

❹横交差歩き

　足を交差させながら，側方に歩く運動である．側方にバランスを崩して転びそうになった際，足をもう片方の足の反対側に出す動作が，咄嗟にかつスムーズにできることを企図している．前から交差するパターンと後ろから交差するパターンを，左右それぞれ実施するとよい 図15-15 。

❺複合バランス運動

　片足立ちの不安定な姿勢の中で，上肢，体幹，下肢が床面と一直線になるような姿勢をとり，バランスをとる運動である．腹直筋や大腰筋，背筋の強化を図りながら，より不安定な条件下でバランス能力を強化する運動である 図15-16 。

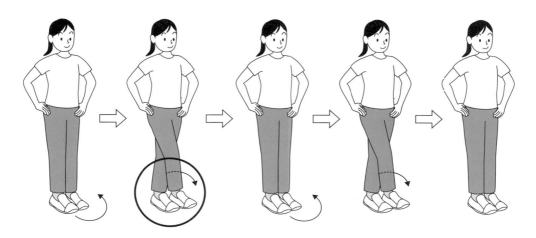

片足を反対側に交差させて，横に歩く

図15-15　横交差歩き

左右反対同士の肘と膝を寄せた後，片足立ちのまま手と足を一直線に伸ばす

図15-16　複合バランス運動

上体を真っすぐ立てたまま膝を軽く曲げ，そのまま歩く

福岡県古賀市
「サンサン仲間づくりウォーキング講座」での実施風景

図15-17 ペンギン歩き

❻ペンギン歩き

　腰を低くして，左右の膝をあまり離さないようにして，膝から下だけを使って歩く運動である。大腿部の筋力向上だけではなく，この運動では足関節の背屈を大きく使うため，前頸骨筋の強化につながる。椅子に座って足関節の背屈をする運動でも前頸骨筋の強化はできるが，単調ですぐに疲れてしまい，長続きしにくい。ペンギン歩きでは，立位で楽しみながら運動することで，前頸骨筋の負荷が強い割にはつらさを感じにくいようである。対象者に「ペンギンになったつもりで」とアドバイスしてもよいが，それをしなくても写真のように自らペンギンになりきってくれることもある 図15-17 。

（江口泰正）

参考文献

1. Matsudaira K, et al. Can standing back extension exercise improve or prevent low back pain in Japanese care workers? *J Man Manip Ther*. 2015; 23: 205-9.
2. Tonosu J, et al. A population approach to analyze the effectiveness of a back extension exercise "One Stretch" in patients with low back pain: A replication study. *J Orthop Sci*. 2016; 21: 414-8.
3. 松平浩．1回3秒これだけ体操腰痛は「動かして」治しなさい．講談社，2016．
4. 松平浩，勝平純司．腰痛借金　痛みは消える！．辰巳出版，2016．
5. Kumamoto, et al. Effects of movement from a postural maintenance position on lumbar hemodynamic changes. *J Phys Ther Sci*. 2016; 28: 1932-5.
6. Stagg NJ, et al. Regular exercise reverses sensory hypersensitivity in a rat neuropathic pain model: role of endogenous opioids. *Anesthesiology*. 2011; 114: 940-8.
7. Wakaizumi K, et al. Involvement of mesolimbic dopaminergic network in neuropathic pain relief by treadmill

exercise: A study for specific neural control with Gi-DREADD in mice. *Mol Pain*. 2016; 12.
8. Handschin C, Spiegelman BM. The role of exercise and PGC1alpha in inflammation and chronic disease. *Nature*. 2008; 454: 463-9.
9. Aoyagi Y, Shephard RJ. Habitual physical activity and health in the elderly: the Nakanojo Study. *Geriatr Gerontol Int*. 2010; 10: S236-43.
10. 松平浩．他．日本における慢性疼痛の実態－Pain associated Cross-section Epidemiological(PACE)survey 2009.jp．ペインクリニック．2011; 32: 1345-56.
11. Wada K, et al. The Economic Impact of Loss of Performance Due to Absenteeism and Presenteeism Caused by Depressive Symptoms and Comorbid health Conditions among Japanese Workers. *Ind Health*. 2013; 51: 482–9.
12. Sawada t, et al. Potential risk factors for onset of severe neck and shoulder discomfort(Katakori)in urban Japanese workers. *Ind health*. 2016; 54: 230-6.
13. Matsudaira K, et al. Potential risk factors for new onset of back pain disability in Japanese workers: findings from the Japan epidemiological research of occupation-related back pain study. *Spine*. 2012; 37: 1324-33.
14. Kawaguchi M, et al. Assessment of potential risk factors for new onset disabling low back pain in Japanese workers: findings from the CUPID(cultural and psychosocial influences on disability)study. *BMC Musculoskelet Disord*. 2017; 18: 334.
15. Steffens D, et al. Prevention of Low Back Pain: A Systematic Review and Meta-analysis. *JAMA Intern Med*. 2016; 176: 199-208.
16. ACSM. ACSM's Guidelines for Exercise Testing and Prescription; Tenth Edition: 1-21, Wolters Kluwer/Lippincott Williams & Wilkins, 2017.
17. 厚生労働省．労働災害発生状況：
   http://www.mhlw.go.jp/bunya/roudoukijun/anzeneisei11/rousai-hassei/ （accessed 2017.3.1）
18. 中央労働災害防止協会．安全の指標（平成28年度）．中央労働災害防止協会，2016.
19. 永田久雄．「転び」事故の予防科学．労働調査会，2010.
20. 鳥羽研二(監修)．転倒予防ガイドライン．メジカルビュー社，2012.
21. 日本転倒予防学会(監修)．転倒予防白書．日本医事新報社，2016.

BOX 4
「運動の取り組み」を組織として実践するためには？

　運動は健康によいということは広く知られているが，その知識があったとしても職場での運動の取り組みが活発に実践されるわけではない。さんぽ会（産業保健研究会）[1]という多職種の産業保健スタッフらが集まる研究会にて，これまで運動と心身の健康効果に関する情報提供を続けてきたが，その後に社内で運動の取り組みを始めたという話はほとんど聞くことがなかった。そこで，全国の上場企業を対象に運動への取り組みに関する調査研究を行った。その調査結果から示唆された，運動の取り組みを組織として実践するためのポイントについて述べる。

1　運動の取り組みを「始める」ポイント

　事業場における現在の運動の取り組みを「体を動かすようになることを目的とした，年1回以上の集団に対する働きかけ」と定義した上で，実施状況を調査した結果，「運動の取り組みは実施しておらず関心もない」が54.3%，「実施していないが関心はある」が10.9%，「実施している」は34.8%であった。また，運動への取り組みを進めるための条件として，図1のような要因が示唆された[2]。

　組織として関心をもってもらうためには，労働者の声を拾い，安全衛生委員会等で話題に出し，社内の上層部に訴えかけていく必要がある。さらに，実践に結びつけるには，社内の前例を探し，具体的な展開方法や予算について検討する必要がある。自分の事業場がどのような状況にあるかを把握した上で，小さな一歩から段階を踏んで進めていくことが，組織としての取り組みに結びつくのではないかと考えられた。

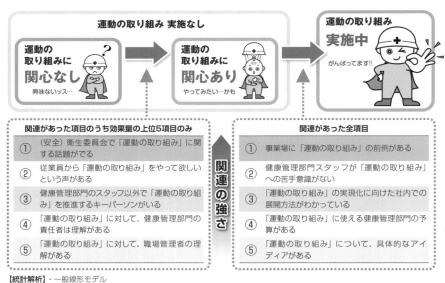

図1　組織の運動ステージに合わせた働きかけ　　　　　　　　　　　　　　　　　（文献2より）

2 運動の取り組みを「継続する」ポイント

運動の取り組みをすでに実施中の事業場において,取り組みの効果を出すために重要なことは,「参加者にとって『やらされ感』がない」「参加者の満足度が高い」「参加者のニーズに合っている」「参加者同士が交流できる工夫をしている」ことであった。また,順調に運営するためには,「一部のスタッフに過度な負担がかかることなく,組織的に取り組んでいる」「会社の理解が得られやすい目的と『運動の取り組み』を関連づけて実施している」「実施のたびに,内容や方法をブラッシュアップしている」「予算がかかりすぎない工夫をしている」ことが挙げられた。

さらに,運動の取り組みを続けようとしたが次年度以降に継続できなかった経験のある事業場（12.4%）にその理由を聞いたところ,最も多かった理由は「予算が減った」で,以下「従業員の参加率が低かった」「参加者の継続率が低かった」「プログラムがマンネリ化した」の順であった。

3 運動の取り組みの具体的なプログラム

運動の取り組みの具体的内容としては,ウォーキングキャンペーン,各種スポーツ大会,ストレッチングなどの体操教室,職場体操,体力測定などが挙げられた。どのような運動の取り組みを行うのがふさわしいのかは,職場のニーズや予算,改善したい健康課題など,それぞれの状況で異なる。また,参加者を集めるタイプの取り組みが多いようだが,身体活動を促進できるような環境へのアプローチ,例えば,階段利用促進ポスターの掲示や運動施設・器具の整備なども検討する価値があるだろう 表1 。

4 組織として運動の取り組みを進めるキーマンは誰か？

産業保健スタッフのうち,特に産業看護職は,運動を含む様々な健康の保持増進活動の実施のために重要な存在である[3]。それは,労働者や職場のニーズを把握し,それに合わせた取り組みのPDCAサイクルを回していくことに長けているからだと考えられる。しかし,産業看護職が「どのような運動を扱ったらよいのかわからない」「正しい指導ができない」といった不安を抱えていることもある。そのような場合には,運動指導の提供を業務とする企業（例えばスポーツクラブなど）や運動の専門家（例えば大学の教員や研究者,理学療法士など）に支援を仰ぐこと（実践例として文献4参照）や,運動指導のコンテンツが含まれたツール（例えばJOYBEAT［p.202］やVDTタイマーなど）を活用することも選択肢の1つである。

近年では「健康経営」への関心が非常に高まってきており,労働者の健康づくりが経営課題と

表1 実施形態別の運動の取り組みの例

従業員を集める必要のある取り組み		従業員を集める必要のない取り組み	
単発型	継続型	単発型	継続型
・○○測定会 ・○○教室 ・○○大会 ・運動会などのスポーツイベント	・職場体操 ・○○教室 ・運動サークルの運営	・運動の情報提供	・階段利用促進ポスターの掲示 ・通勤時の歩行や自転車利用を促す制度・環境整備 ・運動施設・器具の整備 ・運動実施によるポイントラリー ・ウォーキング・キャンペーン ・運動を促進するウェブサービス・ITツールの活用 ・運動サークルへの補助金制度 ・スポーツクラブの割引制度

して認識されるようになってきている。経営課題となれば，経営層も無関心ではいられない。産業保健スタッフだけではなく，労働者や経営層が連携し，外部の人や組織を巻き込みながら取り組むことで，組織として効果的な運動の取り組みを継続的に実施することができると考えられる。

（金森悟・甲斐裕子・楠本真理・川又華代）

参考文献

1. さんぽ会．http://sanpokai.umin.jp/ （accessed: 2017.1.31）
2. 労働者健康福祉機構東京労災病院勤労者予防医療センター相談指導部．始めよう！続けよう！事業場での運動の取り組み．2014.
3. 金森悟，他．事業場の産業看護職の有無と健康づくり活動の実施との関連．産業衛生学雑誌．2015; 57: 297-305.
4. 金森悟，他．企業内の健康推進員，産業看護職，外部の運動の専門職が連携した体操教室の実践．日本健康教育学会誌．2014; 22: 225-34.

第16章

様々なツール・アイテムを活用した身体活動・運動

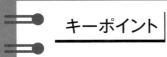

キーポイント

・身体活動・運動の継続をサポートする様々なツールの特性とその活用法は

1 職場におけるフィットネス動画配信サービス活用の利点とポイント

1-1 新たな運動スタイルとして注目されるフィットネス動画配信サービス

❶ホーム・フィットネス関連サービスの台頭

近年,「ホーム・フィットネス」と言われる分野のサービスが活況である。自宅における運動手法として従来はDVDが主流であったが,多くの市場においてサービスのオンライン化が進むのと同様に,フィットネス関連のオンラインサービスも台頭してきている。ヨガ動画を配信する「ヨガログ」,東急スポーツオアシスが運営する「WEBGYM」といった動画配信サービスや,Skypeを活用したパーソナルトレーニング指導サービスなど,参入企業の増加に伴って市場の成長と各社の差別化が進んできている。

❷運動ビギナー向けに特化したオンライン・フィットネス動画アカデミー［フィット・リブ］

オンライン・フィットネス動画アカデミー［フィット・リブ］は,2015年10月からサービスを開始した（運営：ニューロ・オン株式会社） 図16-1 。運動ビギナー向けに独自に開発したバラエティ豊かなエクササイズ動画をインターネット上で配信しており 図16-2 ,月会費制でサービスを運営している（付録のサンプル動画参照,p.212）。

［フィット・リブ］の主な特徴は以下の通りである。

- 動画は1本当たり平均10分弱とコンパクトなため,「スキマ」時間に運動できる。
- 各分野の一流インストラクターを起用したレッスン形式で,講師と一緒に楽しく運動できる。

パソコン・スマートフォン・テレビなどで視聴可能（公式HP https://fit-lib.com/）

図16-1 ［フィット・リブ］

- 運動ビギナーでも安心して行える強度で，一畳程度のスペースがあればよい。
- 目的別にテーマが設定されたバラエティ豊かな運動プログラムを150本以上配信している（2017年初時点）。
- オフィスエクササイズも含め，毎月新作エクササイズを公開している。

1-2 フィットネス動画配信サービスを活用した社内健康運動サークル活動展開の成果

❶導入企業の活用事例，活用のメリット

［フィット・リブ］は個人利用を中心にサービスを提供しているが，法人契約プランも提供している。契約企業では，自由に個人利用できるだけでなく，社内健康運動サークルとして昼休みや就業時間後に動画をプロジェクターで投影し，グループレッスン形式でも利用されている。

また，時間と場所の制約がなく，専門のインストラクターのレッスンで効果的かつ効率的に運動できることもポイントとなっている。運動指導者を外部から招聘するコストや手間が大幅に削減でき，運動強度がビギナー向けに設定されているため，現場担当者が日頃から運動習慣のない労働者に参加を促しやすいという点も評価されている。

オフィスエクササイズ

ボクシングエクササイズ

ストレッチ

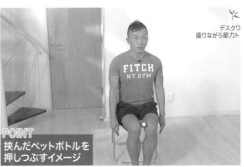
筋力トレーニング

幅広いジャンルのエクササイズ動画を豊富にラインアップ

図16-2 バラエティ豊かなエクササイズ

❷医療費削減や生産性向上を示唆する成果：モニター調査結果

　某鉄鋼メーカーでは，2016年に［フィット・リブ］を活用し，社内健康運動サークル活動を実施した 図16-3 。同社では，2つの事業所の計18人を対象とし，週1回程度の頻度で6か月間にわたり，昼休みに社内運動サークル活動を実施した。各事業所の保健師が主幹となり，昼食後に参加しやすいように1回の活動は15～20分程度の長さとした。

　活動開始前と6か月後にアンケート調査を行った。6か月間の活動に継続して参加した運動群（10人）と，参加回数が半数以下だった非運動群（8人）に分けて分析したところ，運動群においては「肩こり，腰痛，膝痛，不眠」といった身体面の改善傾向だけでなく，「日常の気分，ストレス度」などのメンタル面においても改善傾向が見られた。さらに「通院回数，診療費」が半減するとともに，「仕事の調子，パフォーマンス」が約10％向上するといった結果も出ており，医療費削減や生産性向上の可能性が示唆された。

　さらに，曜日，時間，場所を決めてサークル活動を展開したことで，サークル活動が1つのきっかけとなって運動習慣の定着化が進んだと考えられる。参加者からは「初めてヨガに参加し，ストレス解消できたと感じました。心が落ち着き午後の業務がはかどりました」「1人では率先してできない運動ですが，定期的な時間を設けて頂いて運動が継続できありがたく感じています」「運動をしていると気分爽快になり，他部署の人とも横のつながりをもてプラスに働いています」といった感想も寄せられた。

1-3　労働者の健康運動増進施策の課題と運営のポイント

❶社内における健康運動増進施策の課題

　オンラインサービスの利用は，その利便性の高さから比較的容易ではあるものの，社内健康運動サークル活動を行うには，オンライン動画再生視聴環境の整備，実施スペースの確保，参加者の募集，継続運営を実現する体制の構築等が必要になる。

　また，参加者の継続参加モチベーションの支援も欠かすことができない。特に男性労働者は初期段階で離脱する傾向にあり，導入期のフォローアップが重要となる。担当者や参

図16-3　社内健康運動サークル活動の様子

加者間において，参加を促すモチベーション支援活動や，運動の目的，メリットの理解を促す活動も実施すべきである。さらなる健康運動活動の増進を行うためにも，参加する労働者個人の運動実践（自宅における個人視聴による運動やスポーツ参加など）も積極的に促していくことで，より大きな成果を得ることができると考えられる。

❷社内における健康運動増進施策運営のポイント

上記の課題を考慮した上で，より求める成果を得るために必要と考えられる運営のポイントを列挙する。

①認知的アプローチ

社内健康サークルやセミナーに参加する（運動する）目的，メリットの啓発（情報発信）活動。個別面談等を通じてレクチャーを行ったり，期間中に参加者へ継続的にメルマガ配信を行ったりすることで運動効果の理解を深める。それとともに，無理なく手軽に簡単なレベルで行う運動でも成果を得られることを周知し，参加障壁を下げる。また，継続のモチベーションを高め，維持できるようにする。前述した鉄鋼メーカーでは，［フィット・リブ］から運動のメリットを紹介するメルマガを定期的に配信した。

②個人目標設定，管理

参加者が特定保健指導対象者の場合には，本人の状態や希望に応じて適切な目標を設定することで，参加モチベーションを刺激することが必要である。体重，血圧，血糖値等のバイタルデータの目標設定だけでなく，参加回数や測定値などの行動目標の設定および進捗管理を行うことも有効と考えられる。

③期間ごとに特定テーマ（目的）を設定

例えば，「1月は姿勢改善」「2月はシェイプアップ」「3月は柔軟性アップ」など，一定期間ごとに目的，テーマを設定することで，継続参加を促す仕組みを構築することが可能である。［フィット・リブ］では，1つのテーマにつき3～10本前後のエクササイズ動画を準備しているため，順に取り組むことが可能である。また，サークルの運営ルールとして途中参加ができるオープンシステムにすることで，気になるテーマをきっかけにサークルへの参加を促すことができる。

④ランキング制（競争性）の導入

継続参加を促すシステムとして，参加回数や目標達成率に応じたランキング制を導入することができる。競争性をもたせることで，継続モチベーションを高めることができる。

⑤チーム対抗戦システムの採用

上記に加え，競争をチーム対抗戦にすることで連帯感を醸成し，継続モチベーションをさらに高めることが可能となる。

⑥インセンティブ設計

ランキング制やチーム対抗戦システムの結果，目標達成率に応じたインセンティブ（報酬／景品）を設定することも効果的である。「結果」に対するインセンティブに加えて，「行動」（参加回数等）に対するインセンティブ，目標の達成の度合いの「測定」に対するインセンティブを掛け合わせることで，より積極的な参加を促すことができる。

1-4 まとめ

　労働者の身体活動・運動を促すには，複合的なアプローチが必要となるが，特に環境づくりが重要な要素となる。現場担当者に与えられた資源ですべてを整えられる現場が多くはない中で，オンライン・フィットネスサービスがもつ「身近で，手軽に，楽しく，効果的に」からだを動かせるという利点を活かすことで，低コスト，低負担で環境を整えることができると考えられる。

（遠藤俊介）

2　「運動支援システム JOYBEAT」の活用

2-1　「運動支援システム JOYBEAT」とは

　ブラザー工業株式会社では，業務用通信カラオケに関する事業で培った技術やコンテンツ（カラオケ音源）を活かしたいという考えの下，手軽に楽しく運動してもらうためのレッスンシステム「JOYBEAT」を開発した。音楽と 3D アバターを組み合わせたダンスなど，「気軽に始めて」「楽しく続けられる」バーチャル的な映像の運動プログラムとなっている。図16-4，表16-1（付録のサンプル動画参照，p.212）。

　コンテンツ開発においては，モーションキャプチャーにより，ヨガやエアロビクスの講師の動きを 3D で取り込んでつくっており，動きに関する丁寧なナレーションも入っていて，インストラクターによるレッスンを受けているような臨場感のある本格的なプログラムとなっている。プログラムは，誰もが参加できて楽しめるテーマを厳選し，初心者がス

図16-4　JOYBEAT映像

表16-1　プログラム概要

有酸素系エクササイズ
　格闘エクササイズ［入門］
　エアロビクス［入門］
　ステップエクササイズ［入門］
　サーキットトレーニング

コンディショニング系エクササイズ
　からだほぐし
　ストレッチ
　コアエクササイズ［入門］
　サーキットトレーニング
　バーベルエクササイズ［入門］

リラクゼーション系エクササイズ
　癒しのヨーガ
　肩こり腰痛のためのヨーガ

その他スペシャルコンテンツ

トレスなく参加できるものはもちろん，中級者や上級者に対応できるものまで，参加者のレベルや運動量，レッスンの目的に合わせて選べるバリエーションを用意している。

JOYBEATのシステム構成は，ソフトウェアをインストールした専用PCと映像機器（プロジェクター，スクリーン，大型ディスプレイなど），音響機器（アンプ，スピーカーなど）である。また，定期的に新しいコンテンツや新曲が配信されるので，そのためのネットワークへの接続機器も必要となる。

当初は，フィットネスクラブ向け業務用レッスンシステムとして開始したが，今では運動を始めたいという初心者や高齢者に向けた取り組みも行い，また企業の中での健康づくりに活用してもらう提案も行っている。

2-2　効果的な活用方法

運動やスポーツが好きで実際に取り組んでいる人もいれば，あまり運動は得意ではない，苦手だという人もいる。運動の効用や必要性は多くの人が知っており，「運動しなければ」とは思っていてもなかなか始められないのが実情である。職場における保健指導の場面でも同様で，産業医や保健師が「健康のために1日30分でよいので，運動をして下さい」と言っても，「そうですね」という生返事しか返ってこないのがほとんどである。

行動変容モデルで言えば，身体活動に関して「無関心期」の人に対して，コーチング手法を用いて運動メニューを提示しても響かない。「関心期」に導くためには，まず対象者のアセスメントを行い，状況に合わせた様々な情報提供や運動しやすい環境づくりが何よりも大切となる。特に，長時間労働が蔓延する職場や人間関係などの職業性ストレスの多い職場で働いていると，時間的にも心理的にも運動することができない傾向にある。そういった職場環境の改善に取り組むとともに，気軽で楽しい運動の機会を提供することで，運動しようと思う人を増やしていくことができる。このJOYBEATは，親しんだカラオケ音源に乗せて楽しくからだを動かすシステムであり，新しさやもの珍しさもあり「無関心期」の人を惹きつけるのに適している。そこに，対象者や運動する場所，時間などの要素を適切に支援していけば，「無関心期」から「関心期」に導くよいプログラムとなり得る。

以下では，当社内で行った3つの導入事例について紹介していく。

2-3　導入事例

❶健康教室

当社では，毎年10月1日から11月30日までの2か月間を「ブラザー健康生活月間」とし，全社の安全衛生活動として期間中に様々な活動やイベントを催している。ここでは，その期間にJOYBEATを活用した運動教室を企画し，職場に展開した事例を紹介する。

従来の健康教室は，毎年テーマを設定し，日時や場所を決めて参加者を募集するもので，参加は自由意思に基づくものであった。テーマの選定や健康教室の内容を工夫し，リピーターを中心に好評を得ていたが，参加者は従業員の1割程度であり，全社的に見た場合，健康意識の向上に対する寄与は今一つという状況であった。そこで，参加者を増やすため

に運営体制などの企画全体を見直し，テーマをVDT健診の問診で愁訴として最も多い「肩こりの予防」とした。職場単位の申込制として，情報提供と運動とを組み合わせた実践的なプログラムにしたいと考え，JOYBEATを活用することとした。

JOYBEATには，元々肩こり予防向けのコンテンツがあったが，健康教室向けにアレンジを加えて特別感を演出した。肩こり予防に関する情報を伝える前半部分は保健師が担当し，クイズなどを交えて楽しく学べる内容とし，後半部分でJOYBEATを用いた運動を行った（「肩スッキリ教室」）。職場の会議室で健康教室を行うことが多かったため，狭い場所でもできる運動や，椅子に座ったままでもできる運動を取り入れた 図16-5 。また，仕事の合間に行う健康教室であるため，スーツや作業服のままでも運動できるようなものとし，運動量は汗をかかない程度に設定した。さらに，肩こり予防を目的とした教室であることから，仕事の合間に気軽に継続できる覚えやすいものとした。

同じ職場に所属する従業員が参加者であるため，終始和やかな雰囲気で笑い声の絶えない健康教室となった。参加は任意であるが誘い合って参加するため，今までのやり方では参加しなかったような人の参加が多く認められた。

JOYBEATを用いた健康教室の成果としては，参加者を従来の5倍以上に大幅に増やすことができたこと，楽しく雰囲気のよい健康教室となったこと，職場での実践的な取り組みにつながったことが挙げられる。健康教室の参加やその後の運動の取り組みが職場の同僚間の共通の話題となり，コミュニケーションの向上にも寄与する結果となった。

❷休憩時間エクササイズ

ある企画部門の8人程度の職場で，JOYBEATを用いた休憩時間エクササイズを行った。所属する従業員の多くは，運動したいと思っていたが忙しさのあまり運動する時間がとれなかったり，運動やスポーツを始めても長続きしなかったりという悩みを抱えていた。社内の健康教室などに参加することも一時的な動機づけには有効であったが，もっと身近で

図16-5　JOYBEATを用いた健康教室（肩スッキリ教室）

継続的に取り組めるものはないかと考え，JOYBEATを休憩時間に実施することにした。

実施するのは1日3回，12時，15時，18時からの約7分間とした。JOYBEATのタイマー機能を用いてその時間になると自動的に再生するようにしたため，運用担当者の負担を減らすことができた。JOYBEATを用いた休憩時間エクササイズを行う場所として，職場の一角に5〜6人程が運動できるスペースを設け，場所を移動する負担をなくしてすぐに運動できるようにした。職場の中で行っているため，自然と皆で参加する雰囲気が生まれ，時間になれば仕事の手を止めて運動する習慣ができてきた。

1回当たりの時間は約7分と短いため本格的な運動にはならないが，「仕事の疲れ方が全然違う。疲労回復につながっている」「健康診断の結果がよくなった」という参加者の声が聞かれた。一般に会社の休憩時間にはリラックスして眼やからだを休めたい，という人が多いと思われるが，この取り組みでは仕事にメリハリがつきリフレッシュにつながっていることが確認できた。

職場の一角で運動を行うことができるという手軽さは，JOYBEATなどの機器を用いなければ容易ではない。インストラクターや専門スタッフなどが職場に出向いて運動プログラムを実施することはできるが，頻回で，短時間の実施では，コストを含め継続的な運用が困難である。

運動を定着させ継続させていくためには，刺激統制や援助関係，行動置換などが重要とされているが，運動しやすい職場環境を整え，同僚とともに取り組むという仕掛けは，行動変容モデルで言えば「実行期」と「維持期」の強力なサポートとなっている。つまり，「気軽に始めて」「楽しく続けられる」ことこそが大切であり，JOYBEATのような運動支援システムを用いることは有用と思われる。

❸健康イベント

当社では，休日である土曜日に会社の体育館で「わくわく健康カーニバル」（健康保険組合主催）という健康イベントを毎年開催している。従業員およびその家族を対象に，ロープジャンプチャレンジや各種健康測定などを行っている。その中でJOYBEATを用いた運動プログラムを実施した。準備運動を含め30分程度の有酸素運動を中心としたプログラムである。運動の初心者や親子での参加が想定されるため，比較的スローテンポで動きのわかりやすいコンテンツを選んで実施した。

このような健康イベントで行うメリットは，参加者が運動できる服装で参加しており，比較的長い時間，本格的なプログラムを実施できることである。実際のインストラクターによる指導と組み合わせることで，より具体的で丁寧な指導が可能となる。

（上原正道）

3 様々なタイプの歩数計・活動量計の活用

3-1 はじめに

歩数計と活動量計（加速度計）の違いについては，第5章で詳述されている。価格帯は，

歩数計の1～5千円に対して，活動量計が1～5万円ということもあり，装着目的が身体活動量の正確な評価ではなく健康増進に向けた利用なのであれば，機能的には安価な歩数計で十分な場合が多いと考えられる。一方，検索サイトで市販されている歩数計ランキングを見てみると，1～2千円の安価な歩数計と1～2万円の高価な活動量計がランクインしている。単なる歩数表示で十分と考えるか，様々な付加価値を求めるかで二極化している様相である。

機種選択において価格以外の重要な点は，装着位置であろう。従来，腰部に装着するタイプの機種が主流であったが，特に女性がワンピースを着る時のように，装着が困難な場合がある。そのため，最近では服装を選ばない機種として，腕時計型やネックレス型，ポケットイン型などが市販されている。また，測定されたデータについては，本体のモニタのみで確認できる機種に加え，Bluetoothなどの通信機能や接続ケーブルを使ってPCやスマートフォンに情報が転送可能な機種が増えてきており，集計結果等を確認，管理しやすくなってきている。技術の発展に伴い，様々な歩数計・活動量計が利用可能となっている現在，労働者の健康増進活動においても有効利用されることが期待される。

3-2　歩数計・活動量計による介入効果

Bravataら[1]は，歩数計提供による身体活動促進効果を検討するために，システマティック・レビューとメタ解析を行っている。8つのランダム化比較試験が採用され，その効果を検証した結果，歩数計を介入に用いることで1日当たり2,491歩（95%信頼区間［CI］：1,098－3,885歩），対照群よりも歩数が増加することが示された 図16-6 。

このように，歩数計の提供だけでも身体活動量は高まることが示されているが，実際の健康増進活動においては歩数計の提供を単独で行うことは少なく，他の構成要素とともに

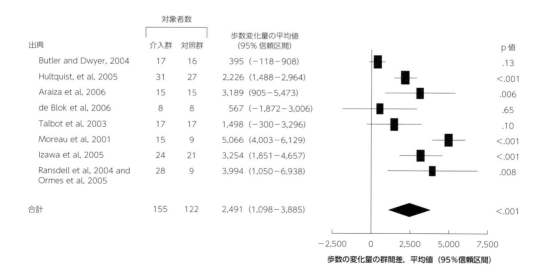

図16-6　歩数計提供による身体活動促進効果　　　　　　　　　　　　（文献1より）

介入プログラムを構成することが多い。

　例えば，活動日誌の記録やウェブ上での歩数記録，食事指導などの他の生活習慣改善指導との併用などである。Ribeiroら[2]は，15,000人以上が勤める規模の大学病院で雇用されている40～50歳の女性195人を対象として，最小限の情報提供を行う対照群，歩数計を提供し個人指導を行う群，歩数計を提供して集団指導を行う群，有酸素トレーニングを行う群の4群にランダム割付し，身体活動量の変化を比較している。3か月間の介入後，対照群では1日当たりの歩数が597歩減少したのに対して，個人指導群では512歩，集団指導群では1,475歩増加し，対照群との有意な群間差が認められた。しかしながら，有酸素トレーニング群における歩数は234歩の増加にとどまり，有意な群間差は認められなかった。

　図16-7 に示したように，有酸素トレーニング群では体重や腹囲の減少効果が認められたが，身体活動を増加させることが目的なのであれば，歩数計の利用と集団指導の併用が有用であることが示唆される。

　なお，ここでの集団指導では，身体活動による健康利益について資料を提供するとともに，60分間の集団指導を8回，12人を1クラスとして行っている。身体活動の利益を考え，身体活動を増やす際の障壁を乗り越える方法を学び，自身の日々の歩数を確認しながら歩数の目標を設定し，逆戻りを抑え，クラスの仲間とウォーキングを行う内容となっている。

　このような，職場での歩数計を利用した介入研究に対するシステマティック・レビューがコクラン・データベースに収載されている[3]。しかしながら，採択基準を満たした論文はわずかに4本であった。したがって，歩数計を利用した身体活動増進プログラムの有効性については，高いレベルでの検証は十分とは言えない。今後，国内外で質の高い介入研究によるエビデンスが蓄積されることが期待される。

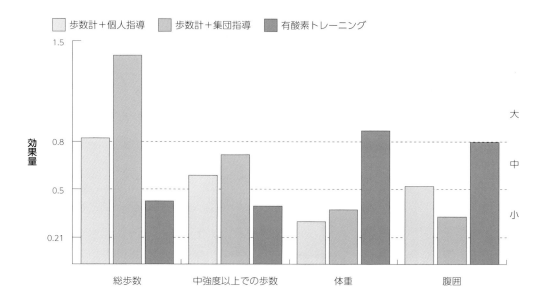

図16-7　歩数，体重，腹囲に対する3か月間の介入効果　　　　　　　　　　　　　　　　　（文献2より）

3-3　歩数計・活動量計を活用した身体活動促進介入の実践事例

❶インターネットを利用した身体活動促進介入

　筆者らが行った「減量後の体重維持に対するweb支援の効果検証」という介入試験[4]では，国際医学情報センターが開発した「すこやかライフサポートサービス（SLS）」というウェブシステム 図16-8 を用いて，体重と身体活動量をモニタリングした。

　体重計（タニタ社製）に内蔵されたSDカードに記録されたデータをPCに取り込み，SLSを介してサーバに送る。また活動量計（スズケン社製ライフコーダGS）のデータを，PCにUSBケーブルでつなぐことで，SLSを介してサーバに送る。SLSのサイトに個人IDとパスワードを入力することで，送った情報の集計データが閲覧できる。体重データは折れ線グラフで，歩数データは棒グラフで示される。また，ライフコーダは身体活動レベルを9段階で評価できることから，1～3（およそ3メッツ未満）を弱（緑），4～7（およそ3～6メッツ）を中（黄），8～9（およそ6メッツ以上）を強（赤）として表示される。さらに，歩数を横軸，中強度以上の活動時間を縦軸としたグラフを作成することで，1か月間の身体活動レベルを歩数と中強度以上活動時間の両面から確認できるようになっている。

　この介入試験では，毎月の体重と活動量の集計結果から月間レポートを作成し，評価と

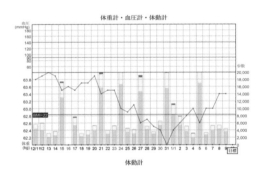
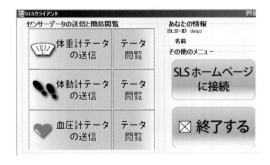
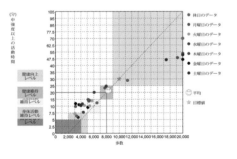

図16-8　すこやかライフサポートサービス（SLS）

助言を行う介入を，3か月間の減量後2年間継続して行った。SLSに限らず，インターネットを利用した身体活動促進介入は非対面で行えることが最大の利点であり，遠隔地にいる対象者をサポートする際に有用であると考えられる。

> ### column16-1　市販の活動量計は正確か
>
> 　前述のように，家電量販店の店頭では様々な活動量計や歩数計が売られている。これらの機器が計測する身体活動諸指標は，果たして正確なのだろうか。
> 　筆者も所属する研究チームは2015年にこの疑問に取り組み，その成果を学術誌に報告している[5]。この研究では，インターネットショップで人気上位の市販の活動量計8種類と研究用活動量計4種類の計12種が算出する1日の総エネルギー消費量について，最も正確とされる手法（二重標識水法）と比べて異なるか否かを検証した。その結果，市販の活動量計2種，研究用活動量計1種の計3機種を除く残りの9種は，すべて総エネルギー消費量を少なく計測した。ただし，どの機種も相関係数は0.8程度と良好であることがわかった。
> 　市販の活動量計は，総エネルギー消費量の多寡をある程度見分けることができるものの，絶対値としては少なく見積もっている可能性があることを知っておく必要がある。

❷ウェアラブルデバイスを利用した身体活動促進介入

　筆者らが行った別の介入試験[6]では，3か月間の身体活動促進介入においてFitbit Flexを利用した。Fitbit Flexはリストバンド型の活動量計であり，BluetoothによってワイヤレスでPCやスマートフォンにデータを転送することができる 図16-9 。また，株式会社プラクテックスが開発したHealthPlayerアプリを用いることで，Fitbitアプリから歩数データを同期させ，手入力した体重データとともにHealthPlayerのサーバにデータを蓄積することができる。HealthPlayer内でこの試験参加者用の研究グループを作成し，試験参加者がデータ開示を承認することにより管理画面上で筆者らが試験参加者のデータを閲覧できるようになり，そのデータに基づいたメッセージをEメールで送信する形で指導を行った。また，HealthPlayerアプリでは研究グループ内での歩数のランキング表示がな

図16-9　Fitbit Flex，fitbitアプリとHealthPlayerアプリ

され，歩数増加に向けた動機づけの工夫として利用された。

　Fitbit のようなウェアラブルデバイスの利点は，服装を選ばずに装着できるためコンプライアンスが良好な点にある。すでに Fitbit を利用した介入研究も報告されている。Cadmus-Bertram ら[7]は，51 人の閉経後女性（BMI 25 以上）を対象とし，16 週間の Fitbit One とインターネットを利用した身体活動促進介入を受ける群と歩数計を提供するだけの対照群との比較を，ランダム化比較試験によって行っている。人数が少ないため有意な群間差は認められていないが，対照群で 362 歩の歩数増加だったのに対して，介入群では 789 歩の有意な歩数増加が認められた。

　このような，ウェアラブルデバイスを利用した身体活動促進に向けた介入研究は，今後，数多く報告されることが予想され，職域においても十分に利用可能であると考えられる。

❸身体活動促進ゲームの利用可能性

　2016 年 7 月，「Pokémon GO」がリリースされ世界的なヒットとなった。「Pokémon GO」は，GPS 機能を活用することにより現実世界そのものをゲームの舞台としてプレイする。プレイヤーは，ポケモンやアイテムを求めて外に出るようになり，卵をふ化させるためにたくさん歩くようになる（※卵の種類によって，2 km，5 km，10 km と，ふ化させるために必要な距離が異なる）。「Pokémon GO」は単なるゲームにとどまらず，身体活動を促進させるツールとして公衆衛生に関わる研究者からも注目されている。日本運動疫学会は，2016 年 8 月 6 日に身体活動促進ゲームに対する公式声明を発表している[8]。その内容は，「日本運動疫学会は，身体活動を促進するゲームの開発・普及を前向きに評価するとともに，このようなゲームのさらなる『進化』に期待します」というものであった。2016 年 11 月 14 日には，Preventive Medicine 誌の commentary として，「Pokémon GO」に対する期待が掲載された[9]。

　さらに 2016 年 12 月 13 日には，British Medical Journal 誌のクリスマス特集号において，「Pokémon GO」による身体活動促進効果が報告された[10]。この報告では，18～35 歳の iPhone 6 ユーザーを対象として，「Pokémon GO」をインストールした後，歩数が増えるかどうかを検討している。その結果，元々の歩数は 4,256 歩であったが，「Pokémon GO」をインストールした最初の 1 週間で，歩数が 955 歩増加した。しかしながら，歩数はその後 5 週間で徐々に低下し，6 週目には元の歩数に戻ってしまった。このような「飽き」は，あらゆる身体活動促進介入に共通する障壁であるが，「Pokémon GO」はその「飽き」を乗り越えられるようにアップデートを繰り返し，クリスマスやバレンタインデーなどに合わせたイベントを企画するなど，様々な工夫を打ち出している。「Pokémon GO」による身体活動促進効果についてはより長期的な視点から検討すべきであるし，「Pokémon GO」以外の身体活動促進ゲームについてもその利用可能性が期待される。

　一方，「Pokémon GO」の負の側面についても検討が必要である。2016 年 12 月 1 日に JAMA Internal Medicine 誌に掲載された research letter では，車を運転しながら，あるいは歩道を歩きながら「Pokémon GO」をすることでの事故について，Twitter の分析結果から報告している[11]。すでに，車での移動中はポケモンが現れないように速度制限をかけるなどの対策がとられているが，今後も長所と短所，双方の側面から検討することが必要である。

3-4　まとめ

　歩数計・活動量計は，歩数・活動量を評価する機器であると同時に，身体活動を促進する上で重要なツールである。ここでは触れなかったが，座位行動を少なくする介入が目的であれば，座位行動を評価する姿勢計を利用することも有用であろう。様々な目的で，様々な現場に合わせて，介入戦略が立てられる。それぞれについて，実践事例あるいは対照群との比較結果が報告され，科学的エビデンスが蓄積されることが期待される。

（中田由夫）

参考文献

1. Bravata DM, et al. Using pedometers to increase physical activity and improve health: a systematic review. *JAMA*. 2007; 298: 2296-304.
2. Ribeiro MA, et al. Interventions to increase physical activity in middle-age women at the workplace: a randomized controlled trial. *Med Sci Sports Exerc*. 2014; 46: 1008-15.
3. Freak-Poli RL, et al. Workplace pedometer interventions for increasing physical activity. *Cochrane Database Syst Rev*. 2013: CD009209.
4. UMIN000014428
   https://upload.umin.ac.jp/cgi-open-bin/ctr/ctr.cgi?function=brows&action=brows&type=summary&recptno=R000016793&language=J（accessed：2017.07.21）
5. Murakami H, et al. Accuracy of wearable devices for estimating total energy expenditure: comparison with metabolic chamber and doubly labeled water method. *JAMA Intern Med*. 2016; 176: 702-3.
6. UMIN000019870
   https://upload.umin.ac.jp/cgi-open-bin/ctr/ctr.cgi?function=brows&action=brows&type=summary&recptno=R000022938&language=J（accessed：2017.07.21）
7. Cadmus-Bertram LA, et al. Randomized Trial of a Fitbit-Based Physical Activity Intervention for Women. *Am J Prev Med*, 2015; 49: 414-8.
8. 日本運動疫学会公式声明委員会．日本運動疫学会は身体活動を促進するゲームの開発・普及を前向きに評価するとともにこのようなゲームのさらなる「進化」に期待します．運動疫学研究．2016; 18: 143-5.
9. LeBlanc AG, Chaput JP. Pokémon Go: A game changer for the physical inactivity crisis? *Prev Med*. 2017; 101: 235-7.
10. Howe KB, et al. Gotta catch'em all! Pokémon GO and physical activity among young adults: difference in differences study. *BMJ*. 2016; 355: i6270.
11. Ayers JW, et al. Pokémon GO-A New Distraction for Drivers and Pedestrians. *JAMA Intern Med*. 2016; 176: 1865-6.

付録

●付録資料

各章のポイントをまとめたスライド資料（PDF形式）が，こちらからダウンロードできます。

社内での健康教室や衛生委員会などの説明資料を作成する際の参考にしていただけます。

（URL　https://www.taishukan.co.jp/item/wppa/wppa_shiryo.pdf）

●付録動画

第16章で紹介した，フィットネス動画配信サービス［フィット・リブ］（株式会社ニューロ・オン）および，運動支援システムJOYBEAT（ブラザー工業株式会社，株式会社エクシング）の実際の動画を本書の特典として，特別にご提供いただきました。こちらから視聴できます。

①オンライン・フィットネス動画アカデミー［フィット・リブ］（p.198 参照）

（URL　https://youtu.be/zZRuGx-8q5o）

②運動支援システムJOYBEAT（p.202 参照）

（URL　https://youtu.be/ZBg33-ioVag）

注意 ⚠
・本書の読者特典の内容は予告なく変更になることがあります。あらかじめご了承ください。
・資料および動画の内容は，著作権法により保護されています。資料および動画は，個人的に使用する場合を除き，著作権法上著作者の許諾なく，改変，CD等のディスクに複製（録音），配布，配信，貸し出しすることは禁止されています。

あとがき

「一緒に本を作りませんか？」江口先生との，そのような何気ない会話から，労働者の健康と身体活動に関する書籍編著の話が始まったように記憶している。

私自身は，これまで健康と身体活動を専門に研究を行ってきたが，労働者を対象として研究してきたわけではない。しかしながら，2000年から第一次の健康日本21の取り組みが始まったにもかかわらず，国民の平均歩数が減少していく現状や，運動習慣者の増加が60歳以上でしか認められず，働く世代の運動習慣者が少ないことに危機感や問題意識を感じていた。また，最近になっていくつかの企業から，健康経営に関わるような講演依頼を受けることも増えてきていた。必ずしも専門ではないことから，私自身が書籍編著の最適任者とは思えなかったが，前向きに良い機会と捉え，手伝わせていただくこととなった。

江口先生，大修館書店の笠倉氏との打ち合わせを皮切りに，テーマの設定，執筆者の人選，自身の担当章の執筆，各先生方からいただいた原稿の確認，加筆・修正依頼，再校正を経て，今日に至る。最終校正として，再度，目を通し終え，この原稿を作成している。

今回の編著を通じて最も印象に残っているのは，「労働体力」「労働寿命」「work ability」といった考え方である。健康と身体活動について研究してきた私にとって，身体活動・運動を通じた体力の増進は，死亡や生活習慣病罹患のリスクを減らすために重要だという認識であったが，経営者の観点では労働者が健康で働き続けてくれることが重要であり，「働き続けるため」という視点で体力を捉えることは新鮮であった。働く世代は働くだけで忙しく，家庭も忙しいことが多く，なかなか運動の時間をとれない現状にあることは理解している。その環境下で何ができるのか？ 個人の努力に任せるだけでは，結果に結びつかないことは，第一次の健康日本21が奏功しなかったことから明らかである。健康日本21（第二次）が掲げる社会環境の整備は，働く世代にとっては，労働環境の整備が多くを占める。労働環境の整備を実現するために必要なことは，経営者の理解である。わが国を支える働く世代の健康を守るため，会社の業績を担う労働者が末永く健康で働き続けられるように，何をすべきか，何ができるのか，経営者と研究者がともに考え，情報を共有していくことが必要だと考える。

本書は，職域での身体活動・運動を促進するために必要な理論，エビデンスはもちろん，実際の取組事例や法的確認事項まで，質の高い情報がまとめられている。職域でのヘルスプロモーションに役立つことを意識して原稿を作成いただいているが，職域に限らず，幅広く利用可能な情報が詰まった一冊である。執筆をお願いした先生方は多忙な方ばかりであったが，快く協力していただいた。ご厚意に感謝申し上げるとともに，本書がひとりでも多くの方々の目にとまり，健康支援現場で利活用されるように，願ってやまない。

2017年10月末日　日本公衆衛生学会が開催されている鹿児島にて
筑波大学　医学医療系　准教授
中田由夫

さくいん

数字，A to Z

- FITT …………………………………… 9
- functional reach test ………… 159
- HIAT ………………………………… 84
- Isotemporalモデル ……………… 74
- Off-site型 ………………………… 96
- On-site型 ………………………… 96
- PAR-Q …………………………… 151
- PDCA …… 34, 36, 140, 174, 179
- QOL ………………………………… 7
- SIT ………………………………… 84
- SMARTS理論 …………………… 117
- time up & go test …………… 159
- ＶＤＴ作業 ……………………… 169

あ行

- アクションチェックリスト … 142
- アクティブガイド ……… 16, 20, 72
- アクティブチャイルド ………… 19
- 握力 ………………………… 43, 51
- アゴン（競争）………………… 118
- アドボカシー …………… 3, 10, 139
- アドボケート ……………………… 3
- アブセンティーイズム
    ……………………………… 6, 95
- アメリカ疾病管理予防センター
    ……………………………… 58, 77
- アメリカ心臓協会（AHA）… 150
- アメリカスポーツ医学会(ACSM)
    ………………… 7, 42, 114, 116, 150
- アライメント ……………… 159, 182
- アレア（運）…………………… 118
- 安静時代謝 ………………… 60, 65
- 安全衛生委員会 ………… 165, 194
- 安全配慮義務 ………………… 160
- アンダーマイニング効果 …… 121
- イネーブル ……………………… 3
- イベント型活動 ………………… 166
- 医療費 …………………………… 83
- イリンクス（眩暈）…………… 118
- 因果関係 …………………… 55, 95
- インセンティブ
    …………… 39, 121, 127, 175, 201
- インターバル運動 ……………… 83
- ウェアラブルデバイス …… 97, 209
- ウォーキングミーティング … 131
- 宇宙医学 ………………………… 87
- 宇宙飛行士 ……………………… 87
- 運動 ………………………… 14, 58
- 運動開始前のセルフチェックリスト ………………………… 151
- 運動型健康増進施設 …………… 32
- 運動機能検査 ……………… 27, 43
- 運動実践担当者 ………………… 31
- 運動指導担当者 ………………… 31
- 運動指導の適応と禁忌 ……… 156
- 運動処方ガイドライン …… 7, 114
- 運動頻度 ………………………… 87
- 運動負荷試験 ………… 27, 84, 157
- 運動不足 ………………………… 67
- 衛生委員会 ………………… 27, 36
- 衛生管理者 ……………………… 31
- 衛生要因 ………………………… 9
- エネルギー消費量
    ………………………… 59, 65, 84
- エネルギー代謝率（RMR）…… 60
- エビデンス（科学的根拠）… 7, 55
- 置き換え効果 …………………… 74
- オタワ憲章 ……………………… 3
- オッズ比 ………………………… 77
- オプトイン式 ………………… 145
- 思い出しバイアス ……………… 63
- 温泉利用型健康増進施設 ……… 32
- 温泉利用プログラム型健康増進施設 ………………………… 32

か行

- 階段使用の推奨 ……………… 127
- 介入研究 …………………… 76, 108
- 覚醒時間 …………………… 59, 129
- 過重労働 ………………… 155, 164
- 加速度計法 ……………………… 63
- 過体重 …………………………… 48
- 活動記録法 ……………………… 64
- 活動時代謝 ……………………… 60
- カルボーネンの式 ……………… 61
- 過労 ……………………………… 92
- 環境介入 ……………………… 109
- 環境整備 ………………………… 15
- 環境要因 ……………………… 125
- がん死亡 …………………… 47, 106
- 患者調査 ………………………… 50
- 冠動脈危険因子 ……………… 157
- 企画立案 ……………………… 165
- 機器装着法 ……………………… 63
- 基準法 …………………………… 61
- 基礎代謝 …………………… 59, 60
- 機能的移動能力 ……………… 159
- 休憩時間自由利用の原則 …… 161
- 競争心理 ……………………… 119
- 強度 ……………………………… 60
- 禁忌 …………………………… 156
- 筋持久性 ………………………… 43
- 筋持久力 ………………………… 52
- 筋パワー ………………………… 51
- 筋力 ………………………… 43, 51, 188
- 計画的行動理論 ……………… 116
- 傾斜をつけたユニバーサル・アプローチ ……………………… 141
- ゲーミフィケーション ……… 146
- 血管内皮機能 ………………… 155
- 健脚度 ………………………… 159
- 健康運動実践指導者 …………… 31
- 健康運動指導士 … 19, 31, 89, 161
- 健康影響予測評価 …………… 142
- 健康格差 ………………… 10, 137
- 健康格差対策 ………………… 145
- 健康格差の縮小 ………… 15, 136
- 健康関連体力 …………………… 43
- 健康教育 ……………… 4, 109, 127
- 健康経営 …… 6, 35, 38, 89, 95, 110, 179, 195
- 健康経営アドバイザー ………… 36
- 健康経営銘柄 …………………… 36
- 健康経営優良法人 ……………… 36
- 健康行動 ……………………… 118
- 健康自己責任論 ……………… 139
- 健康寿命の延伸 ………… 8, 15, 136
- 健康障害 ………………… 104, 108, 164
- 健康信念モデル（ヘルスビリーフモデル）……………………… 116
- 健康増進法 ………………… 5, 48
- 健康測定 ………………… 5, 27, 43
- 健康づくりのための身体活動基準2013
    …………… 16, 58, 71, 151, 155, 157
- 健康日本21
    ………………… 5, 14, 116, 131, 136
- 健康の社会的決定要因 ……… 138
- 健康ポイント制度 ……………… 97
- 健康保険組合 …………………… 28
- 健康利益 ………… 70, 79, 114, 207
- 現状把握 ……………………… 165
- 現状分析 ……………………… 165
- 減量 ………………………… 78, 97
- 合意形成 ……………………… 141
- 高強度インターバル運動 ……… 84
- 高強度運動 ……………………… 83
- 高強度身体活動 ………………… 71
- 高血圧 …………………………… 50
- 工場法 …………………………… 26
- 公的医療保険制度 ……………… 28
- 行動アーキテクチャ ………… 143
- 行動科学 …………………… 97, 114
- 行動経済学 ………………… 117, 121
- 行動体力 …………………… 42, 188

行動のクセ ……………………… 144
行動変容 ………………… 36, 178
交絡因子 ………………………… 56
呼気ガス ………………………… 65
国際標準化身体活動質問票
（IPAQ） ……………………… 64
国民健康づくり対策 …………… 14
コクラン・レビュー ………… 130
個人介入 ……………………… 130
コスト（cons） ……………… 116
コホート研究 ……………… 17, 56
コラボヘルス ……………… 30, 167
これだけ体操® ……………… 183

▶ さ行 ◀

座位行動 …… 66, 98, 104, 129, 211
座位行動中断 …………………… 67
最大下運動負荷テスト ………… 46
最大酸素摂取量（$\dot{V}O_{2max}$）
 ……………………… 27, 43, 82
最大時HR ……………………… 61
最大随意収縮（MVC） ………… 61
最大反復回数（RM） …………… 61
債務不履行 …………………… 160
作業関連疾患 ……………… 26, 42
酸化ストレス ………………… 155
産業医 ………………… 5, 27, 30
産業保健スタッフ ………… 28, 30
酸素摂取量 ………………… 62, 65
サンプルサイズ …………… 56, 127
自覚的運動強度（Borg Scale）
 ……………………………… 155
時間の管理 …………………… 115
自己決定理論 ………………… 116
自己実現 ………………… 3, 120
自己責任 ……………………… 138
システマティック・レビュー
 ……………………………… 17, 56
システム1 …………………… 121
システム2 …………………… 121
持続的有酸素運動（MICT） …… 83
質問紙法 ………………………… 63
自発性 ………………………… 100
死亡率 ………………………… 70
社会経済状況 ………………… 138
社会支援 ……………………… 15
社会弱者 ……………………… 140
社会的環境 …………… 127, 131
社会的支援の欠如 …………… 115
社会的認知理論 ……………… 116
社会的要因 …………………… 3

弱者に特化したポピュレーショ
 ン・アプローチ …………… 140
柔軟性 ………………… 43, 52, 188
主観的幸福感 ………………… 94
準備状況（レディネス） …… 116
生涯学習 ……………………… 120
症候限界性 …………………… 157
上体おこし …………………… 43
唱導 ……………………………… 3
職業性曝露 …………………… 124
職業病 ………………………… 26
食事制限 ……………………… 88
食事誘導性熱産生 ……………… 59
職場環境 …………… 92, 100, 109, 126
職場健診 ……………………… 82
職場の活性化 ……………… 35, 45
職場風土 ……………… 131, 173
職務満足度 …………………… 35
シルバー・ヘルスプラン ……… 26
心血管リスク ………………… 150
申告法 ………………………… 63
身体活動 ………………… 14, 58
身体活動ガイドライン
 …………… 64, 67, 71, 77, 127, 129
身体活動促進ゲーム ………… 210
身体活動のリスクに関するスク
 リーニングシート ………… 152
身体活動レベル …… 72, 128, 151
身体的・心理的阻害 ………… 114
身体不活動 ………………… 67, 70
心肺持久力 …………………… 82
心拍数（HR） ……………… 61, 65
心拍数法 ……………………… 65
心拍予備能 …………………… 61
心拍予備能比（% HRR） ……… 61
垂直跳び ……………………… 52
スクリーンタイム ………… 67, 98
スタンディングデスク
 …………………………… 110, 130
スタンディングミーティング
 ……………………………… 131
スティグマ …………………… 141
ストレスチェック ………… 28, 92
スプリント系 ………………… 84
スポーツ ……… 9, 58, 116, 120
スポーツ基本計画 …………… 22
スポーツ基本法 ……………… 22
スポーツ庁 …………………… 22
スポーツ保険 ………………… 161
スマートライフプロジェクト
 ……………………………… 22
座りすぎ ………………… 104, 108
座りすぎ対策 ………………… 110

生活活動 ……………… 14, 58, 128
生活環境 ……………… 15, 139
生活場面 ……………… 60, 105
精神的健康 …………………… 27
生存率 ………………………… 72
生態学モデル（エコロジカルモ
 デル） ………………… 116, 125
静的バランス能力 …………… 159
世界標準化身体活動質問票
 （GPAQ） …………………… 64
セグメンテーション ………… 146
絶対的貧困 …………………… 137
セルフエフィカシー（自己効力
 感） ………………… 114, 117
セルフケア …………………… 28
全身持久力 ………………… 43, 82
全身反応時間 ………………… 43
総死亡 ……………………… 45, 106
相対的貧困 …………………… 139
ソーシャルサポート ……… 96, 114
ソーシャルネットワーク ……… 94
組織介入 ……………………… 109
損失回避バイアス …………… 145

▶ た行 ◀

体重減少 ……………………… 88
対象指定型活動 ……………… 166
対象者特性 …………………… 100
怠惰性 ………………………… 114
多変量解析手法 ……………… 56
地域環境 …………………… 128
中強度身体活動 ……………… 71
中高強度身体活動時間
 （MVPA） …………… 60, 64, 74
長座体前屈 …………………… 52
長時間労働 …………………… 160
調停 ……………………………… 3
データヘルス計画 …………… 28
デフォルト …………………… 145
転倒 ………………………… 8, 187
転倒災害 …………………… 34, 165
転倒リスク …………………… 188
動機づけ要因 ………………… 9
疼痛緩和 ……………………… 185
動的バランス能力 …………… 159
糖尿病 ………………………… 48
動脈硬化 ……………………… 50
トータル・ヘルスプロモーショ
 ン・プラン（THP）
 …………… 5, 14, 27, 45, 164
特定健康診査・特定保健指導
 ……………………………… 6, 28

突然死 150	フレーミング効果 144	▶ や，ら，わ行 ◀
ドメイン 93	プレゼンティーイズム	有害業務 31
トランスセオレティカルモデル	34, 95, 97, 186	有酸素運動 76, 155, 185
116	閉眼片足立ち 43	有酸素系 84
トロント憲章 131	平衡性 43, 188	幼児期運動指針 19
	ベッド安静 43	余暇時間 44, 70, 128
▶ な行 ◀	ヘルシー・カンパニー 35	余暇身体活動 70, 93-96, 100
内因性鎮痛機構 185	ヘルスケア・トレーナー	抑うつ 93, 95, 96, 98
内発的な動機づけ 121	19, 31, 161	ランダム化比較試験（RCT） 55
ナッジ 143	ヘルスケア・リーダー 31	リスク管理 89
二酸化炭素排出量 62	ヘルスプロモーション	リスクの層別化 151
二重標識水法 61	3, 120, 136, 142	リスクの把握 151
二要因理論 9	ヘルスリテラシー 5	リスク比 77
認知バイアス 144	報告バイアス 63	リスクマネジメント 34, 150
能力付与 3	法令遵守 34	立位時間 72
ノンヘルスセクター・アプローチ	ホーム・フィットネス 198	利得（pros） 116
132	ポジティブメンタルヘルス 94	利得の知覚 114
	歩数 14	量反応関係 7, 56, 70, 79
▶ は行 ◀	歩数計法 63	レジスタンス運動 110
ハイリスク・アプローチ	ポピュレーション・アプローチ	連携 132, 139, 141, 179
124, 166	124, 140, 166, 186	労災認定 162
ハザード比 77	ホワイトホール研究 137	労災補償責任 160
働き方改革 38, 89, 164		労働安全衛生法 5, 26, 43, 92
バリアの知覚 114	▶ ま行 ◀	労働衛生教育 31
バンコク憲章 3	マーケティング 145	労働関連指標 95, 97
反復横跳び 52	ミミクリー（模倣） 118	労働基準法 26, 161
非感染性疾患 42	脈拍数 155	労働組合 36
微小重力環境 87	脈波伝播速度 51	労働災害死傷者 187
評価 166, 177	メタ解析 17, 56	労働災害防止 26
評価指標 36	メタボリックシンドローム	労働災害防止計画 167
比例的普遍主義 141	8, 88, 104, 124	労働寿命の延伸 8
敏捷性 43, 51, 188	メタボリックメモリー 45	労働生産性 35, 42, 95
ファイブAモデル 117	メッツ（METｓ） 20, 60, 65	労働損失 34, 42, 50
フィットネス動画 198	メッツ表 65	労働体力 8
フォックスの式 61	メディエート 3	労働適応能力（ワークアビリティ）
負荷 61, 84, 155, 182	メディケア 83	26, 95, 97
不健康行動 118	メンタル不調 92	ロコモティブシンドローム 14
物理的環境 115, 127, 130	メンタルヘルスケア 27	ワーク・エンゲイジメント
不法行為責任 160	モチベーション 116	95, 107
プライマリ・ヘルスケア 136	モニタリング 140	ワークステーション
＋10（プラステン） 20, 72	問題意識の共有 165	108, 110, 130

■**編者紹介**
江口泰正（えぐち・やすまさ）　産業医科大学　産業保健学部人間情報科学　准教授
中田由夫（なかた・よしお）　筑波大学　医学医療系　准教授

■**執筆者紹介**（執筆担当章順，[ ]内は執筆担当章）
江口泰正（えぐち・やすまさ）
　産業医科大学　産業保健学部人間情報科学　准教授［第1章，第10章，第15章-2］
宮地元彦（みやち・もとひこ）
　国立研究開発法人医薬基盤・健康・栄養研究所　身体活動研究部　部長［第2章］
永田智久（ながた・ともひさ）
　産業医科大学　産業生態科学研究所　産業保健経営学研究室　講師［第3章］
SCSK株式会社
　（代表執筆者：海野賀央［うんの・よしお］　人事部グループ　ライフサポート推進部　健康事業課　課長）［BOX1］
澤田 亨（さわだ・すすむ）
　国立研究開発法人医薬基盤・健康・栄養研究所　身体活動研究部　身体活動評価研究室　室長［第4章，BOX2］
笹井浩行（ささい・ひろゆき）
　東京大学大学院　総合文化研究科　生命環境科学系　助教［第5章］
中田由夫（なかた・よしお）
　筑波大学　医学医療系　准教授［第6章，第16章-3］
松尾知明（まつお・ともあき）
　独立行政法人労働者健康安全機構　労働安全衛生総合研究所　産業疫学研究グループ　研究員［第7章］
蘇 リナ（そ・りな）
　独立行政法人労働者健康安全機構　労働安全衛生総合研究所　過労死等調査研究センター　研究員［第7章］
甲斐裕子（かい・ゆうこ）
　公益財団法人明治安田厚生事業団　体力医学研究所　主任研究員［第8章，BOX4］
岡浩一朗（おか・こういちろう）
　早稲田大学　スポーツ科学学術院　教授［第9章］
福島教照（ふくしま・のりとし）
　東京医科大学　公衆衛生学分野　講師［第11章］
天笠志保（あまがさ・しほ）
　東京医科大学　公衆衛生学分野［第11章］
井上 茂（いのうえ・しげる）
　東京医科大学　公衆衛生学分野　主任教授［第11章］
近藤尚己（こんどう・なおき）
　東京大学大学院　医学系研究科　健康教育・社会学分野　准教授［第12章］
太田雅規（おおた・まさのり）
　福岡女子大学大学院　人間環境科学研究科　栄養健康科学領域　教授［第13章］
泊 祐樹（とまり・ゆうき）
　弁護士法人かばしま法律事務所　弁護士［BOX3］
上原正道（うえはら・まさみち）
　ブラザー工業株式会社　健康管理センター　統括産業医［第14章-1，第16章-2］
金森 悟（かなもり・さとる）
　伊藤忠テクノソリューションズ株式会社　人事部健康支援室　保健師，東京医科大学　公衆衛生学分野［第14章-2，BOX4］
楠本真理（くすもと・まり）
　三井化学株式会社　R&D管理部健康管理室　保健師［第14章-3，BOX4］
松平 浩（まつだいら・こう）
　東京大学医学部附属病院　22世紀医療センター　運動器疼痛メディカルリサーチ＆マネジメント講座　特任教授［第15章-1］
川又華代（かわまた・かよ）
　東京大学医学部附属病院　22世紀医療センター　運動器疼痛メディカルリサーチ＆マネジメント講座　特任研究員［第15章-1，BOX4］
遠藤俊介（えんどう・しゅんすけ）
　ニューロ・オン株式会社　代表取締役［第16章-1］

[編者紹介]

江口泰正（えぐち　やすまさ）
産業医科大学　産業保健学部人間情報科学　准教授
博士（医学），教育学修士，日本体力医学会認定　健康科学アドバイザー終身称号

1984年福岡教育大学教育学部卒業，1986年福岡教育大学大学院修士課程教育学研究科修了。1986年～1991年（社）産業健康振興協会（前身含む）研究員，秋田赤十字病院健康増進センター研究員（兼任）等，職域および地域における健康づくり活動創生期の基盤整備に従事，1991年宗像水光会総合病院健康科学研究室主任（2000年から室長）。2008年産業医科大学産業生態科学研究所健康開発科学研究室助教，2014年より現職。

日本体力医学会評議員，日本産業衛生学会健康教育・ヘルスプロモーション研究会世話人，日本健康教育学会評議員・学術委員。

関連分野は多岐にわたっており，1分野のスペシャリストというより様々な分野の融合的展開を得意としている。現場での実践経験が長かったこともあって，学術的な実績は十分とは言えないが，新たな視点や切り口からの発想やバランス感覚を重視した健康づくりに関する研究および支援法の確立を試みている。

中田由夫（なかた　よしお）
筑波大学　医学医療系　准教授
博士（体育科学）

1999年早稲田大学人間科学部卒業，2001年筑波大学大学院修士課程体育研究科修了，2004年筑波大学大学院博士課程体育科学研究科修了。2004年～2007年筑波大学大学院人間総合科学研究科助手，2007年奈良産業大学教育学術研究センター講師，同年～2012年筑波大学大学院人間総合科学研究科助教，2012年より現職。

日本運動疫学会理事・編集委員長，日本健康支援学会理事・事務局長，日本体育測定評価学会理事，日本疫学会代議員，日本体力医学会評議員，日本肥満学会評議員，日本肥満症治療学会評議員，日本運動生理学会評議員，日本臨床運動療法学会評議員。

食事と運動を中心とした行動変容が生活習慣病の予防および改善に及ぼす影響を明らかにすることを目指し，主に肥満者を対象とした介入研究に従事している。また，身体活動評価の妥当性研究や観察研究にも従事し，質の高いエビデンスの発信に努めている。

産業保健スタッフ必携
職場における身体活動・運動指導の進め方
Ⓒ Yasumasa Eguchi & Yoshio Nakata, 2018　　　　NDC780／iv, 217p／26cm

---

初版第1刷──2018年 2月10日

編著者────江口泰正／中田由夫
発行者────鈴木一行
発行所────株式会社 大修館書店
　　　　　　〒113-8541　東京都文京区湯島 2-1-1
　　　　　　電話 03-3868-2651（販売部）　03-3868-2297（編集部）
　　　　　　振替 00190-7-40504
　　　　　　［出版情報］https://www.taishukan.co.jp

装丁者────CCK
写真提供───アフロ
印刷所────広研印刷
製本所────牧製本

ISBN978-4-469-26834-8　Printed in Japan

Ⓡ 本書のコピー，スキャン，デジタル化等の無断複製は著作権法上での例外を除き禁じられています。本書を代行業者等の第三者に依頼してスキャンやデジタル化することは，たとえ個人や家庭内での利用であっても著作権法上認められておりません。